그래서 컴퓨터는 어떻게 동작하나요?

But How Do It Know?

But How Do It Know?

그래서 컴퓨터는 어떻게 동작하나요?: 단순 게이트에서 범용 연산 기계까지

초판 1쇄 발행 2019년 10월 10일 **2쇄 발행** 2020년 10월 15일 **지은이** J. 클라크 스코트 **옮긴이** 지유록 **펴낸이** 한기성 **펴낸곳** 인사이트 **편집** 정수진 **제작·관리** 신승준, 박미경 **용지** 월드페이퍼 **출력·인쇄** 에스제이피앤비 **제본** 서정바인텍 **등록번호** 제2002-000049호 **등록일자** 2002년 2월 19일 **주소** 서울시 마포구 연남로5길 19-5 **전화** 02-322-5143 **팩스** 02-3143-5579 **블로그** http://blog.insightbook.co.kr **이메일** insight@insightbook.co.kr **ISBN** 978-89-6626-250-2 책값은 뒤표지에 있습니다. 잘못 만들어진 책은 바꾸어 드립니다. 이 책의 정오표는 http://blog.insightbook.co.kr에서 확인하실 수 있습니다. 이 도서의 국립중앙도서관 출판예정도서목록(CIP)은 서지정보유통지원시스템 홈페이지(http://seoji.nl.go.kr)와 국가자료종합목록 구축시스템(http://kolis-net.nl.go.kr)에서 이용하실 수 있습니다.(CIP제어번호: CIP2019028618)

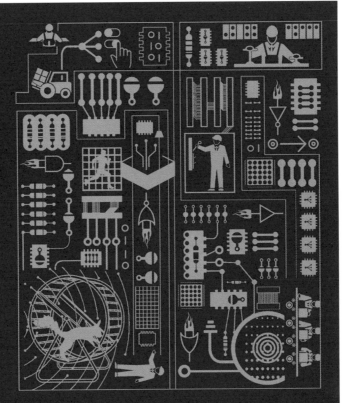

그래서 컴퓨터는 어떻게 동작하나요?

단순 게이트에서 범용 연산 기계까지

J. 클라크 스코트 지음 | 지민록 옮김

인사이트

차례

옮긴이의 글

4차 산업 혁명의 중심에는 무엇이 있을까요? 바로 '인공지능(artificial intelligence)'입니다. 현대의 컴퓨터는 인공지능 발달에 힘입어 전통적인 논리 계산을 수행할 뿐 아니라 사물을 인식하고 언어를 이해하고 예술 작품을 모방하는 경지까지 이르렀습니다. 실제로 많은 사람이 "인공지능이 인간의 지성을 훌쩍 뛰어넘을 것이다", "대부분의 일자리를 앗아가 우리는 모두 실업자 신세가 될 것이다"라고 걱정합니다. 오늘날의 컴퓨터는 정말로 생각할 수 있는 것처럼 보입니다.

하지만 컴퓨터가 하는 '생각'이라는 것의 실체를 들여다보면 다소 허무합니다. 어처구니없게도 단순한 작업의 연속으로 이루어진 것뿐입니다. 이를테면 이쪽에 있는 자료를 저쪽으로 옮기는 것 같은 작업 말입니다. 이보다 복잡한 작업 역시 단순한 작업 여러 개를 조합해서 만듭니다. 이런 작업을 하는 기계를 '튜링 기계(Turing machine)'라고 부르는데 모든 컴퓨터는 하나같이 튜링 기계입니다. 컴퓨터가 동작하는 원리는 진공관으로 된 에니악(ENIAC)이든, 이세돌을 이긴 알파고를 탑재한 슈퍼컴퓨터든 근본적인 차이가 거의 없습니다. 모두 다 튜링 기계 가족이지요.

컴퓨터를 밑바닥부터 하나씩 들여다보면 인공지능이라는 것도 결국은 논리 계산임을 알 수 있습니다. 인공지능은 컴퓨터가 발명되는 순간, 아니 앨런 튜링이 책상에 앉아 튜링 기계의 구조를 종이 위에 끄적이던 순간부터 이미 존재한 셈입니다. 그러니 인공지능이니 알파고니 너무 기죽을 필요는 없습니다. 사람은 인공지능이 필요했고 컴퓨터는 여전히 사람이 필요합니다. 앞으로도 그럴 것입니다.

그런데 컴퓨터를 이해한다는 것은 무엇일까요? 그것보다 '이해한다'는 건 무슨 뜻일까요? 양자 전기 역학 이론으로 노벨 물리학상을 받은 20세기의 위대한 물리학자 리처드 파인만은 이렇게 말한 적이 있습니다. "만들 수 없다면 이해하지 못한 겁니다(What I cannot create, I do not understand)." 즉 이해했다면 만들 수 있어야 한다는 뜻입니다. 컴퓨터를 밑바닥부터 만들 수 있다면 얼마나 이해했는지 물어볼 필요도 없습니다.

이 책은 컴퓨터의 두뇌인 CPU와 기억 장치를 밑바닥부터 만들면서 컴퓨터라는 게 그다지 어렵지도, 대단하지도 않다는 사실을 알려줍니다. 물론 우리가 매일 사용하는 PC나 스마트폰은 이 책에 등장하는 8비트 컴퓨터와는 비교할 수 없을 정도로 복잡합니다. 하지만 그 복잡함은 처리 속도와 기억 장치 용량의 차이에서 비롯될 뿐입니다. 슈퍼컴퓨터를 비롯한 어떤 컴퓨터도 본질적으로 이 책에서 등장하는 간단한 컴퓨터가 할 수 있는 일 이상을 할 수 없습니다. 컴퓨터의 동작 원리를 알려 주는 책은 많습니다. 그중에서도 찰스 펫졸드 박사의 《CODE: 하드웨어와 소프트웨어에 숨어 있는 언어》(김현규 옮김, 인사이트)는 고전 중의 고전이라고 생각합니다. 컴퓨터의 동작 원리를 초보자들에게 이렇게 상세히 가르쳐 주는 책은 거의 없기 때문입니다. 하지만 저는 이 책을 먼저 읽고 펫졸드의 《CODE》를 읽기를 추천합니다.

이 책의 진정한 강점은 컴퓨터의 동작 원리를 이론적으로 상세하게 알려 주기보다는 조립 매뉴얼처럼 읽을 수 있게 하는 데 있습니다. 순서대로 책을 읽다 보면 내용이 술술 이해됩니다. 그리고 부품이 맞춰지며 동작이 수행되는 것을 알 수 있습니다. 이 책에 나와 있는 컴퓨터의 모든 부품은 만들기 매우 간단합니다. 실제로 그에 맞는 전자 부품을 일대일로 대응해서 구할 수 있지요. 따라서 다이어그램을 보면서 실제로 제작하고 테스트해 보는 것도 가능할 겁니다.

물론 현실적으로 초보자가 컴퓨터 하드웨어를 밑바닥부터 구현하기란 좀 어렵습니다. 첫째, 어떤 부품들은 국내에서 구하기 어렵습니다. 둘째, 전자 공학 지식이 어느 정도 필요합니다. 셋째, 구현하는 데 시간과 비용이 많이 들어갑니다. 간단한 논리 게이트 칩(예를 들어, 74xx00같이 NAND 게이트 4개가 들어 있는 TTL IC)만으로 이 책에 나오는 256바이트짜리 램을 만들려면 똑같은 게이트를 수천 개나 만드는 지루하고 고된 과정을 거쳐야 합니다. 완성된 컴퓨터는 방 하나를 다 차지할 정도로 부피가 클 수도 있습니다.

따라서 물리적인 전자 부품을 사용하는 컴퓨터가 아닌 소프트웨어로 된 가상 컴퓨터의 구현을 적극 권장합니다. 부품을 한번 만들면 1,000개라도 금방 복제가 가능하므로 편리합니다. 당연히 돈도 들지 않지요. 소프트웨어로도 NAND 게이트를 만들고 그것들을 차곡차곡 쌓아 올려서 어렵지 않게 가상 하드웨어와 가상 CPU, 가상 램 등을 만들어 낼 수 있습니다.

제 유튜브 채널(www.libcoding.com)에 방문하시면 Logisim 시뮬레이터를 이용해 이 책에 나오는 CPU를 밑바닥부터 만드는 비디오 강좌를 무료로 시청하실 수 있습니다. 책을 그냥 읽는 것도 좋지만 시뮬레이터를 돌려 보면서 책을 읽으면, 명령어가 어떻게 실행되는지 좀 더 구체적으로 이해할 수 있습니다. 여러분도 가상 컴퓨터를 직접 만들어 보길 바랍니다. 컴퓨터를 만들 수 있다면 그것이 이미 컴퓨터를 이해했다는 증거니까요.

물론 무언가를 스스로 만들면서 시행착오를 겪다 보면 무언가를 알고 있다는 느낌보다는 무언가를 모른다는 느낌에 자주 빠집니다. 그러나 이것은 아주 좋은 현상입니다. 아무것도 모른다는 것을 자각한 인간은 스스로 배울 수 있기 때문입니다. 빵 반죽을 구워 볼까요. 구운 빵은 반죽보다 크기가 큽니다. 하지만 반죽이 발효하며 부풀어 오른 공간은 텅텅 비어 있다는 것도 알아야 합니다. 자신이 안다고 착각하는 사람은 빵의 겉면만 보고 있기에 더 배우지 못합니다. 텅텅 빈 속처럼 지식에 깊이가 없습니다. 인간에게는 밝음과 어두움이 있고, 그 두 가지 면을 모두 이해해야 자신을 제대로 볼 수 있는 것처럼 컴퓨터에 대해서도 아는 것만큼 모르는 것에 대한 정확한 앎이 중요합니다. 지식은 양적으로 많은 정보를 주고 경험은 질적으로 단단하게 만들어 줍니다. 두 가지를 병행하는 것이 언제나 중요합니다.

여러분이 만들 8비트 프로세서로 할 수 있는 일은 그리 많지 않습니다. '코어 i7'이니 '라이젠'이니 하는 최신 프로세서와는 비교할 수 없습니다. 구닥다리 중에 구닥다리 프로세서니까요. 이 컴퓨터에는 모니터도 키보드도 달려 있지 않아 영화나 게임을 즐길 수도 없고 인터넷도 되지 않으니 웹 서핑도 할 수 없습니다. 하지만 8비트 프로세서를 만들면서 기계가 생각한다는 것의 본질만은 마음껏 만끽할 수 있을 겁니다. 그러니 주저하지 말고 바로 책장을 넘기세요. 게다가 가상 시뮬레이터를 이용해서 이 구닥다리 컴퓨터를 쓸 만하게 업그레이드할 수도 있을 것입니다.

교육과정이 개편되면서 2018년부터 초등학교부터 중·고등학교까지 소프트웨어 제작 교육이 의무화되었습니다. 소프트웨어 제작 교육을 간단히 '코딩' 교육이라고 부르기도 합니다. 초등학교에서는 '실과' 과목에서 17시간 이상이, 중고등학교에서는 '정보' 과목에서 34시간 이상이 코딩 관련 주제로 배정되어 있습니다. 안타까운 점이 있다면 현행 학교와 학원에서 실시하는 코딩 교육의 상당수가 프로그래밍 작성법에 그친다는 점입니다.

컴퓨터 과학은 지금 시대를 지배하고 있고, 미래에 후손들의 생존에 결정적인 지식입니다. 컴퓨터 과학은 소프트웨어 기술의 토대인 수학과 하드웨어 기술의 토대인 공학이 어우러져 만들어진 융합 학문입니다. 완성된 학문이 아니라 아직도 만들어지는 중인, 살아 있는 지식이며 학문입니다. 살아 있는 학문으로서 인간이 만든 '생각하는 기계'인 컴퓨터와 소통하고 연결하는 방법을 배우는 것이 코딩 교육의 목적이 되어야 합니다. 그래야 인공지능 시대에 생존할 수 있습니다. 따라서 소프트웨어뿐 아니라 소프트웨어를 떠받치는 하드웨어에 대한 교육도 강화되어야 합니다. 교육 일선에서는 이 책의 내용을 십분 활용하여 컴퓨터의 동작 원리를 쉽고 깊게 가르칠 수 있을 것입니다. 코딩 교육 관련 종사자로서 모쪼록 이 책이 제대로 된 뿌리 깊은 코딩 교육에 조금이라도 도움이 되길 바랍니다.

이 책은 대학 전공서도, 교양서도 아닙니다. 하드웨어의 구조를 다루고 있다는 점에서는 전공서에 가깝지만 그 난이도는 교양서 수준입니다. 그렇다 해도 컴퓨터를 깊이 알고 싶다는 흥미가 없다면 탐독하기는 쉽지 않은 책이기도 합니다. 좋게 말하면 멀티 플레이어지만 전문 포지션이 없는 책이라고 볼 수도 있습니다. 그럼에도 불구하고 이 책의 가치를 알아보고 선뜻 번역 출간하기로 결정해 주신 인사이트 한기성 대표님께 감사드립니다. 그리고 매끄럽지 않은 번역과 오탈자를 꼼꼼히 점검하고 교정해 주신 인사이트 편집 팀의 수고에도 감사드립니다. 꼼꼼하게 번역하기 위해 노력했지만 처음 작업하는 책이니 완벽하리라고 생각하지는 않습니다. 앞으로 발견될 오탈자나 오역은 전적으로 역자의 책임입니다. 그리고 번역하느라 많이 놀아 주지 못한 아들 윤후와 묵묵히 뒷바라지해 준 사랑하는 아내이자 가장 친한 친구인 시안에게 미안함과 고마움을 전합니다.

원리를 알면 쉽다

본론으로 들어가기 전에 우스갯소리 하나 들려 드리지요.

우리 동네에는 마음씨는 착하지만 좀 둔한 조(Joe)가 살고 있어요. 어느 날 조는 장을 보러 마트에 들렀습니다. 처음 보는 장사꾼이 마트 앞에 임시로 매대를 차려 놓고 뭔가를 떠벌리고 있었지요. 장사꾼은 자신이 가져온 신상품이 얼마나 대단한지 핏대를 세워 가며 선전하고 있었어요. '보온병'이라는 처음 들어 보는 물건이었지요. "이 제품으로 말할 것 같으면, 따뜻한 음식은 따뜻하게 보관해 주고, 차가운 음식은 차갑게 보관해 주는 제품이랍니다. 이 안에 뜨거운 커피를 넣어 두면 한겨울에도 종일 커피를 따뜻하게 마실 수 있으니 커피 포트를 가지고 다닐 필요가 없지요. 무더운 날에는 또 어떻습니까. 얼음물을 넣어 두기만 하면 물이 종일 시원하니 냉장고가 필요 없지요." 조도 잠시 생각하더니 이내 눈이 휘둥그레지며 혼자 손뼉을 치기 시작했습니다. '어떤 음식이 안에 들어가는지 보고 뭘 할지도 스스로 판단할 수 있다는 거야? 세상에~ 신통하네!' 조는 커져 가는 호기심을 더는 참지 못했어요. 조는 펄쩍 뛰면서 손을 번쩍 들었어요. "저기요, 그, 그런데 보온병이 도대체 어떻게 아는 거죠? 사람도 아닌데…."

이 이야기가 웃길 수도, 썰렁할 수도 있습니다. 이 이야기에서 눈여겨봐야 할 점은 보온병이 어떤 일을 할 수 있는지 곰곰이 생각해 보고 조가 내린 결론입니다. 조는 보온병에 신비한 능력이 있다고 짐작했어요. 보온병 안에는 음식물 종류를 감지해서 음식을 차갑게 또는 뜨겁게 만들어 줄 수 있는 장치가 있다고 믿은 겁니다. 다시 말해, 보온병 안에 분명히 히터와 냉장고 같은 장치가 들어 있다고 생각한 거예요. '열은 언제나 뜨거운 곳에서 차가운 곳으로 움직인다'는 물리 법칙이 있지요. 조는 이런 간단한 물리 법칙도 몰랐기 때문에 보온병이 작동하는 실제 원리도 알아낼 수 없었어요. 보온병은 그저 열의 이동이 느려지도록 차단하는 물건일 뿐입니다. 보온병 안에 차가운 음식이 들어 있을 때는 외부의 열이 병 내부로 빨리 들어올 수 없습니다. 반대로, 보온병 안에 따뜻한 음식이 들어 있을 때는 내부에 있는 열이 밖으로 빨리 새어 나가지 못합니다. 보온병은 어떤 사실을 스스로 알아내지도 않고, 음식을 가열하거나 냉각하지도 않습니다. 보온병을 방치해 두면 음식의 처음 온도와는 상관없이 열이 천천히 이동해서 결국은 실내 온도와 같아집니다. 자, 보세요. 원리를 모르면 조처럼 복잡하게 작동한다고 생각하겠지만, 원리를 알면 훨씬 단순 명쾌하잖아요?

컴퓨터를 파는 장사꾼에게도 조는 이렇게 물을 겁니다. "컴퓨터가 도대체 어떻게 아는 거죠? 사람도 아닌데……." 맞습니다. 조는 컴퓨터를 훑어보고 어떤 일을 할 수 있는지 곰곰이 생각한 다음, 이 기계 안에 황금 알을 낳는 닭처럼 신비한 장치가 들어 있다고 믿어 버릴 겁니다. 그러고는 말도 안 되는 원리를 갖다 붙여서 컴퓨터가 사람처럼 스스로 뭔가를 할 수 있다고 결론 내리겠지요. 과연 조만 그럴까요? 사람도 하기 어려운 일을 컴퓨터가 척척 해내는 것을 보며, 많은 사람이 컴퓨터 안에 우리가 이해하지 못하는 무언가 복잡한 장치가 숨어 있을 거라고 단정해 버립니다. 이렇게 간단한 원리를 보지 못하니 모든 것이 필요 이상으로 신비스러워 보이지요.

사실 컴퓨터는 이해하기 별로 어렵지 않은 기계입니다. 물론 보온병보다는 월등히 많은 부품이 들어가지요. 그러나 그 안에 들어가는 부품은 모두 더없이 단순하고 동작하는 원리도 간단해서 이해하기 어렵지 않습니다. 좀 전 이야기에서는 열이 이동하는 원리가 보온병을 작동시키는 단 하나의 원리였습니다. 열이 이동한다는 증거는 우리 주변 도처에서 찾을 수 있습니다. 냉동실에서 얼음을 꺼내 놓으면 녹아 물이 되고, 식사 시간에 늦으면 식어 버린 찬밥을 먹어야 하는 것이 그 예라고 볼 수 있습니다.

컴퓨터가 동작하는 원리를 이해하려면 전기가 동작하는 원리부터 이해해야 합니다. 하지만 겁먹지 마세요. 전기도 단순한 원리로 작동하니 어렵지 않습니다. 방에 있는 전등 스위치를 켜고 꺼 봅시다. 스위치를 켜면 전등도 켜지고 스위치를 끄면 전등도 꺼집니다. 우리는 이 사실을 이미 경험으로 알고 있지요. 전기 공부 끝! 컴퓨터가 동작하는 원리를 우리는 이미 수없이 관찰해왔습니다. 그만큼만 알아도 컴퓨터를 이해하는 데 전혀 문제없습니다.

누구를 위한 책인가

이 책은 교과서가 아닙니다. 그런 목적으로 집필한 게 아닙니다. 교과서라면 장 끝마다 나올 연습 문제가 이 책에는 없습니다. 컴퓨터라는 블랙박스 안에서 대체 무슨 일이 일어나고 있는지 한 번이라도 궁금했던 적이 있나요? 그런 호기심이 한때 있었다면 이 책은 여러분의 것입니다. 이 책을 읽으면 컴퓨터와 주변 장치 그리고 소프트웨어가 어떤 원리로 동작하는지 비전문가라도 뚜렷이 이해할 수 있을 겁니다. 물론 이 책은 컴퓨터 과학 전공으로 박사 학위를 따는 게 목표인 학생이 입문서로 읽어도 충분합니다. 하지만 가정주부, 노인, 아이도 읽고 이해할 수 있는 수준으로 썼습니다. 이 책을 읽는 데 특정 전공 지식은 필요 없습니다. 그저 글을 읽을 수 있고 전등을 켜거나 끌 수 있고 8+5=13 같은 덧셈을 할 수만 있으면 됩니다.

이 책에는 컴퓨터를 만드는 데 들어가는 핵심이 모두 담겨 있어요. 마치 레고 블록을 맞추듯 필요한 모든 부품과 장치를 순서대로 조립하며 이해할 수 있도록 구성했습니다. 모든 부품을 하나하나 제대로 설명하고, 새로운 단어가 등장할 때마다 단어의 뜻을 속속들이 정의했습니다. 똑같은 주제(컴퓨터와 주변 장치 그리고 소프트웨어가 동작하는 원리)를 이보다 더 단순하고 명쾌하게 설명하기란 불가능합니다. 레고 블록 하나가 빠져서 전체 모양을 만들 수 없게 될 테니까요. 빠진 조각 때문에 대부분은 중도에 포기하거나 전체 모양을 완성하려다 머리를 쥐어뜯게 될 거예요. 그런 식으로 쓰인 책을 읽고선 컴퓨터를 진정으로 이해할 수 없습니다. 반대로 이 책을 제대로 읽는다면 여러분은 곧 유레카를 외치게 될 겁니다.

이 책은 대학교 학부 과정 교과서를 단순 축약한 버전이 아닙니다. 잡다한 지식보다는 컴퓨터가 동작하는 기본 원리만 완벽히 전달하고자 썼습니다. 그래서 기술 도서지만 일종의 요리책이나 운전 교본과 비슷하다고 볼 수 있어요. 밑바닥부터 시작해서 컴퓨터라는 기계를 이해하는 데 필요한 항목을 전부 파헤치니까요. 여러분이 컴퓨터 전문가이든 문외한이든 상관없습니다. 지금까지 맞춘 레고 블록 모양에서 어딘가 빠진 조각이 있다면 이 책으로 채울 수 있을 테니까요. 그리고 비로소 컴퓨터가 무엇인지 퍼즐을 완전히 맞출 수 있을 겁니다.

이 책을 꼼꼼히 읽는다면 조처럼 둔한 사람도 컴퓨터의 근본 원리를 이해할 수 있습니다. 사실 정석으로 컴퓨터라는 주제를 파고들기엔 장애물이 너무 많아요. 개념이나 용어가 수천 개나 깔려 있기 때문이에요. 그렇다고 이것들을 하나하나 들여다볼 시간은 없고 정신도 없어요. 그보다는 컴퓨터를 이루는 가장 기본적인 개념을 잡는 게 중요해요. 게다가 기본 개념은 간단하다는 장점이 있지요. 그러니 이 책에서는 컴퓨터가 개별적으로 어떻게 다른 구성을 갖출 수 있는지, 역사는 어떻게 발전해 왔는지 잡다하게 지식을 늘어놓지 않을 겁니다. 오로지 핵심만 전달하겠습니다. 컴퓨터를 구성하는 각 부분은 어떤 기능을 가지고 있고 어떻게 만들어야 하는지, 그리고 컴퓨터가 쓸모 있는 일을 하려면 이 모든 부품을 어떤 식으로 연결해야 하는지 알려 드리겠습니다.

외울 것도 전혀 없습니다. 몰랐거나 어렴풋이 들어 보기만 했던 (컴퓨터를 만들고 구동하는 데 필요한) 아이디어가 각 장마다 하나씩 놓여 있을 거예요. 우리가 배울 아이디어는 엄청 단순합니다. 단, 이전 장에서 정의한 아이디어는 이후 장에서 새로운 아이디어를 만드는 재료가 되기 때문에 정확히 짚고 넘어가야 합니다. 이 책은 차례대로 읽어야 합니다. 아이디어를 조금씩 쌓아 올려 점점 복잡한 아이디어를 만들어 갈 거니까요.

집 짓는 방법을 알려 주는 책은 세부 사항을 얼마나 묘사하느냐에 따라서 차이가 많이 납니다. 가장 단순한 책은 아마 "1) 기초를 다지고, 2) 벽을 세우고, 3) 지붕을 덮고, 4) 수도 배관과 전기 배선을 하면 5) 완성!"이라고 말할 테지요. 그런데 망치나 톱을 사용해 본 적도 없고 수도도 어떻게 설치하는지 모르고 전등 스위치 배선이 뭔지도 모르는 사람이 그런 책을 읽었다면? 해가 서쪽에서 뜰 때나 집을 지을 수 있을 겁니다.

두께가 백과사전쯤은 가뿐히 뛰어넘는 그런 집짓기 책이라면 어떨까요? 그 책에는 모든 종류의 식수대, 집 기둥을 세우기 위해 파야 할 모든 종류의 흙, 콘크리트 반죽을 섞는 수십 가지 방법, 공사를 개시하기 안성맞춤인 날씨가 언제일지 예측하는 도표 등이 별도의 장으로 각각 마련되어 있을 겁니다. 그런데 세부 사항이 쓸데없이 너무 많아서 핵심을 놓칠 위험이 있습니다. 과유불급이죠.

이 책은 컴퓨터에 공통으로 필요한 부품과 동작 원리, 딱 거기까지만 상세히 다룹니다. PC 잡지처럼 특정 상표로 출시되는 컴퓨터 제품을 서로 벤치마킹하며 비교 우위를 따지거나 컴퓨터 사용법을 다루지는 않습니다. 말하자면, 튼튼한 개수대와 전등 하나 딸린 아담한 별채를 간신히 지을 세부 사항까지만 들어 있는 집짓기 책에 비견될 수 있습니다. 그런 책에서 얻을 수 있는 내용은 어떤 크기와 모양으로 된 목재를 어디에 놓을지, 못을 어디에 박을지, 문을 어디에 걸지, 물이 새지 않으려면 수도 파이프를 어떻게 연결하는지 정도입니다. 참나무로 된 멋들어진 곡선 계단처럼 복잡한 것을 만들려면 다른 책을 찾아봐야 할 겁니다.

이제 다음 장부터 본론으로 들어가겠습니다. 컴퓨터를 만드는 데 필요한 부품의 종류는 실제로 딱 한 가지뿐이라는 사실부터 살펴볼 겁니다. 그런 다음 유일한 부품을 여러 개 연결해서 컴퓨터를 완성해 갈 겁니다. 믿을지 모르겠지만 이건 생각보다 훨씬 간단한 일입니다.

컴퓨터의 속도와 능력

컴퓨터는 신비하고 마법 같아 보입니다. 어떻게 컴퓨터는 그토록 다양한 일을 할 수 있을까요? 우리는 컴퓨터로 게임을 하고 그림을 그릴 뿐 아니라 개인의 신용 등급까지 계산하고 관리할 수 있어요. 이 기계는 놀라울 정도로 복잡하고 어려운 일까지 척척 해낼 수 있지요. 그런데 컴퓨터는 알고 보면 유치할 정도로 간단한 작업밖에 못하는 극도로 단순한 기계입니다. 유치한 데다 바보이기까지 합니다. 한 번에 작업 2개도 못 해내거든요. 그런데 컴퓨터가 엄청 똑똑해 보이는 이유는 뭘까요? 단순한 작업을 눈 깜짝할 사이에 수억 번이나 할 수 있기 때문입니다. 컴퓨터 게임처럼 화려한 프로그램은 원리가 좀 더 복잡해야 할까요? 글쎄요. 컴퓨터가 하는 일에 다른 원리는 없습니다. 유치할 정도로 단순한 작업을 엄청나게 빨리 할 수 있는 제한된 능력을 십분 이용할 뿐이지요.

컴퓨터는 단순한 작업 몇 가지를 조합해서 복잡한 일을 할 수 있어요. 한 번에 작업 하나씩 하나씩 순서대로, 그러나 번개같이 처리합니다. 컴퓨터로 원하는 특정한 일을 해내려면 아까 말한 유치한 작업을 그에 맞는 논리적 순서대로 이리저리 조합해서 목록을 만들고 컴퓨터에 건네주어야 합니다. 물론 목록은 당연히 사람이 직접 만들어야 하지요. 좌우지간 컴퓨터가 하는 어떤 일도 제한된 능력의 울타리를 벗어나지 않습니다.

컴퓨터를 어떤 부품으로 만드는지 알게 되면 컴퓨터를 어떻게 작동시킬지도 알 수 있을 뿐 아니라 컴퓨터로 할 수 있는 일과 할 수 없는 일이 무엇인지도 알 수 있습니다.

이렇게 단순한 컴퓨터가 만능이 된 이유는 작업을 처리하는 '속도' 때문입니다. 도대체 얼마나 빠른 걸까요?

컴퓨터는 전기로 작동합니다. 컴퓨터가 작동하는 속도는 자연히 전기가 움직이는 속도를 따릅니다. 빛은 1초에 30만km를 이동할 수 있어요. 초속 30만km입니다. 엄청나지요? 이 정도면 1초에 지구를 일곱 바퀴 반이나 돌 수 있어요. 지구와 달 사이를 왕복하는 데도 3초밖에 걸리지 않지요. 전기 이야기하다가 웬 빛 이야기? 그 이유를 말씀드리겠습니다. 전기와 빛은 물리적 성질이 매우 흡사합니다. 전기의 속도도 빛처럼 빠르다는 뜻이지요. 전기가 전선을 타고 움직일 때는 안타깝게도 빛의 속도의 절반으로 뚝 떨어집니다. 그렇다고 해도 1초에 지구를 세 바퀴 반 넘게 돌 수 있는 여전히 믿을 수 없는 속도이지요.

전기 속도를 무더운 여름날 시원한 바람을 불어 주는 선풍기 속도와 비교해 보겠습니다. 선풍기를 켜면 곧 날개가 빠르게 회전하면서 날개 끝이 뭉개져 보입니다. 보기엔 엄청나게 빠른 것 같지만 기껏해야 1초에 40바퀴 회전하는 수준입니다. 회전수 속도보다 직선거리 속도로 비교하는 게 편리합니다. 선풍기 날개 끝에 한 점을 표시해 놓고 그 점이 1초에 얼마나 이동하는지 재 보겠습니다. 결과적으로 선풍기 날개는 초속 45미터로 움직이는 걸 알 수 있습니다. 이 속도로는 지구를 돌기는커녕 1km 이동하는 데만 22초가 넘게 걸립니다.

선풍기 속도를 10배 높이면 어떻게 될까요? 날개 끝이 더 뭉개져 보일 겁니다. 속도가 10배가 되었다고 해도 선풍기는 여전히 끄떡없이 시원한 바람을 불어 줄 거예요. 하지만 속도를 100배로 올린다면? 날개가 떨어져 날아가 천장에 박히며 결국은 고장 나겠지요. 전기의 속도를 선풍기 날개가 회전하는 속도로 환산해 보면 무려 1초에 1억 번 회전하는 거예요. 이건 선풍기 날개가 도는 속도보다 250만 배나 빠릅니다. 그만큼 빠른 겁니다.

'100만'은 정말 큰 수입니다. 가로세로 각각 1미터인 종이 한 장과 자를 하나 준비합니다. 이제 종이의 위쪽 가장자리에 자를 반듯하게 대고 1mm마다 점 하나씩을 같은 간격으로 찍어 줍니다. 이러면 한 줄에 점을 1000개 찍을 수 있습니다. 이제 자를 1mm 내려서 옆 방향으로 1mm마다 점을 하나씩 같은 간격으로 찍어 줍니다. 종이 맨 아래에 닿을 때까지 1000번을 내리며 작업을 반복합니다. 이 지루한 작업을 참고 끝냈을 때 종이 한 장 위에는 무려 점이 100만 개 찍혀 있을 겁니다. 종이에다 점을 100만 개 찍어 줄 수 있을 정도로 한가한 사람들이 주변에 1000명쯤 있다면, 그제야 점을 10억 개 모을 수 있을 겁니다. 주변에 친구들이 없어서 혼자서 이 모든 일을 해야 한다면, 식음을 전폐하고 밤잠을 안 자도 점을 다 찍기까지 3년 넘게 걸립니다.

컴퓨터 안에서 서로 가장 멀리 떨어져 있는 부품 사이의 거리가 30cm라면, 전기가 30cm 정도 이동할 때마다 단순한 작업을 하나 완료할 수 있을 겁니다. 이 상황에서는 컴퓨터가 초당 5억 번의 작업을 할 수 있습니다. 탁자에 놓여 있던 선풍기와 비교해 볼까요. 선풍기 날개는 100만 번 회전하는 데 일곱 시간이 걸리고, 이 속도로 날개를 5억 번 회전시키려면 선풍기를 6개월 동안 쉼 없이 돌려야만 합니다.

컴퓨터의 처리 속도를 계산할 때 우리는 가장 멀리 떨어진 부품 사이의 거리를 30cm로 가정했습니다. 그런데 우리가 쓰는 PC는 좁은 공간에 많은 부품이 빽빽하게 들어차 있어서 거리가 훨씬 가깝습니다. 게다가 요즘은 기술이 좋아져서 개별 부품 안에 수백만 개가 넘는 게이트를 집적할 수 있습니다. 자연히 부품 간 거리는 짧아지고 전기가 이동해야 하는 거리도 짧아졌습니다. 그래서 요즘 컴퓨터가 이렇게 빠른 겁니다.

새로 출시된 컴퓨터는 성능이 대체 어느 정도일까요? 이런 질문을 해 봤자 의미 없습니다. 지금 최신식이니 해 봐야 어차피 2~3년 내에 구닥다리가 됩니다. PC 제조사는 2~3년마다 기존 컴퓨터보다 두 배 빠른 새 제품을 계속해서 양산하고 있으니까요. 이렇게 부품을 작고 촘촘하게 집적해서 처리 속도를 높이는 방법은 이론적인 한계가 있습니다. 하지만 너무 걱정할 필요는 없습니다. 그 전에 과학자들이 좀 더 쓸 만한 다른 방식을 찾아낼 거고, 컴퓨터 속도는 앞으로도 쭉 빨라질 겁니다.

1940년대 컴퓨터가 세상에 첫발을 내딛은 때부터 지금까지 컴퓨터는 점점 더 빨라졌고 작아지고 저렴해졌는데 하는 일은 아무것도 변한 게 없습니다. 단순한 작업 몇 가지만 반복하는 건 여전하니까요. 단지 처리 속도가 훨씬 빨라졌고 가격이 훨씬 저렴해졌고 오작동이 훨씬 줄어들었고 훨씬 작아졌을 뿐입니다.

컴퓨터는 커다란 장치 몇 개만 있으면 구성할 수 있습니다. 모든 장치는 다 동일한 부품으로 조립해서 만들 수 있습니다. 이렇게 만든 장치는 각자 고유한 임무를 부여받아 수행합니다. 부품과 장치를 이리저리 잘 조합하면 정말 대단한 발명품이 되는 겁니다. 게다가 이 모든 걸 이해하고 따라가기도 별로 어렵지 않습니다.

컴퓨터 용어

우선 컴퓨터를 만드는 데 꼭 필요한 부품을 정의하고 이름을 붙여 두어야 수월합니다.

의학계나 법조계 같은 직종에서는 신조어를 과다하게 만들어 내는 경향이 있습니다. 그런 신조어들은 대개 고대 그리스어나 라틴어가 들어가기 때문에 단어가 길고 발음하기도 까다롭지요.

초창기에 컴퓨터를 발명한 개척자들은 그에 비하면 훨씬 수더분한 사람들이에요. 컴퓨터 용어 대부분은 이미 일상에서 쓰고 있는 간단한 단어에다 새로운 뜻만 추가한 것에 불과합니다.

기존 단어에 없던 품사적 용법을 넣어 컴퓨터 용어로 쓰기도 합니다. 예를 들어, 사전에서는 명사로만 사용되는 단어에 동사의 뜻을 덧붙이기도 합니다. 어떤 단어는 단어 여러 개를 늘어놓고 머리글자를 따서 만들기도 합니다.

컴퓨터 용어는 처음 등장할 때마다 말끔히 설명하려고 노력하겠습니다. 그러나 이 책에서 컴퓨터 용어를 전부 소개하기에는 지면이 부족합니다. 그러려면 최소 수천 개의 단어와 약어를 늘어놓아야 합니다. 하지만 컴퓨터가 동작하는 기본 원리를 이해하기 위해 반드시 알아야 할 용어는 고작해야 몇 개밖에 안 됩니다. 그중 몇 개는 들어 봤을 겁니다. 다른 곳에서 이 용어의 뜻을 배웠거나 아니면 이 용어에 해당하는 것을 직접 봤을 수도 있겠지요. 그렇지만 이 책을 읽으면서 용어의 의미를 제대로 배울 수 있으리라 확신합니다. 어떤 용

어의 의미를 복잡하게 생각했다면 바로잡을 좋은 기회입니다. 자주 사용하는
용어의 대부분은 꽤나 간단한 편이거든요.

비트

우리는 컴퓨터로 사진이나 동영상을 감상하고 음악도 듣고 편지도 읽을 수 있습니다. 또 비디오 게임도 즐기고 세상 사람들과 소통할 수도 있습니다. 컴퓨터 안에 도대체 뭐가 들어 있어서 이렇게 많은 일을 할 수 있을까요? 현미경으로 컴퓨터 구석구석을 뒤지면 내부 어딘가에서 조그마한 사진을 발견할 수 있을까요? 아니면 어떤 장치 주변에서 '가', '나', '다' 같은 글자나 '8', '12' 같은 숫자가 돌아다니는 거라도 볼 수 있을까요?

정답은 '아니오'입니다. 컴퓨터 안에는 사진도, 숫자도, 글자도 없습니다. 오로지 '비트(bit)' 하나만 들어 있습니다.

공중에 동전을 던졌다 땅바닥에 떨어뜨리면 동전이 바닥에 떨어졌을 때 가능한 상태는 둘 중 하나입니다. 즉, 앞면이 보이거나 뒷면이 보입니다.

거실등과 연관 지어 보겠습니다. 거실에 있는 등은 켜거나 끌 수 있습니다(벽에 스위치는 달려 있지만 전등 밝기를 조절할 수는 없다고 가정합니다).

문에 자물쇠를 걸어 놓으면 문을 잠그거나 열 수 있습니다. 동전을 던져서 앞면 또는 뒷면이 나오거나 거실등을 켜고 끄거나 자물쇠를 잠그고 여는 사건에 두루 포함되는 무언가가 있습니다. 그게 무엇일까요? 두 가지 가능한 상태에서 한 가지 상태를 선택하고 담아 놓을 수 있는 장소입니다. 그 장소가 바로 '비트'입니다.

비트는 공간 위에서 특정한 크기로 특정한 위치를 차지하는 물리적 사물이라고 볼 수 있어요. 비트는 한 가지 상태에 계속 머무를 수도 있고 두 가지 상태를 번갈아 가며 바꿀 수도 있어요.

찰흙 덩어리는 비트가 될 수 없습니다. 찰흙은 공, 정육면체, 팬케이크, 반지, 통나무, 얼굴 등 생각하는 대로 다양하게 모양을 빚을 수 있으니까요. 찰흙은 공간에서 특정한 크기로 특정한 위치를 차지하는 물리적 사물이긴 하지만, 비트라 부르기엔 가능한 상태가 너무 많습니다. 그러나 찰흙 덩어리를 접시처럼 납작하게 펴서 한쪽 면에 '예' 그리고 다른 면에 '아니요'라고 긁어서 쓴 후 화덕에 넣어 찰흙이 딱딱하게 될 때까지 굽는다면 어떻게 될까요? 그 결과물은 비트라고 부를 수 있습니다. 접시를 탁자 위에 놓으면 '예'나 '아니요' 중 하나만 보일 테니까요. 찰흙 덩어리는 이제 오직 두 가지 상태만 존재합니다.

전에 '비트'에 관해 들어 본 사람도 있을 겁니다. 어쨌든 이제 모두가 비트의 뜻을 알게 되었습니다. 컴퓨터 비트는 동전이나 자물쇠 비트와 완전히 같지는 않아요. 컴퓨터 비트는 빛과 굉장히 비슷합니다. 컴퓨터 비트는 전류가 흐르거나 흐르지 않는 장소입니다. 컴퓨터 안에 있는 비트는 작디작지만 매우 많습니다. 그렇게나 작은 장소에 많은 비트를 저장할 수 있습니다. 컴퓨터는 사실상 수많은 매우 작은 비트로 이뤄져 있다고도 볼 수 있습니다.

물론 거실에 있는 전등처럼 비트도 켜거나 끌 수 있습니다. 거실을 보면 전선이 벽에 붙은 스위치와 연결되어 있지요. 스위치를 올리면 전류가 스위치에서 나와서 벽과 천장에 있는 전선을 타고 전등 소켓으로 흘러 들어가 전등이 켜집니다. 컴퓨터 비트는 너무 작아서 눈으로는 볼 수 없어요. 게다가 한쪽에 기계 스위치가 있고 다른 편에 전등이 있는 것도 아니지요. 비트에는 전등 같은 것이 없으니까요. 거실에 있는 전등 소켓에서 전구를 빼 버리고 스위치를 올려 봅시다. 스위치를 올리면 소켓까지 여전히 전류가 공급됩니다. 이제 컴퓨터 비트와 조금 비슷해졌다고 말할 수 있겠네요. 전등이 켜졌는지 꺼졌는지 보는 것처럼 컴퓨터 비트의 상태를 확인할 수는 없으니까요. 물론 컴퓨터에는 전등 스위치 같은 역할을 하는 키보드가 있습니다. 그리고 전등 역할을 하는 모니터 화면이 있어요. 그 모니터 화면은 전구가 깜빡이는 것처럼 작은 도트를 출력할 수 있습니다. 하지만 스위치와 전등 시나리오가 완벽히 일치하지는 않습니다. 스위치와 전등처럼 직접적으로 연결되어 있지 않고 안쪽에서 복잡한 경로를 거쳐 간접적으로 연결되기 때문이에요. 이렇듯 비트는 대부분 컴퓨터 안쪽에 숨겨져서 보이지 않습니다.

비트는 컴퓨터 안에 있는 모든 것입니다. 컴퓨터 안에는 수많은 비트가 있고 다양한 방식으로 배열되고 연결되지요. 책을 차차 읽으며 세부 사항을 조목조목 짚어 나가겠지만, 어쨌든 컴퓨터 안에 있는 모든 것은 비트라는 사실을 기억하세요. 비트는 늘 'off'와 'on' 둘 중 하나의 상태만 가질 수 있습니다. 현재 상태가 off이든 on이든 명령을 내려 바꿀 수 있는 비트의 상태는 off 또는 on뿐입니다.[1] 컴퓨터 비트는 동전처럼 뒤집어서 상태를 바꾸지 않습니다(앞으로 말하는 비트는 모두 컴퓨터 비트를 가리킵니다). 컴퓨터 비트는 물리적 사물이 아니라 논리적 사물이므로 모양이나 위치도 변하지 않습니다. 따라서 각각의 모양이 다를 수도 없습니다. 이동하거나 회전하거나 커지거나 작아질 수도 없고요. 컴퓨터 비트는 단지 장소입니다. 이 장소에 전류가 흐르지 않으면 비트가 off이고 전류가 흐르면 비트가 on입니다.

탁자 위에 동전 앞면이 보일 때 뒷면이 보이도록 스위칭하려면 사람이 동전을 직접 옮겨야 합니다. 다시 말해, 동전의 상태를 바꾸려면 동전을 들어 올려서(위로 이동) 뒤집은 후 탁자 위에 내려놓아야(아래로 이동) 합니다. 움직이는 데는 시간이 걸리지요. 그런데 비트는 그럴 필요가 없습니다. 사람이 아니라 전기가 스스로 이동하거든요. 전기가 이동하는 속도는 사람이 직접 물체를 옮기는 속도에 비할 수 없이 빠릅니다. 전기로 비트 상태를 바꾸는 것은 효율이 엄청나게 높습니다.

혹시 '전보'를 알고 있나요? 전보는 150년 전쯤 발명되었습니다. 전보는 전기를 이용하기 때문에 실시간으로 급한 전갈을 보낼 수 있는 통신 수단입니다. 보통 사람들은 전신국에 가야 전보를 보낼 수 있었습니다. 전신국 직원은 '전송 키(key)'라는 장치를 눌러서 메시지를 전기의 on/off 신호로 바꿔서 전송했습니다. 여기서 '전송 키'는 용수철에 연결된 스위치입니다. 전송 키를 누르면 접점에 닿아 배터리에 연결되어 전기 신호가 보내지고, 손가락을 떼면 용수철에

---

1 이렇게 두 가지 상태만 있을 때 스위치를 올렸다 내렸다 하듯 그 사이를 전환하는 행위를 '스위칭'이라고 합니다.

의해 제자리로 돌아가 배터리 연결이 끊어지므로 전류가 흐르지 않습니다.[2]

전보를 받는 반대편을 살펴봅시다. 보내는 쪽에서 전송 키를 눌러 스위치를 바닥 면에 접촉시키면 배터리가 연결되어 전류가 흐릅니다. 전류는 이제 전선을 타고 원거리를 이동해서 받는 쪽에 있는 전신기까지 이릅니다. 그 후 전류가 쇠막대에 둘둘 감긴 전선을 타고 이동하면서 그 쇠막대를 자석으로 만듭니다. 전류가 흐르는 순간만 자석이 되므로 이를 '전자석'이라고 합니다. 쇠막대 전자석은 이윽고 위쪽에 설치된 수평봉을 끌어당기며 '딸깍'하는 소리를 냅니다. 이제 반대편 전신국 직원은 '클리커(clicker)'라는 장치가 내는 '딸각'하는 소리의 패턴을 잘 듣고 종이에 한 글자씩 옮겨 적어 메시지를 복원합니다. 딸깍하는 소리 대신에 깜빡이는 전구 불빛을 이용해서 메시지를 해독할 수도 있었을 테지만 그때는 전구가 발명되기 이전이었습니다.

전보 이야기의 요점은 다음과 같습니다. 어떤 마을에서 전신기의 전송 키를 누르면 메시지가 전기 형태로 바뀌고, 그 신호가 전선을 통해 순식간에 멀리 떨어진 곳의 전신기 클리커까지 전달된다는 것이죠. 전보라는 통신 매체는 오직 1비트만 사용했습니다. 비트는 앞서 말했듯이 전기가 흐르거나 흐르지 않는 상태밖에 없습니다. 전보는 1840년대에 발명되었고 1비트밖에 주고받지 못했습니다. 그러나 전보는 역사적으로 매우 중요한 발명입니다.[3]

이 이야기가 컴퓨터의 동작 원리를 간단히 설명하기 위한 시작이 되기를 바랍니다. 컴퓨터에는 오로지 한 가지, '비트'만 들어 있습니다. 그것도 아주 많이 들어 있습니다. 따라서 여러분이 비트를 이해해야 비로소 컴퓨터 안에서 무슨 일이 일어나는지 이해할 수 있습니다.

---

2 (옮긴이) 전송 키를 몇 번씩 짧게 또는 길게 눌러 조합하면 특정한 알파벳을 표시할 수 있었고, 이런 식으로 여러 번 알파벳을 조합하면 메시지를 보낼 수 있었습니다.
3 (옮긴이) 전보 덕분에 역사상 최초로 실시간 원거리 통신이 가능하게 되었기 때문입니다.

게이트

조는 어느 날 친구네 집에 놀러 갔습니다. 그런데 친구가 잠깐 나간 건지 집에는 아무도 없습니다. 친구 방에 들어갔더니 방에 불이 켜져 있었습니다. '대낮에 왜 전등을 켜 놨지' 하며 전등을 끄기로 합니다. 문 옆쪽 벽에는 스위치가 2개 붙어 있습니다. 그래서 문 쪽에 더 가까운 오른쪽 스위치가 전등에 연결되었으리라 짐작합니다. 그런데 그 스위치는 이미 내려져 있었습니다. 옆을 보니 왼쪽 스위치도 내려져 있었습니다. "스위치 방향이 반대인가?" 스위치를 올렸다 내렸다 해봅니다. 그래도 전등은 그대로 켜져 있습니다. 조는 등이 왼쪽 스위치와 연결되었음을 직감하고 왼쪽 스위치를 내립니다. 그런데 불은 꺼지지 않고 여전히 그대로입니다. 주변을 둘러봅니다. 이 방에는 이것 말고 별다른 스위치가 보이지 않는군요. "이 망할 전등을 대체 어떻게 끈담? 분명 스위치 2개 중 하나일 텐데 귀신이라도 씌었나? 도대체 누가 이런 이상한 집을 지은 거지?" 하며 한 손에 하나씩 스위치를 잡고 마구 젖혀 봅니다.

그러다가 조는 전등 불빛이 언뜻언뜻 깜빡이며 흔들리는 것을 관찰했습니다. 그래서 다시 전등이 꺼질 때까지 양손으로 스위치를 천천히 젖혀 봤지요. 이윽고 전등이 꺼지자 스위치에서 손을 뗐습니다. 스위치 패널을 보니 스위치 2개를 모두 올렸을 때 전등이 꺼지는군요. 스위치 하나만 내리니 전등이 켜졌습니다. 그 스위치를 다시 올리니 전등이 꺼졌습니다. 이번엔 다른 스위치를 내렸더니 전등이 켜졌습니다. 그 스위치를 다시 올리니 전등이 꺼졌습니다.

안도의 한숨을 내쉽니다. 전등이 어떻게 작동하는지 기어이 알아냈습니다. 스위치를 둘 다 올리면 등이 꺼지고, 스위치 하나라도 내리면 등이 켜지는 것이 그 원리였습니다. 어이없는 일을 겪었지만 어쨌든 원하는 목적을 달성했습니다. 스위치를 모두 올리면 전등을 끌 수 있으니까요. 마침 친구가 현관문 여는 소리가 들립니다.

이 괴상한 이야기의 핵심은 뭘까요? 바로 이번 장에서 만들 컴퓨터에서 가장 기본이 되는 부품과 상관있습니다. 이 부품은 바로 지금 본 전등 스위치 시스템처럼 동작합니다.

이 부품은 전류가 흘러 다닐 수 있는 통로가 3개인 간단한 장치입니다. 전류가 장치 안으로 흐르는 통로는 2개이고, 전류가 장치 바깥으로 나가는 통로는 1개입니다.

앞의 2개는 '입력'이라 부릅니다. 전류가 다른 곳에서 장치 안으로 흘러 들어오기 때문입니다. 후자 1개는 '출력'이라 부릅니다. 장치 안에 있던 전류가 밖에 있는 다른 곳으로 흘러 나가기 때문입니다.

이 부품은 비트를 가지고 어떤 일을 합니다. 입력마다 비트를 하나씩 보내주면 이 장치는 비트 2개의 상태를 보고 출력할 비트의 상태를 on 또는 off로 결정합니다.

이 장치는 간단하고 일관되게 출력을 결정합니다. 입력이 모두 on이라면 출력은 off입니다. 1개 이상의 입력이 off라면 출력은 on이 됩니다. 이상한 전등 스위치와 똑같습니다.

컴퓨터 안에는 비트만 존재합니다. 이 간단한 장치도 그저 비트들이 왔다 갔다 하는 장소에 불과합니다. 이 장치가 하는 일이란 그저 비트를 어떻게 켜고 끌지 결정하는 게 전부입니다. 비트 2개가 장치 안으로 들어가면 비트 1개를 장치 바깥으로 내보내는 겁니다.

좀 더 자세히 말하자면 다른 곳에서 온 비트 2개를 조사한 후 내보낼 세 번째 비트를 어떤 식으로 생성한다고 말할 수 있습니다.

관찰력 있는 사람이라면 이렇게 질문할지도 모르겠습니다. '입력 2개 모두 off면 출력은 on이다. 좋아, 거기까진. 그런데 입력이 모두 off면 출력으로 나갈 전류는 어떻게 공급받지?' 탁월한 질문입니다. 답은 '장치에 출력을 내보낼 전원이 별도로 연결되어 있어서 문제없다'입니다. 집 안을 둘러보세요. 생활 가전이나 탁상 조명 같은 것을 꽂는 코드에는 핀이 2개 붙어 있습니다. 이 장치에도 전선이 한 쌍 연결되어 있습니다. 전선 하나는 전류가 항상 흐르는 곳에 연결되어 있고, 다른 하나는 전류가 항상 흐르지 않는 곳에 연결되어 있습니다. 이렇게 출력으로 내보낼 전기를 공급받을 수 있습니다. 실제로 컴퓨터를 만들 때는 이런 장치에 모두 별도의 전원을 공급해 주어야만 제대로 동작합니다. 하지만 우리는 지금 다이어그램을 그리고 있으므로 부품을 잘 연결해서 원하는 일만 수행하면 됩니다. 따라서 전력 공급처는 안 그려도 무방합니다. 핵심적인 것도 아니고 그림이 산만해 보이기만 할 테니까요. 어쨌든 어떤 부품이든 전원이 연결되어야 작동하는 게 당연합니다. 걱정 마세요. 이미 모든 부품에 코드가 꽂혀 있다 생각하고 넘어가세요. 이 점에 대해서는 더 이상 왈가왈부하지 않겠습니다. 어차피 중요한 이야기는 아닙니다. 그저 나중에 혹시라도 생길 혼동을 막고자 미리 언급했을 뿐입니다. 돌다리도 두들겨 보고 건너는 게 좋으니까요.

전기를 잘 몰라도 컴퓨터를 이해하는 데 문제는 없습니다. 간단하게 생각하세요. 실제로 이 장치를 만들고 동작시키려면 전자 부품 소자가 6개 필요합니다. 그런 소자가 무엇인지 일일이 열거할 필요는 없습니다. 그건 전자 공학이지, 컴퓨터가 동작하는 원리가 아니니까요. 전자 공학 지식이 있는 사람은 부품 안에 어떤 소자가 들어 있는지 알 수 있을 거예요. 그리고 몇 번 테스트해 보고는 입력 2개가 on이면 출력은 off고, 다른 입력 조합은 출력이 on이 된다는 사실을 알아낼 겁니다. 그리고 책에서도 동일한 결론을 발견합니다. 이제 그 사람은 부품 안에서 어떤 일이 일어나는지 실험할 필요 없이 이 책을 계속 읽을 수 있습니다. 전자 공학 지식이 없는 일반인들이 이 책을 (논리적으로) 따라가는 데는 결국 아무 문제가 없다는 뜻입니다.

평범한 가정에서는 스위치 1개가 전등 1개를 켜고 끌 수 있게 전기 배선을 설치하지요. 그런데 컴퓨터는 전등을 켤 때 스위치가 2개 필요한 데다, 스위치 2개를 모두 내리기도 합니다. 전등을 끄려면 스위치 1개만 올려도 됩니다. 이런 배선도 정상이라고 생각한다면 컴퓨터 안에서 모든 것이 어떻게 동작하는지 이해할 수 있습니다.

지금까지 설명한 이 부품이 컴퓨터를 만들 때 유일하게 필요한 부품입니다. 이것만 있으면 모든 부품과 장치를 만들 수 있습니다. 완전한 컴퓨터가 되기까지 이런 부품이 상당히 많이 필요하다는 사실만 빼면요. 하지만 개수가 충분하다면 어떤 컴퓨터든 만들 수 있습니다. 얼마나 간단합니까? 단 하나의 부품으로 컴퓨터를 만들 수 있다니. 컴퓨터는 그저 이런 부품만 잔뜩 이용해서 만든 물건이라고 봐도 무방합니다.

이 부품의 이름은 '게이트(gate)'입니다. 게이트는 컴퓨터 안에서 어떤 방식으로 비트를 만들어 내지요. 왜 하필 이름이 게이트냐고요? 잘 모르겠습니다. 게이트는 '출입문'이라는 의미가 있어요. 성에도 게이트가 달려 있죠. 그래서 게이트가 열리면 사람들이 지나갈 수 있는 통로가 되지만, 게이트가 닫히면 사람을 막는 장애물로 돌변합니다. 컴퓨터 게이트는 입력 비트 2개를 조사해서 세 번째 비트를 생성합니다. 문을 열거나 닫지도 않고 어떤 것을 멈추게 하거나 통과시키지도 않습니다. 그래서 이름이 꼭 게이트여야 하는지는 의문스럽습니다. 컴퓨터 용어 게이트는 일반적으로 통용되는 단어와는 다른 뜻으로 사용됩니다. 안타깝게도 용어를 바꿀 수는 없습니다. 제가 만든 용어가 아니고 누구나 이미 그렇게 부르고 있으니까요. 용어에 익숙해지는 게 최선입니다. 어려운 고대 그리스어에서 따온 말도 아니니 쉽게 익숙해질 겁니다.

앞으로 게이트 몇 개를 연결하면 무언가 쓸모 있는 일을 할 수 있다는 것을 보게 될 것입니다. 그림 6-1을 보세요. 'D' 모양에다 앞쪽에 작은 원을 하나 붙인 것이 우리가 이야기했던 게이트 장치의 몸체입니다. 게이트에 붙어 있는 선은 다른 부품과 연결하는 전선을 나타내지요. 왼쪽 그림은 별도 전원까지 완비된 게이트의 모습입니다. 하지만 약속한 대로 전원은 더 이상 그리지 않을 거예요. 따라서 앞으로는 게이트를 오른쪽 그림 형태로 나타내겠습니다.

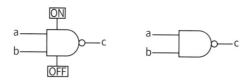

그림 6-1 게이트

그림에서 보는 것처럼, 게이트 몸체 왼쪽에 입력 단자 a, b가 붙어 있고 몸체 오른쪽에 출력 단자 c가 붙어 있어요. 컴퓨터에 있는 어떤 장치나 부품에서 출력된 비트 하나가 a로 들어가는 입력 비트가 됩니다. 또 다른 장치나 부품에서 출력된 비트 하나는 b로 들어가는 입력 비트가 됩니다. 앞선 장치에서 a와 b로 들어온 출력 비트 상태가 곧 이 게이트 입력 비트 상태입니다. 앞선 장치에서 벌어진 일에 따라 입력 비트 상태가 결정됩니다. 그리고 게이트는 입력 비트 2개의 상태에 따라 출력 비트를 on 또는 off로 설정해 줍니다.

입력에 따라 어떻게 출력이 되는지 한눈에 보려면 간단하게 도표를 이용하는 게 편리합니다. 다음 표를 보면서 설명하겠습니다.

a	b	c
Off	Off	On
Off	On	On
On	Off	On
On	On	Off

표 6-1 게이트 표

표 6-1에서 한 줄 한 줄은 특정한 입력이 들어왔을 때 어떤 출력을 내보내는지 보여 줍니다.

스위치가 2개 달려 있던 이상한 전등과 이 도표를 비교해 볼까요. 스위치 하나를 a, 다른 스위치를 b로 각각 놓습니다. 전등은 c라고 놓고요. 가만 보면 이 게이트와 전등이 똑같은 원리로 작동한다는 것을 알 수 있어요. 전등을 끄려면 스위치 2개를 모두 올려야만 했지요. 도표를 보면 알 수 있듯이 이 게이트에서 출력을 off로 만들려면 a와 b를 모두 on으로 만들어야 합니다. 전등과 이 게이트는 완벽히 같습니다.

게이트 변형하기

앞 장에서 살펴본 게이트만 있으면 컴퓨터를 만들 수 있습니다. 물론 아주 방대한 양이 필요하지요. 그런데 이 부품만 이용해서 쓸 만한 일을 해내려면 머리를 써서 잘 연결해야 합니다. 앞으로는 전에 만든 게이트를 조립하거나 변형하면서 다른 부품을 만들기 시작할 겁니다. 이번 장에서는 컴퓨터에서 기본적으로 많이 쓰는 게이트 2개를 만들어 볼 겁니다.

맨 처음으로 소개할 변형 게이트는 너무나 간단합니다. 전에 만든 게이트를 가져와서 a와 b를 서로 묶어 버린 다음에 그 사이에 새로운 입력 전선을 연결하기만 하면 됩니다. 그러면 a와 b로 들어가는 입력은 언제나 같습니다. 이제 a와 b는 쌍둥이처럼 동작합니다. 새로운 입력이 on이면 a와 b는 모두 on이 되고, 새로운 입력이 off라면 a와 b는 모두 off가 됩니다. 다음 그림과 표를 보세요. 이 변형 게이트에는 입력 전선 1개와 출력 전선 1개가 달려 있습니다. 이때 출력 상태는 2개밖에 없습니다.

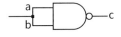

그림 7-1 첫 번째 변형 게이트

a	b	c
Off	Off	On
On	On	Off

표 7-1 첫 번째 변형 게이트 표

도표를 보면 a 열과 b 열이 같습니다. 따라서 둘 중 하나가 없어도 입출력 관계가 유지됩니다. 따라서 b를 삭제해도 무방합니다. 이제는 입력이 하나밖에 없으니 'D' 모양 대신 다음 그림에서 보듯 삼각형으로 나타낼 수 있습니다. 표도 훨씬 더 간단해졌습니다.

그림 7-2 첫 번째 변형 게이트(단순화)

a	c
Off	On
On	Off

표 7-2 첫 번째 변형 게이트 표(단순화)

두 번째 변형 게이트는 그림 7-3처럼 그림 6-1에서 만든 게이트에 방금 새로 만든 변형 게이트를 연결하면 완성됩니다.

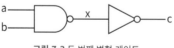

그림 7-3 두 번째 변형 게이트

이 변형 게이트를 표로 살펴보겠습니다. a, b, x는 처음 게이트의 입력과 출력입니다. x와 c는 두 번째 게이트의 입력과 출력입니다.

a	b	x	c
off	off	on	off
off	on	on	off
on	off	on	off
on	on	off	on

표 7-3 두 번째 변형 게이트 표

앞의 변형 게이트는 컴퓨터 안에 많이 사용되므로 다이어그램이 간단할수록 좋습니다. x 비트는 어차피 외부와 연결할 수 없기 때문에 생략하여 다이어그램을 간단하게 표시할 수 있습니다.

그림 7-4 두 번째 변형 게이트(단순화)

이 변형 게이트와 그림 6-1 사이에는 한 가지 차이점이 있습니다. 새로 만든 게이트에는 몸체 앞쪽에 있던 조그마한 동그라미가 사라졌습니다. 이 게이트의 표를 좀 더 간단히 바꿔 보겠습니다. x는 중간 과정이므로 표에서 삭제할 수 있습니다. 그러면 다음과 같은 표를 얻을 수 있습니다.

a	b	c
off	off	off
off	on	off
on	off	off
on	on	on

표 7-4 두 번째 변형 게이트 표(단순화)

몸체에 동그라미가 있는 게이트 표와 몸체에 동그라미가 없는 게이트 표를 비교하면 눈에 띄는 차이가 하나 보입니다. 두 게이트는 'c'로 나오는 출력 비트의 상태가 서로 반대입니다.

　스위치 2개로 작동하던 전등에 장착되어 있던 게이트가 두 번째 변형 게이트로 바뀌었다면 어떻게 전등을 켜야 할까요. 정답은 스위치 2개를 모두 올리는 것입니다. 방 안에 전등이 이미 켜져 있었다면 스위치 2개를 모두 올린 상태일 것이라는 말입니다. 여기서 스위치 하나라도 내리면 전등은 반드시 꺼집니다. 스위치 2개가 전부 내려져 있을 때는 어떻게 될까요? 스위치 1개를 아무리 젖혀 봐야 전등은 켜지지 않을 겁니다. 원리를 모른다면 저번처럼 모든 스위치를 양손으로 이리저리 젖혀 보며 언제 전등이 켜지는지 확인해야 할 겁니다. 그리고 언젠가는 스위치 2개를 모두 올려야만 전등이 켜진다는 사실을 알게 될 겁니다.

　두 번째 변형 게이트를 이렇게 설명할 수도 있습니다. '어떤 입력이 on 〈그리고〉 다른 입력이 on이면 출력이 on이다.' 컴퓨터 과학자들은 비교적 소박한 사람들이기 때문에 용어를 새로 만들 때도 일상적으로 쓰는 말을 재사용하는 전통이 있다는 말을 한 적이 있었습니다. 두 번째 변형 게이트는 가만 보면 일상적으로 사용하는 〈그리고〉라는 단어와 비슷한 역할을 하잖아요. 그래서 간단히 'AND 게이트'라고 부릅니다.

　여태까지 몇 가지 세부 사항을 일부러 빼놓고 넘어갔는데, 이제 완전히 설명할 차례가 되었습니다. 우선 그림 6-1부터 보겠습니다. 이건 AND 게이트와 거의 같은데 출력 상태가 완전히 반대입니다. 출력을 부정했다고 말할 수도 있으니 부정된(Negative) AND 게이트라고 말할 수도 있지만, 공식 명칭은 'NAND 게이트'입니다.

　입력 2개를 하나로 묶었던 첫 번째 변형 게이트도 고유한 이름이 있습니다. 이 게이트는 늘 입력과 반대인 출력을 만듭니다. 즉 입력이 on이면 출력은 'on이 아님(off)'이 됩니다. 입력이 off면 출력은 'off가 아님(on)'이 됩니다. 언제나 현재 입력 비트의 상태가 '아닌(not)' 다른 상태를 출력해 주는 게이트입니다. 따라서 이를 간단히 'NOT 게이트'라고 부릅니다.

　AND 게이트와 NAND 게이트 그림을 비교했을 때 어떤 차이가 있을까요? NAND 게이트에는 출력 전선 앞에 작은 동그라미가 그려져 있지만 AND 게이트에는 없습니다. 여기서 커다란 'D' 모양이 AND 기능을 가리킨다고 생각하면 쉬워요. D 몸체에 들어오는 입력이 모두 on이어야 어떤 동작이 수행되는 겁니다. 동그라미는 NOT 게이트처럼 반대 동작을 의미합니다. 따라서 모든 입력이 on일 때 AND 게이트는 어떤 동작을 수행하지만, NAND 게이트는 반대로 동작을 멈춥니다. NOT 게이트에 들어온 입력은 삼각형 몸체를 지나며 변치 않고 그대로 통과하지만, 동그라미 때문에 최종 게이트의 출력이 부정됩니다.

AND 게이트는 컴퓨터를 만들 때 많이 사용될 뿐 아니라 이해하기도 제일 쉽습니다. 그러나 NAND 게이트를 먼저 살펴본 이유가 두 가지 있습니다. 첫 번째 이유는 NAND 게이트가 만들기 가장 쉬워서 그렇습니다. 게이트를 많이 만들어야 한다면 만드는 과정이 쉽고 소자도 적어야 합니다. 그래야 값싸고 안정적으로 생산할 수 있습니다. NAND 게이트가 그런 조건을 만족합니다.

두 번째 이유가 핵심입니다. 컴퓨터 안에 있는 모든 부품이나 장치는 전부 NAND 게이트 여러 개를 잘 연결하면 만들 수 있습니다. 그리고 우리는 그 가능성을 이미 엿보았습니다. NOT 게이트는 NAND 게이트 1개만 있으면 만들 수 있었고, AND 게이트는 NAND 게이트 2개만 있으면 만들 수 있었습니다. 앞으로도 NAND 게이트를 뚝딱뚝딱 연결해서 흥미로운 변형 게이트를 몇 개 더 만들어 보겠습니다. 여하튼 NAND 게이트처럼 작고 보잘것없는 부품이 컴퓨터에 들어가는 모든 장치를 만드는 기초입니다.

NAND 게이트가 컴퓨터를 만들기 위한 기본 요소라는 게 이번 장에서 핵심 주제입니다. 하지만 이름은 AND 게이트에 먼저 붙였어요. 사람이 생각하기에 AND가 더 쉽고 기본적이니까요. 그렇다면 게이트를 만드는 순서도 AND 게이트가 첫 번째가 되어야 합니다. 하지만 AND 게이트를 만들려면 NAND 게이트와 NOT 게이트가 필요합니다. 그래서 NAND 게이트와 NOT 게이트를 이름 없이 먼저 설명해야만 했습니다. 그렇게 AND 게이트를 만들고 이름을 붙여준 후에야 NAND 게이트와 NOT 게이트에 이름을 붙여줄 수 있었습니다.

AND 게이트에서 'AND'를 일반 언어처럼 사용할 수도 있습니다. 원래 'and'는 영어에서 접속사로 사용합니다. and는 "나는 완두콩'과' 당근을 좋아해"라는 문장의 '~과(와)'처럼 두 사물을 연결할 때 사용합니다. 컴퓨터 세계에서 AND는 두 가지 용법이 있습니다. "이건 AND 게이트야"라고 말할 때, AND

는 '게이트'라는 명사가 어떤 게이트인지 수식하는 형용사입니다. 이번 장에서 AND는 형용사처럼 쓰이고 있습니다. "두 비트를 AND하라"같이 동사처럼 쓸 때도 있습니다. AND를 동사로 쓰는 경우는 책 뒷부분에서 소개하겠습니다.

이 책은 '컴퓨터 안에는 비트밖에 없다'는 단순한 논지에 초점을 맞추고 있습니다. 이 말을 곱씹어 보세요. NAND 게이트가 어떻게 작동하는지만 이해하면 컴퓨터를 이해할 수 있다는 말입니다. 절대 농담이 아닙니다. NAND 게이트는 가장 작은 부품이고 이것들이 모여 컴퓨터가 됩니다. NAND 게이트가 비트를 어떻게 처리하는지 이해한다면, 컴퓨터가 비트를 어떻게 처리하는지도 이해할 수 있습니다. 컴퓨터가 비트를 어떻게 처리하는지 이해한다면 그게 바로 컴퓨터를 이해한 겁니다.

다이어그램

기계 장비가 어떻게 동작하는지 알고 싶을 때 으뜸가는 방법은 기계 내부를 들여다보고 부품들이 어떻게 동작하는지 지켜보고 해체해 보는 겁니다. 그에 버금가는 방법은 기계 안에서 상호 작용하는 부품들을 보여 주는 그림이 많은 매뉴얼을 보며 공부하는 방법입니다.

컴퓨터도 기계입니다. 하지만 그 안에 있는 비트는 전기 형태로 되어 있어서 보이지 않으니 컴퓨터 안을 들여다봤자 의미가 없습니다. 겉으로는 아무 일도 일어나지 않는 것처럼 보이니까요.

컴퓨터에 들어가는 개별 부품을 실제로 만드는 일은 꽤 재미있는 주제입니다. 하지만 이 책의 주제와는 무관하니 다루지 않겠습니다. 현실에서 컴퓨터에 들어가는 모든 부품은 반도체로 만듭니다. 그런데 이런 공정까지 세세히 파고들 수는 없습니다. 다만 대략 이런 공정을 거칩니다. 얇은 실리콘 웨이퍼를 올려놓고 표면에 다양한 화학 약품을 바르고 광학 처리를 합니다. 열을 가하기도 하고 웨이퍼 표면에 금속 배선을 연결하는 과정도 필요합니다. 그 결과 기판 위에 전자 부품 수백만 개가 들어 있는 '집적 회로(integrated circuit, IC)'가 탄생합니다. 물론 이렇게 작은 부품을 이어서 게이트를 만들고, 게이트를 이어서 특정한 장치를 만들어 주는 일까지 마쳐야 합니다. 외부에 있는 다른 장치와 소통할 수 있도록 여러 개의 핀을 붙이고 플라스틱 덮개를 씌워 주는 일도 잊으면 안 됩니다. 이런 칩 여러 개를 기판에 장착하면 비로소 컴퓨터가 작동하게 됩니다. 사실 이 책에서 다루는 단순한 컴퓨터는 반도체 공정으로 손톱 크기보다 작은 칩 하나에 너끈히 들어가고도 남습니다.

평범한 기계 장치와는 다르게 집적 회로 구조는 엄청나게 복잡합니다. 전기를 눈으로 볼 수 없으니 직관적으로 이해하기도 불가능합니다. 이런 상황에서는 다이어그램을 사용하는 게 가장 현명한 방법입니다. 다이어그램 해독 능력을 기르면 컴퓨터를 이해하는 데도 많은 도움이 됩니다.

앞으로 우리는 전에 만든 게이트를 이어 붙이는 방법으로 새 부품을 계속 만들 예정입니다. 그와 더불어 새 부품을 설명하고 이름과 고유한 기호를 붙여줄 거예요. 다른 부품과 연결해서 또다시 새 부품을 만들고 이름과 기호를 붙이는 것을 계속 반복하다 보면 어느새 컴퓨터가 완성될 겁니다.

새로운 부품의 다이어그램이 등장할 때마다 그 부품은 무슨 일을 하는지, 어떻게 동작하는지 설명할 겁니다. 그렇다고 글만 읽지 마세요. 다이어그램도 같이 보면서 어떤 게이트가 어떻게 동작해서 어떤 결과가 나오는지 독해하고 텍스트를 검증하면서 따라와야 합니다. 이렇게 충실히 공부한다면 컴퓨터를 금세 이해할 수 있습니다.

다이어그램 안에는 두 가지 속성밖에 없습니다. 하나는 입력 또는 출력을 가진 부품이고, 다른 하나는 입력과 출력을 서로 연결하는 전선입니다.

전기는 게이트 밖으로 출력되자마자 전선을 통과하며 빠르게 이동합니다. 어떤 게이트 출력이 on이면, 순식간에 전류가 흘러서 이어진 전선의 상태가 모두 on이 됩니다. 게이트의 출력이 off라면, 연결된 전선 전체가 전류가 흐르지 않는 off 상태가 됩니다. 게이트 바깥으로 출력되는 비트는 연결된 전선에 모두 같은 상태로 퍼져 있는 셈입니다.

게이트로 들어가는 입력은 전선에 있는 전류를 소모하지 않습니다. 그래서 출력을 하나만 내보내도 많은 게이트에 입력으로 연결할 수 있습니다.

다이어그램에서는 전선이 연결되거나 분배되는 지점을 점으로 나타냅니다. 같이 연결된 모든 전선은 마치 하나의 전선처럼 똑같이 전류를 받아들입니다. 다이어그램에서 점 연결 없이 서로 지나가는 전선은 둘 사이에 아무런 연결도 없다는 뜻입니다. 이것들은 서로 만나지 않으니 그 안에 들어 있는 비트도 아무 관련이 없습니다.

때때로 다이어그램에서 전류의 경로를 선택해 줘야 하는 경우가 있습니다. 그런 상황에서는 왼쪽에서 오른쪽, 또는 위에서 아래로 전류가 흐르는 방향을 화살표로 표시해 줄 겁니다. 그렇지만 매번 이런 식은 아닙니다. 게다가 책의 후반부로 갈수록 이런 표시를 점점 덜 사용할 거라 따라오기 어려울 수도 있습니다. 하지만 어떤 출력이 어떤 입력으로 들어가는지 잘 살펴보는 것만으로도 전류가 어떤 길로 흐르는지 알 수 있으니 걱정하지 마세요.

다이어그램 대부분을 이해하는 데 어려운 부분은 없습니다. 다만 어떤 다이어그램에는 다양한 입력이 가능해서 출력도 여러 가지가 나오기 때문에 이해하기 조금 복잡할지도 모릅니다. 그럴 때는 다이어그램에 있는 부품이나 전선에 이름표를 달아 놓고, 현재까지 어떤 부품이나 전선의 비트 상태가 on인지 off인지 표를 채워 가며 세세히 확인하는 게 도움이 됩니다. 표 위에 동전을 올려놓고 앞면은 on, 뒷면은 off 상태로 표기하면서 비트 상태를 추적하면서 말이지요.

공교롭게도 다음 장에 나올 다이어그램이 이 책을 통틀어 이해하기 가장 어려울 겁니다. 그래도 일단 이해한 후에는 다이어그램 읽기가 전혀 어렵지 않을 거예요.

비트 메모리

컴퓨터 메모리에 관해 들어본 적이 있나요? 이번 장에서는 메모리란 정확하게 무엇인지 알아보겠습니다. 컴퓨터 안에는 비트밖에 없습니다. 비트의 상태는 on과 off 두 가지뿐입니다. 컴퓨터는 비트 상태가 on인지 off인지만 기억할 수 있다는 말입니다.

그림 9-1은 1비트짜리 컴퓨터 메모리를 나타낸 그림입니다. 비트 메모리는 게이트 몇 개만 있으면 만들 수 있는 간단한 장치이지만 대단히 멋진 장치입니다. 이 메모리가 어떻게 동작하는지 자세히 뜯어보고 원리를 이해할 겁니다. 그리고 이 메모리에 기호를 달아서 더 큰 기억 장치를 구성하는 요소로 사용하겠습니다.

비트 메모리는 NAND 게이트 4개만 있으면 만들 수 있습니다. 하지만 배선하는 방법은 특별한 편이지요. 그림 9-1을 보면서 설명하겠습니다.

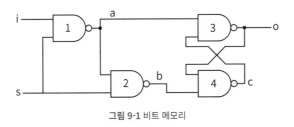

그림 9-1 비트 메모리

이 장치에는 입력이 2개, 출력이 1개 있습니다. i는 기억하고 싶은 비트를 입력하는 입력 단자이고, o는 기억된 비트를 출력하는 출력 단자입니다. s는 장치에 i를 쓸지 말지 결정하는 입력 제어 단자입니다. 내부에 각각 a, b, c라고 이름 붙인 전선이 3개 있는데, 메모리가 어떻게 동작하는지 알아보려면 이것들을 꼭 살펴봐야 합니다. 다이어그램을 꼼꼼히 잘 따라간다면 컴퓨터에서 가장 중요하고 많이 이용되는 부품을 이해할 수 있습니다.

메모리가 어떻게 동작하는지 알아보기 위해 먼저 s가 on이고, i가 off인 상태에서 시작해 봅시다. i와 s는 1번 게이트로 들어가는데 두 입력 중 하나가 off이므로 a는 on이 됩니다. a와 s가 2번 게이트로 들어가는데 두 입력이 모두 on이니 b는 off가 됩니다. 4번 게이트에서 b가 off이므로 게이트 4번의 출력인 c는 on이 됩니다. c와 a가 모두 on이므로 3번 게이트의 출력인 o는 off가 됩니다. o는 되돌아가서 4번 게이트의 두 번째 입력으로 되돌아 들어갑니다. 따라서 c는 여전히 on입니다. 여기서 핵심은 s가 on일 때 i와 o는 결국 서로 같아진다는 것입니다.

이제 s가 on인 상태에서 i를 on으로 바꿔 보겠습니다. i와 s가 1번 게이트로 들어가면 a가 off가 됩니다. a는 2번 게이트와 3번 게이트의 한쪽 입력으로 들어갑니다. 따라서 o와 b 상태가 모두 on이 되는데, 4번 게이트로 들어가 c를 off로 만들어 줍니다. 이것이 3번 게이트의 두 번째 입력으로 보내지면, a와 c가 모두 off이므로 o는 여전히 on입니다. 전 단락에서 언급했던 것과 동일하게 s가 on일 때 i와 o는 결국 서로 같아집니다.

지금까지는 s가 on일 때 메모리가 어떻게 작동하는지 살펴보았습니다. 이 상태에서 i를 on이나 off로 바꾸면 o도 따라 바뀝니다. i가 on이면 o도 on이 되고, i가 off라면 o도 off가 됩니다. s가 on인 경우만 보면 i를 o에 그대로 보내도 결과는 같습니다. 간단하게 만들 수 있는 걸 왜 이리도 복잡하게 만들었는지 궁금합니다. 좀 더 살펴봅시다.

s가 off가 되면 어떤 일이 일어날까요? 1번 게이트를 보세요. s가 off가 되면, a는 i 상태가 무엇이든 상관없이 항상 on입니다. 이제는 i를 아무리 on/off시켜도 아무 일도 일어나지 않습니다. 2번 게이트도 마찬가지입니다. a가 on인 경우도 있지만, s가 off이므로 b는 항상 on이 될 수밖에 없습니다. 이제는 a와 b

가 모두 on이므로 i를 바꿔 봤자 헛일입니다. 결정적인 마지막 질문만 남았습니다. o는 결국 on이 될까요? 아니면 off가 될까요?

s가 off가 되기 전에 i와 o가 모두 on이었다면, 3번 게이트로 들어가는 입력은 모두 off가 됩니다. 그리고 4번 게이트로 들어가는 입력은 모두 on이 됩니다. s가 off되면 3번 게이트로 들어가는 한쪽 입력 a는 on이 됩니다. 그러나 다른 입력은 여전히 off라서 아무 일도 일어나지 않습니다. 결국 o는 전처럼 그대로 on입니다.

s가 off되기 전에 i와 o가 모두 off였다면 3번 게이트로 들어가는 입력은 모두 on이 되고 4번 게이트로 들어가는 입력은 모두 off가 됩니다. s가 off될 때 4번 게이트로 들어가는 한쪽 입력 b는 on이 됩니다. 그러나 다른 입력은 여전히 off이므로 c가 그대로 on입니다. 따라서 o는 전처럼 그대로 off입니다.

결론은 다음과 같습니다. "s가 off일 때 o는 i에 영향을 전혀 받지 않고 예전 상태를 그대로 유지한다"입니다.

여기서 우리가 알아낸 건 두 가지입니다. 첫째, s가 on일 때 o는 i를 그대로 따른다. 둘째, s가 off일 때 o는 s가 off되기 전에 입력받은 i를 보존한다. 이 장치는 예전에 입력받은 i가 바뀌지 않게 잠글 수 있어요. 이것이 NAND 게이트 4개를 이리저리 조합해서 비트를 '기억하는' 방법입니다. 이 메모리가 보유한 저장 공간은 불과 1비트에 불과합니다. 그러나 이 비트 메모리가 동작하는 원리는 모든 컴퓨터 메모리의 기본 요소입니다. 어떤 메모리든지 특정 시점에 비트를 설정(s가 on일 때)하고 비트를 보존(s가 off일 때)하는 원리는 비트 메모리와 같습니다.

다이어그램을 보면서 전선 곳곳의 비트 상태가 on인지 off인지 잘 따라왔기를 바랍니다. 그랬다면 이제 여러분은 이 회로가 어떻게 동작하는지 정확하게 이해했을 테지요. 이렇게 간단한 NAND 게이트만 가지고도 메모리를 충분히 만들 수 있다는 사실도 이해했을 것이구요. 여러분은 이제 메모리가 비트를 저장하는 방법이 더는 궁금하지 않을 겁니다.

이제 우리는 메모리가 어떻게 동작하는지 이미 알고 있습니다. 그러니 다이어그램에서 정신없는 내부 배선을 가리는 게 좋겠습니다.

그림 9-2 비트 메모리(단순화)

이 메모리의 중요한 모든 배선을 요약해 봅시다. 먼저 i는 저장하고 싶은 비트의 상태를 넣어 주는 입력 단자입니다. s는 입력 제어 단자입니다. s가 on일 때 i로 들어오는 비트가 메모리에 입력되어 기록됩니다. s가 off일 때 메모리는 전에 기록된 비트를 잠그고 그대로 유지합니다. '잠근다'는 말은 현재 기억 장치 내용이 지워지거나 바뀌지 않게 유지한다는 뜻이에요. 읽기만 가능한 상태라는 말입니다. o는 현재 또는 이전에 기록된 데이터를 출력하는 단자입니다. 마지막으로 M은 비트 메모리를 뜻합니다. 어렵지 않지요?

앞에서 이야기한 이상한 전등 이야기를 다시 해볼까요. 전등은 참 이상한 방식으로 동작했습니다. 조는 이제 그 안에 무엇이 들어 있는지 알고 있습니다. 스위치는 벽 속에 들어 있는 NAND 게이트와 연결되어 있었습니다. 그래서 스위치를 둘 다 모두 내려야만 전등이 켜졌던 겁니다. 오늘도 조는 친구네 집에 놀러 왔습니다. 그런데 친구가 또 집에 없네요. 친구는 조를 다시 골탕 먹이려고 집을 나가기 전에 NAND 게이트를 끄집어내고 그 자리에 비트 메모리를 슬쩍 바꿔 넣었습니다. 그리고 왼쪽 스위치와 i 단자를 전선으로 연결했습니다. 오른쪽 스위치는 s 단자와 전선으로 연결했습니다. 마지막으로 o 단자와 전등을 전선으로 연결해서 마무리했지요. 조는 친구 방에 들어가서 천정 위를 바라보았습니다. 어제처럼 전등은 켜져 있었지만 스위치는 모두 내려져 있었습니다. 조는 회심의 미소를 지었습니다. 'NAND 게이트로군.'

과거로 돌아가 어떻게 했기에 메모리 비트가 NAND 게이트처럼 보이는지 추리해 보겠습니다. 좀 전에는 조가 아마 왼쪽 스위치와 오른쪽 스위치를 모두 올려두었기 때문에 i와 s가 전부 on이었을 테지요. 그래서 기억 장치 안에 on 상태의 비트를 기록할 수 있었을 겁니다. 그다음에 오른쪽 스위치만 내려서 s를 off로 만들었을 겁니다. 더 이상 비트 내용을 바꾸지 못하도록 말입니다. 따라서 현재 기억 장치에 저장된 비트는 on 상태를 그대로 유지하고 있습니다. 메모리 비트에 저장된 비트가 o를 통해서 출력되니 전등이 켜진 겁니다.

이제 i를 off로 바꿔도 비트 메모리의 상태가 바뀌는 일은 생기지 않습니다. 그래서 조가 왼쪽 스위치를 아무리 올렸다 내렸다 해도 전등은 꺼지지 않습니다.

현재는 스위치 2개가 모두 내려져 있습니다. 이제 오른쪽 스위치만 올려 보기로 합니다. 그렇게 되면 s가 on이 되므로 비트 메모리를 변경할 수 있습니다. 왼쪽 스위치는 내려져 있는 상태이므로 i는 off가 됩니다. 그래서 비트 메모리에는 off가 기록되고 다시 o로 출력되어 전등을 끕니다. 조는 전등이 꺼지는 것을 확인합니다. 그런데 조는 이 원리를 모르고 있습니다. 그래서 조는 오른쪽 스위치로 전등을 켜고 끌 수 있다고 착각했습니다. 다만 스위치가 거꾸로 연결되어서 스위치를 내리면 전등이 켜지고, 스위치를 올리면 전등이 켜지는 건 아닐까 생각한 겁니다. 조는 전등이 다시 켜지리라 기대하며 오른쪽 스위치를 다시 올렸습니다. 그런데 전등은 켜지지 않았습니다. 그리고 이상한 점을 발견합니다. 분명히 아까 방에 처음 들어왔을 때처럼 스위치 2개가 모두 내려져 있는 건 같은데 전등은 켜지지 않고 꺼져 있습니다. NAND 게이트가 아닌가? 어떻게 입력은 같은데 출력이 다를 수 있지? 조는 머리를 긁적이며 스위치와 계속 씨름했습니다. 결국 어제보다 훨씬 많은 시도 끝에 전등이 작동하는 원리를 찾아냈습니다. 조가 찾아낸 사실은 다음과 같습니다. 첫째, s가 on일 때는 i 상태에 따라 전등이 켜지고 꺼진다는 것. 둘째, s가 off일 때는 s가 off되기 전에 있던 전등의 상태를 그대로 유지한다는 것. 이제 친구가 벨을 누르는 소리가 들립니다.

코드와 비트

이제 우리는 비트가 무엇인지 알고 있을 뿐 아니라 다양한 게이트로 비트를 생성하는 법도 알고 있습니다. 순간순간 바뀌는 비트의 상태까지 기억하는 장치를 만들 줄도 압니다. 이런 지식을 가지고 이제 뭘 해볼 수 있을까요?

비트는 실제로 전기가 on인 상태(전류가 흐르는 상태)나 전기가 off인 상태(전류가 흐르지 않는 상태) 그 자체일 뿐입니다. 그래서 비트가 직접적으로 할 수 있는 일이란 전등이나 토스터 같은 가전을 작동시키거나 멈추게 하는 정도입니다.

하지만 일상에서 일어나는 다른 일을 표현하는 데 비트를 쓸 수도 있습니다. 빨간 신호등에 비트를 연결해 봅시다. 예를 들어 비트가 on이면 정지를 나타내고, 비트가 off면 진행을 나타내게 할 수 있습니다. 비트 여러 개를 이용해서 더 복잡한 행동을 표현할 수도 있습니다. 예를 들어 비트 8개 중에 두 번째와 네 번째 비트가 on이라면, 햄버거와 감자튀김 세트를 주문했다는 뜻으로 쓸 수도 있지요. 네 번째 비트가 off라면 햄버거 단품만 주문했다는 뜻입니다.

이것은 '코드(code)'를 사용하는 행위입니다. 코드가 뭐냐고요? 코드는 '어떤 사물'이 '다른 사물'을 의미하도록 만들어 주는 방법입니다. 어떤 사물이 다른 사물을 뜻하기 위해서는 '어떤 사물'에 들어 있는 모든 상태와 '다른 사물'에 들어 있는 모든 뜻을 하나씩 대응시켜 목록으로 만들어야 합니다. 이 개념을 비트에 적용해 봅시다. 비트 1개로 최대 두 가지 상태를 표현할 수 있습니다.

그러니 1비트짜리 코드도 두 가지만 표현할 수 있습니다. 한쪽은 비트가 off 상태임을, 또 한쪽은 비트가 on임을 뜻하는 겁니다.

이것이 비트에 어떤 의미를 불어넣는 방법입니다. 비트 그 자체로는 어떤 의미도 없어요. 전기가 있거나 없거나를 나타낼 뿐이지요. 비트가 어떤 뜻을 가지려면 비트 외부에 있는 사물을 연결해줘야 합니다. 비트 안에는 신호등이나 감자튀김 같은 것이 들어 있지 않으니까요. 비트를 교차로 위에 매달린 적색 신호등에 연결하면, 비트가 on일 때 멈추라고 명령할 수 있습니다. 패스트푸드점에서 1비트를 계산대와 연결하면 비트가 on일 때는 감자튀김까지 종이봉지에 넣으라는 주문을, off일 때는 감자튀김은 빼라는 주문을 전달할 수 있겠지요.

2항목 코드를 사용하는 간단한 두 가지 사례를 들어 봅시다. 첫 번째 사례는 감자튀김 주문을 표현하는 코드입니다. 여기서 비트가 on이면 '감자튀김을 주문에 넣으라'는 뜻입니다. 비트가 off라면 '감자튀김을 주문에서 빼라'는 뜻입니다. 두 번째 코드는 적색 신호등이 작동하는 모습을 표현합니다. 여기서 비트가 off라면 자동차를 움직이라는 뜻이고, 비트가 on이라면 자동차를 멈추라는 뜻입니다. 두 사례에서 사용한 비트는 같지만 다른 목적으로 사용되었을 뿐입니다. 비트가 어떤 뜻으로 쓰일지는 코드를 만드는 사람에게 달려 있습니다. 코드는 법률 용어에도, 음식 메뉴에도 연결할 수 있습니다. 하지만 코드 그 자체는 비트 안에 없습니다. 그저 (예를 들어 '01001100'처럼) 어떤 비트 패턴을 특정한 뜻으로 쓰자고 약속한 것뿐입니다. 이게 코드입니다.

비밀 코드로 메시지를 보내는 스파이를 상상해 봅시다. 스파이는 누구나 볼 수 있는 방식으로 다른 스파이에게 메시지를 보냅니다. 하지만 다른 사람들은 코드가 없어서 메시지의 뜻을 알 수 없으니 괜찮습니다. 어느 날 스파이가 아파트 유리창 밖 창틀에 화분을 올려놓습니다.

화분을 창문 왼쪽에 놓으면, '기차역, 1시 30분 접선'이라는 뜻입니다. 화분을 창문 오른쪽에 놓으면 '오늘 접선 없음'이라는 뜻입니다. 아파트 아래 골목에서는 동료 스파이가 오늘 접선이 있는지 확인하려고 주위를 배회하며 고개를 들어 창가를 곁눈질하고 있습니다.

누구나 거리를 걸으며 화분을 쉽게 볼 수 있습니다. 그런데 다른 사람에겐 코드가 없기 때문에 창틀 위에 있는 화분에 숨겨진 메시지가 뭔지 알 수 없습니다. 두 스파이는 기차역에서 접선 후 헤어지기 전에 또 다른 코드표를 주고받았습니다. 그들은 이 코드표를 달달 외운 후 코드표를 버릴 겁니다. 한쪽은 메시지를 암호화해서 전달하고 한쪽은 그걸 해독합니다. 그러니 다른 사람이 메시지를 가로채더라도 무슨 뜻인지 결코 알 수 없습니다. 코드표가 없으면 메시지를 해독할 수 없습니다. 코드표가 없으면 메시지는 엉뚱한 문자들로 가득 채워진 낙서처럼 보일 뿐이니까요.

비트는 여전히 전기가 있거나 없는 장소일 뿐이고 앞으로도 늘 그럴 겁니다. 사람들은 비트를 사회에서 특정한 목적에 결부시켜 사용합니다. 비트에 어떤 의미를 부여하는 겁니다. '빨간불이 켜지면 자동차 운행을 멈추라. 빨간불이 꺼지면 운행을 재개하라'는 교통 규칙도 바로 코드입니다. 신호등 불이 켜지고 꺼지는 비트에 자동차 운행을 멈추고 재개하는 의미를 연결한 것이니까요. 이 비트로 된 약속을 지키지 않으면 운전면허를 딸 수 없을 겁니다. 이렇게 비트와 코드는 우리 주변 어디에나 있습니다.

신호등에서 빨간불은 '정지'를 의미합니다. 비트가 차량을 멈추게 할 능력은 없습니다. 빨간불을 정지라는 뜻으로 약속했기 때문에 멈출 뿐입니다. 우리는 빨간불 비트가 on일 때 횡단보도 앞에서 멈출 겁니다. 보행자는 그때 모든 차량이 멈출 거라 생각하고 횡단보도를 건너갑니다. 여기서 자칫 약속을 어기면 사람을 칠 수도 있습니다. 우리는 모든 사람이 규칙을 지키고 같은 행동을 하길 바랍니다. 빨간불이 꺼져서 직진하고 있을 때 누군가 옆에서 들이받는 일을 상상도 하기 싫으니까요.

비트 하나로 많은 일을 할 수 있습니다. 참/거짓을 가리킬 수 있고, 운행/정지를 표현할 수도 있습니다. "나와 결혼해 줄래?"나 "감자튀김도 추가할까요?" 같은 일상적 질문에는 "예/아니요" 형태로 답할 수 있습니다. 이 모든 게 비트 하나로 가능합니다.

하지만 비트 하나 가지고는 할 수 없는 일이나 비트로 표현하기가 곤란한 문제들도 여전히 많습니다. '예/아니요'로 답할 수 있는 문제도 많지만 사실 그렇게 답할 수 없는 문제가 훨씬 많습니다.

전보를 칠 때는 딱 1비트씩 보낼 수 있었습니다. 1비트만 가지고 통신하는 방법으로 어떻게 0과 1 말고 복잡한 알파벳을 만들어 낼 수 있을까요? 바로 간단한 신호를 다양하게 조합하고 반복하는 방법을 통해서입니다. 이런 방식으로 알파벳을 조합하는 코드를 '모스 부호(Morse code)'라고 부릅니다. 모스 부호에서는 키를 매우 짧은 시간 동안만 누르는 신호를 '점(·)'이라 부르고 키를 조금 더 오랫동안 누르는 신호를 '대시(-)'라고 부릅니다. 이 점과 대시를 조합해서 각 알파벳 글자에 대응하도록 표로 만들었습니다. 교환원은 빠르게 반복되는 점과 대시로 된 조합을 읽거나 들으며 실시간으로 어떤 알파벳인지 금세 찾아내야 했어요. 어려운 일이었습니다. 그래서 전보 교환원은 이 코드를 달달 외우며 계속 연습해야만 했습니다.

예를 들어볼까요. 모스 부호에서 알파벳 'N'은 코드로 '대시 점(-·)'에 해당합니다. 알파벳 'C'는 코드로 '대시 점 대시 점(-·-·)'에 해당합니다. 전송 키를 누르는 시간에 비례해서 점과 대시가 구분됩니다. 점은 짧고 대시는 길지요. 전보를 칠 때는 전송 키를 누르지 않는 대기 시간도 필요합니다. 알파벳을 구성하는 점과 대시를 구분할 때, 글자를 구분할 때 그리고 단어를 구분할 때를 모두 고려해야 합니다. 'C'와 'NN'을 혼동하지 않으려면 첫 번째 N을 전송한 후 조금 기다렸다 전송 키를 눌러야 하지요. 전보를 수신하는 교환원은 신호를 잘 듣고 그 사이에 대기 시간이 얼마나 되는지 잘 들어야만 정확하게 메시지를 해독할 수 있었습니다.

전보 장치 안에는 메모리가 없기 때문에 한 번에 모든 글자를 다 주고받을 수 없었어요. 유일한 방법은 글자를 쪼개서 전기 신호로 변환해서 보내는 것뿐이었습니다. 그리고 전보 교환원이 받아서 먼저 점과 대시로 복원한 후, 머릿속에 외운 코드 표를 참조해서 글자로 조립하고, 종이에다 단어와 문장으로 적어야 했습니다. 이것이 전보가 작동하는 방법입니다. 1비트는 단지 두 가지 의미만 가질 수 있었지만, 비트를 반복하면 더 많은 의미를 만들어 낼 수 있습니다.

모스 부호 같은 원리를 이용해 컴퓨터를 작동시킨다면 탑 위에서 플래시를 깜빡이듯 길고 장황하게 메시지를 보낼 수밖에 없습니다. 그런데 우리는 컴퓨터 화면에서 글자, 단어, 문장이 완전한 상태로 표시되는 걸 원하니까 1비트보다 긴 코드가 필요합니다.

사실 '진짜' 신호등은 비트를 3개 사용합니다. 적색에 1비트, 황색에 1비트, 녹색에 1비트가 연결되어 있어요. 비트를 1개만 사용할 수 있다면 교차로에 달린 신호등에는 빨간색 외등만 들어 있을 겁니다. 그게 켜지면 '멈추라'는 뜻이고 꺼지면 '운행하라'는 뜻이지요. 하지만 신호등이 꺼졌다고 해서 그게 정말로 '가라고' 말하는 건지, 전구가 망가져서 그냥 꺼진 건지는 모릅니다. 따라서 3비트 신호등이 훨씬 나은 시스템입니다.

현실 세계에서 컴퓨터는 글자, 단어, 문장, 책뿐 아니라 숫자, 그림, 소리까지 담아낼 수 있지요. 그러나 이 모든 것은 비트 여러 개만 있으면 표현 가능합니다.

컴퓨터 기억 장치에 'on/off' 또는 '예/아니오'보다 복잡한 정보를 저장하려면 그 정보는 1비트보다 커야 합니다. 다행히 비트 여러 개를 하나처럼 묶은 코드를 만들어 사용하면, 1비트짜리 코드를 사용할 때보다 훨씬 쓸모 있는 일을 할 수 있습니다.

0과 1

계속 진행하기 전에 '비트'의 개념을 제대로 정립할 필요가 있습니다. 이미 알고 있듯이 컴퓨터에 들어 있는 모든 비트는 전기가 있거나 없는 장소를 말합니다. 우리는 이 상태를 on과 off라고 불렀습니다. 비트가 딱 그런 상태에 있을 수 있으니까요. on과 off는 물론 짧은 단어지만 좀 더 쉽고 명료하고 간단한 기호로 비트 상태를 표현할 수도 있습니다. 물론 기호를 새로 만들 필요는 없습니다. 그저 익숙한 것 2개만 사용하면 되거든요. 그게 뭐냐고요? 바로 0과 1입니다. 이제부터 off 상태는 0이라고 하고, on 상태는 1이라고 부를 겁니다. 물론 앞으로도 off나 on으로 부를 때가 종종 있을 겁니다.

다음은 0과 1로 표기한 NAND 게이트 표입니다.

a	b	c
0	0	1
0	1	1
1	0	1
1	1	0

표 11-1 NAND 게이트 표

이해하기 쉽죠? 표기가 바뀌었어도 만드는 부품이 바뀐 건 없습니다. 비트를 부르는 방식만 바뀐 겁니다. 비트를 0과 1로 부른다고 해서 컴퓨터 안에 숫자들이 '짠' 하고 나타나 주변을 돌아다니는 일은 없습니다. 컴퓨터 안에 숫자는 들어 있지 않습니다. 단어, 소리, 사진도 마찬가지로 들어 있지 않고요. 전에 설명한 대로 비트만 들어 있습니다. 비트를 '+/-', '예/아니오', '참/거짓', '앞면/뒷면', '유/무', '북쪽/남쪽', 또는 심지어 '톰/제리'로도 부를 수 있습니다. 그러나 0과 1이 더 간단하고 비트에 여러 의미를 담기 좋습니다. 그러면 간단한 2항목 코드가 탄생합니다. on은 1을 뜻하고 off는 0을 뜻하는 거죠.

한 가지 덧붙일 게 있습니다. 가전제품 전원 스위치는 원래 on/off 방식으로 표기되어 있었으나 요즘 세계적인 가전 업체들은 '0/1'처럼 현대적인 표기를 선호하는 듯합니다. 요즘 나오는 많은 전원 스위치를 보면 '전원 끔' 대신에 0이, '전원 켬' 대신에 1이 인쇄되어 있습니다. 저는 PC에서 이런 전원 버튼을 처음 봤습니다. 그때는 이런 표기가 멋지고 참신하다고 생각했습니다. 그런데 이게 유행처럼 휴대 전화, 커피 메이커, 자동차 계기판 표기까지 점령해 버리기 시작했습니다. 이런 유행은 잘못이라고 생각합니다. 애초에 숫자는 아무 의미도 없습니다. 따라서 1을 off라는 뜻으로, 0을 on이라는 뜻으로 사용해도 아무 문제가 없어요. 다시 말해 얼마든지 코드를 다시 정의할 수 있습니다. 이러면 많은 사람이 혼란을 겪을 겁니다. 컴퓨터도 완전히 똑같은 상황에 놓일 수 있습니다. 컴퓨터에서 사용하는 코드를 다시 정의했다고 생각해 보세요. 코드 매뉴얼이 없으면 컴퓨터에서 무슨 일이 일어나는지 아무도 이해할 수 없을 겁니다.

0/1 스위치가 달린 가전제품을 작동시키려면 '0'이 뭘 의미하는지, '1'이 뭘 의미하는지 알아내야 합니다. 코드에서 거꾸로 그 의미를 찾아내야 하니 꽤 성가신 일이지요. 직접 버튼을 눌러 보기 전까지는 그게 뭔지 알 수 없으니까요. 커피 추출기를 작동시킬 때 '1'을 누르는 게 편할까요? 아니면 'ON'을 누르는 게 편할까요? 단지 커피를 마시고 잠에서 깨고 싶을 뿐인데 숫자까지 해석해야 하는 건 좀…. 1935년으로 돌아가서 라디오 전원 스위치에 0과 1의 기호를 새겼다고 상상해 보세요. 그게 무슨 뜻인지 모두 갸웃거릴 겁니다. 세상에는 영어 말고도 수많은 언어가 있으니 문자보다는 숫자를 사용하는 게 보편적이라는 생각으로 0/1을 새겼을 수도 있습니다. 어쩌면 '컴퓨터에서는 1과 on

이 같다'는 사실을 계몽시키기 위한 이타적인 이유로 0/1을 새겼을 수도 있습니다. 하지만 가전제품에 표기된 0과 1에는 어떤 의미도 없습니다. 이것은 그저 임의적인 코드일 뿐입니다.

바이트

'예/아니오'처럼 간단한 답변보다 좀 더 복잡한 것을 표현하는 방법이 있습니다. 비트 여러 개를 쌓아 올리고 묶어서 단일 장치처럼 사용하는 겁니다. 여기서 우리는 비트를 8개 묶은 단일 장치를 만들 겁니다. 이 장치를 만드는 방법은 그림 12-1과 같습니다. 이 장치에는 1비트 메모리가 8개 있습니다. 각 1비트 메모리에는 입력 단자 i와 출력 단자 o가 있습니다. 하지만 모든 장치의 입력 제어 단자 s를 하나로 묶어 놓았습니다. 따라서 s가 1이 되었다 0으로 바뀌면 메모리 8개가 모두 동시에 비트의 상태를 장치에 씁니다. 물론 i가 개별적

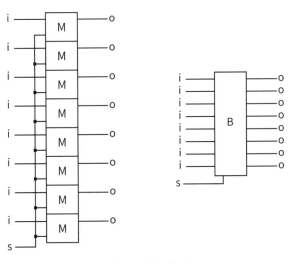

그림 12-1 바이트 메모리

이므로 들어가는 비트 상태도 모두 개별적입니다. 왼쪽 그림은 메모리 8개를 모두 보여 주는 데 반해서 오른쪽 그림은 하나로 묶어서 보여 주고 있습니다.

이렇게 비트를 8개 묶은 단위를 '바이트(byte)'라고 부릅니다. 다이어그램에는 'B'로 표시했지요. 이 단어가 어디에서 유래했는지를 놓고 경쟁하는 설명이 몇 가지 있습니다. 바이트가 'bite'와 비슷한 소리가 나기 때문에 '한입 가득'이라는 뜻이라고 주장하는 사람도 있습니다. 그보다 작은 단위는 비트이고 '조금'이라는 뜻입니다. 비트 4개를 하나로 묶은 단위는 '니블(nibble)'입니다. 케이크를 잘라 먹는다고 생각해 보세요. 여러분은 케이크 1비트(1조각)를 먹거나 1니블(4조각)을 먹을 수도 있고, 아예 8조각짜리 케이크 1바이트 전체를 먹을 수도 있습니다.

비트 1개가 있을 때 비트의 상태는 0 아니면 1입니다. 바이트 1개는 예를 들어 '1000 0001'처럼 쓸 수 있습니다. 이제 비트의 상태를 왜 on/off에서 0/1로 바꾸었는지 이해가 되나요? 예시로 들었던 바이트 상태를 살펴보겠습니다. 2개 빼고 비트 6개가 모두 0으로 채워져 있는데, 니블마다 공백을 삽입해서 쉽게 읽을 수 있도록 배려했습니다. 실제 바이트에는 공백이 없습니다. 앞의 예시에서 가장 왼쪽에 있는 1의 위치는 바이트에서 가장 상위 비트에 해당합니다. 가장 오른쪽에 1이 있는 위치는 가장 하위 비트에 해당합니다.

이제는 잘 알겠지만 비트 1개는 그 안에 on과 off처럼 두 가지 상태가 가능합니다. 비트가 2개라면 그 안에는 가능한 상태가 4개죠. 표 11-1을 다시 한 번 봅시다. 도표는 총 4행입니다. 게이트로 들어가는 입력 2개의 비트가 가능한 조합은 0-0, 0-1, 1-0, 1-1입니다.

입력 비트 쌍의 순서를 꼭 고려해야 합니다. 비트 2개를 보고 단순히 비트 몇 개가 1인 상태인지만 묻는다면 세 가지 가능성밖에 없습니다. ① 입력 2개가 모두 0인 조합, ② 입력 1개만 1인 조합, ③ 입력 2개가 모두 1인 조합. 이렇게 짝을 지으면 1-0 조합과 0-1 조합은 같은 것으로 봅니다. 다수의 비트를 사용해서 코드를 만들 때는 바이트 안에 있는 비트 순서를 주의해서 넣어 주어야 합니다. 비트 2개로 가능한 상태는 4개입니다. 그렇게 사용하려면 비트를 꼭 순서대로 유지해야 합니다.

비트가 2개가 아니라 8개라면 가능한 상태는 얼마나 될까요? 비트가 1개라면 가능한 상태는 총 2개입니다. 여기에 비트 하나를 덧붙이면 가능한 상태는 두 배가 됩니다. 두 번째 비트 상태가 0일 때 첫 번째 비트를 0과 1로 받을 수 있고, 두 번째 비트 상태가 1일 때도 역시 첫 번째 비트를 0과 1로 받을 수 있기 때문입니다. 그래서 비트가 2개일 때 가능한 상태는 총 4개입니다. 여기에 세 번째 비트를 붙이면 어떻게 될까요. 세 번째 비트 상태가 0일 때와 세 번째 비트 상태가 1일 때 가능한 상태가 각각 4개씩이므로 가능한 상태는 총 8개입니다. 비트를 하나씩 덧붙일 때마다 가능한 상태는 두 배로 늘어납니다. 그래서 비트가 4개면 가능한 상태가 16개, 비트가 5개면 가능한 상태가 32개, 비트가 6개면 가능한 상태가 64개, 비트가 7개면 가능한 상태가 128개, 비트가 8개면 가능한 상태가 256개입니다.

앞으로 우리는 바이트라고 부르는 8개짜리 비트를 주로 사용할 겁니다. 바이트를 구성하는 개별 비트는 공간에 어떤 위치를 갖는 것이고 두 가지 상태 중 하나가 될 수 있습니다. 따라서 바이트는 8개의 독립된 위치를 점유합니다. 그 안에 들어 있는 비트는 각각 개별적으로 0이나 1이 될 수 있습니다. 바이트는 비트 8개가 특정한 순서로 정렬되어 있기 때문에 상태를 지정할 때도 비트 순서를 지켜야 합니다. 이런 식으로 바이트는 가능한 상태 256개 중에서 한 번에 하나의 상태에 있을 수 있습니다. 물론 바이트 상태를 바꾸는 것도 가능합니다.

바이트와 코드

비트 1개는 '예/아니오'처럼 두 가지 가능성만 표현할 수 있지만, 바이트는 256가지 가능성을 표현할 수 있으므로 일상에서 좀 더 복잡한 일에 응용할 수 있습니다.

문자 언어는 바이트로 표현하기 안성맞춤입니다. 혹시 집에 영어책이 있다면 한번 펼쳐 보세요. 책에 인쇄된 기호를 종류별로 적어 보세요. 그러면 알파벳 대문자 26개, 소문자 26개를 찾을 수 있을 겁니다. 아라비아 숫자 0~9, 마침표, 쉼표, 따옴표, 물음표, 괄호 같은 구두점 기호가 여러 번 등장할 거예요. 장소를 나타내는 기호(@)나 통화 기호($) 같은 특수 문자도 더러 찾을 수 있습니다. 알파벳 기호가 52개, 숫자 기호가 10개 그리고 구두점과 특수 기호가 수십 개쯤 됩니다. 이 모든 기호를 다 더하면 100개 정도가 됩니다. 영어책에 인쇄되는 기호의 평균적인 개수가 그 정도입니다.

이제부터 문자 언어를 표현할 때 사용하는 글자, 숫자 또는 다른 기호를 '문자 기호'라고 칭하겠습니다. 하나의 문자 기호는 하나의 글자나 숫자 또는 구두점을 나타냅니다.

영어권에서 쓰는 문자 체계에는 대략 100개의 문자 기호가 들어 있습니다. 1바이트는 256개의 상태를 표현할 수 있으므로 바이트를 이용해서 영문을 표현할 수 있습니다. 그렇다면 바이트에 어떻게 알파벳 'A'를 넣을 수 있을까요? 바이트는 애초부터 특정한 문자 기호와 아무런 연관성도 없습니다. 비트나 바이트가 어떤 특정한 상태일 때만 문자 기호가 되는 것도 아닙니다. 바이트 안에 글자나 그림이 담기는 것도 아닙니다. 문자 기호 1개를 여덟 조각으로 쪼갠다고 비트가 되지도 않습니다.

알파벳 같은 문자 기호를 바이트에 넣으려면 코드를 이용해야 합니다. 코드를 사용하면 현실 세계에 존재하는 어떤 것과 바이트에서 가능한 상태를 하나씩 대응시킬 수 있습니다. 글자 A는 1바이트 크기의 특정한 0과 1의 비트 패턴으로 표현할 수 있습니다. 1바이트로 가능한 비트 패턴은 256개입니다. 책상에 앉아서 종이 위에 256행으로 된 도표를 그려 보세요. 각 행마다 문자 기호를 적고 그 옆에 해당하는 비트 패턴을 같이 적습니다. 백한 번째 행부터는 채울 문자 기호가 더 남아 있지 않으니 머릿속에 떠오르는 희귀한 기호를 몇 개더 추가해서 256행까지 채워 줍니다. 또는 나머지 비트 패턴을 모두 '아무 의미도 없음'을 나타내는 기호와 연결합니다.

초창기 컴퓨터 제조사들은 문자 언어 코드를 각자 제멋대로 만들었습니다. 그러다가 모두가 똑같은 코드를 사용하는 게 더 이득임을 깨달았습니다. 각자 다른 회사에서 만든 컴퓨터를 연결해서 사용할 수 있으면 좋겠다고 생각했고, 프로그램이나 자료도 호환할 수 있길 원했기 때문입니다. 모두가 바라는 코드를 만들기 위해 어떤 일이든 해야 했습니다. 이윽고 이들은 위원회를 구성해서 회의를 통해 계획을 실현해 나갔습니다.

그 후 목적에 따라 여러 가지 버전의 코드가 개발되었습니다. 합의되지 않은 세부 사항이 많기 때문에 위원회 회의는 아직도 계속 열리고 있습니다. 사실 컴퓨터가 어떻게 작동하는지 알려고 이런 이야기까지 귀 기울일 필요는 없을 것 같습니다. 위원회에서 제시한 기본 코드가 아직도 잘 사용되고 있거든요. 기본 코드를 한번 살펴볼까요.

이 코드의 정식 명칭은 아스키코드입니다. 아스키는 '정보 교환을 위한 미국 표준 문자 기호(American Standard Code for Information Interchange, ASCII)'라는 뜻입니다. 복잡하게 생각할 것 없고 그저 영어권 사용자를 위해 알파벳과 다른 문자 기호를 표준화한 코드라고 여기면 됩니다. 코드 전체를 인쇄해서 도표로 보여 줄 필요까지는 없고 본보기 코드 몇 개만 보겠습니다. 표 13-1에는 알파벳 대문자 코드가 10개 그리고 소문자 코드가 10개, 총 20개

A	0100 0001	a	0110 0001
B	0100 0010	b	0110 0010
C	0100 0011	c	0110 0011
D	0100 0100	d	0110 0100
E	0100 0101	e	0110 0101
F	0100 0110	f	0110 0110
G	0100 0111	g	0110 0111
H	0100 1000	h	0110 1000
I	0100 1001	i	0110 1001
J	0100 1010	j	0110 1010

표 13-1 아스키코드 표 일부

의 코드가 제시되어 있습니다.

문자 기호마다 코드에 들어 있는 비트 패턴은 중복되지 않고 유일합니다. 대문자와 소문자의 비트 패턴은 비트 1개만 제외하면 같습니다. 앞으로 설명 하겠지만 이렇게 만든 데는 이유가 있습니다. 대문자 코드는 상위 세 번째 비 트가 모두 0인 반면에, 소문자 코드는 상위 세 번째 비트가 모두 1입니다.

컴퓨터 화면에 'Hello Joe'를 출력하고 싶다면 코드가 9바이트만큼 필요합 니다. 1번 바이트는 대문자 H를 나타내는 코드, 2번 바이트는 소문자 e를 나타 내는 코드, 3번과 4번 바이트는 소문자 l을 나타내는 코드, 5번 바이트는 소문 자 o를 나타내는 코드, 6번 바이트는 빈칸을 나타내는 코드, 7번, 8번, 9번 바 이트는 각각 J, o, e를 나타내는 코드입니다.

심지어 공백(빈칸)을 쓸 때도 코드로 표현해 주어야 합니다. 아스키코드에 서 빈칸을 나타내는 코드의 비트 패턴은 '0010 0000'입니다. 도대체 공백을 나 타내는 코드가 왜 필요할까요? 그 이유는 컴퓨터가 똑똑하지 않기 때문입니 다. 문자 기호 코드는 문장이나 단어를 실제로 포함하지 않습니다. 우리가 컴 퓨터에 건네준 건 그저 9바이트짜리 아스키코드일 뿐이에요. 아스키코드는 영 어를 구성하는 개별 문자 기호를 대응시킨 256바이트 크기의 꾸러미일 뿐이고 요. '아무 기호도 없는' 개별 기호를 공백으로 지정해서 단어를 구분할 때 사용 합니다. 공백을 이용해야 단어의 시작과 끝을 알아볼 수 있습니다. 어쨌든 컴퓨터가 코드로 입력받는 건 256개 상태 중 하나의 상태가 들어 있는 바이트일 뿐입니다. 그러니 현재 바이트 상태는 알아도 그게 뭘 의미하는지는 알 수 없습니다.

이제 바이트 메모리에 '0100 0101' 패턴을 넣어 보겠습니다. 바이트 안에 글자 E를 넣은 걸까요? 사실은 그렇지 않습니다. 방금 넣은 비트 패턴은 아스키코드로 글자 E를 나타내지만, 바이트는 그 안에 있는 특정한 비트 패턴이 반드시 아스키코드여야 하는 어떤 규칙이나 이유를 전혀 내포하지 않습니다. 에디슨이 8층짜리 선반에다 전구를 하나씩 올려놓고 실험하고 있다고 생각해 보세요. 이때 1층, 3층, 4층, 5층, 7층에 있는 전구가 망가졌고 나머지는 켜져 있다고 가정합니다. 에디슨의 전구 패턴은 우리가 방금 바이트 메모리에 넣은 바이트의 상태와 같습니다. 에디슨이 전구를 보면서 알파벳 E를 떠올릴 수 있었을까요? 아닙니다. 에디슨이 살던 시대는 아스키코드가 발명되기 전입니다. 글자는 코드로 표현할 수 있지만, 바이트 안에 들어 있는 것은 약속된 코드이지, 의미는 아닙니다.

코드가 뭔지 감을 잡았나요? 이처럼 컴퓨터 코드는 바이트의 256가지 비트 패턴에다 어떤 다른 것을 대응하기 위한 도구입니다.

참고로 '코드'는 두 가지 뜻으로 사용할 수 있습니다. 예를 들어 '이 메시지는 비밀 코드를 사용해서 적었다'는 말에서 '코드'는 코드책처럼 같은 목적을 가지는 패턴 전체나 목록 전체를 뜻합니다. "바이트 안에 어떤 코드가 들어 있지?"라고 물을 때 '코드'는 개별적 패턴 하나를 뜻합니다. 이 단어가 사용되는 문맥을 잘 살펴보면, 어떤 의미인지 분명히 알 수 있습니다.

레지스터

'바이트'에서 우리는 바이트 메모리를 만들었습니다. 기억하죠? 1비트 메모리 8개를 입력 제어 단자 s 하나에 모두 묶어서 만들었습니다. 그런데 컴퓨터 내부에 기억된 1바이트를 출력하는 것을 제어할 부품도 있어야 합니다. 이 기능을 추가하려면 AND 게이트 8개가 필요합니다.

그림 14-1과 같이 AND 게이트 8개를 서로 연결한 장치를 '출력 제어기(enabler)'라고 부릅니다. 왼쪽 그림은 출력 제어기 안에 연결된 모든 부품을 다 보여 주는 반면, 오른쪽 그림은 AND 게이트를 모두 묶어 상자 하나로 간단

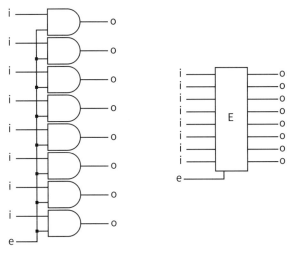

그림 14-1 출력 제어기

하게 보여주는데, 출력 제어기의 이름을 짧게 'E'로 표시했습니다.

각 AND 게이트의 두 번째 입력을 전선 하나로 모두 연결한 것을 출력 제어 단자라 부르고 'e'로 표시했습니다. e가 0일 때 각 AND 게이트에서 두 번째 입력이 모두 0이므로 각각의 출력 역시 전부 0이 되기 때문에 출력 제어기는 출력을 차단합니다. e가 1일 때 출력 제어기는 입력 i를 그대로 o로 출력합니다.

이제 게이트의 출력을 열고 차단할 수 있으니 비로소 게이트다운 게이트가 되었습니다. 출력 제어기는 e가 1일 때 바이트 출력을 열고 e가 0일 때 출력을 차단합니다. 마치 출입문을 열고 닫는 것과 같습니다.

그림 14-2의 왼쪽 다이어그램은 바이트 메모리를 출력 제어기와 연결한 모습입니다. 좀 더 간단하게 오른쪽 그림처럼 표현할 수도 있습니다.

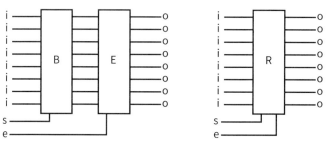

그림 14-2 레지스터

게이트를 조합해서 8비트를 저장할 수 있는 바이트 메모리를 완성했습니다. 이 바이트 메모리는 데이터를 입력받고 유지할 수 있을 뿐 아니라 원할 때에만 출력을 내보낼 수 있습니다. 이런 식으로 바이트 메모리와 출력 제어기를 합친 장치를 '레지스터(register)'라고 합니다. 그림에는 'R'로 표시했습니다.

레지스터가 보내는 출력을 굳이 차단할 필요가 없는 때도 있습니다. 그런 경우에는 레지스터 다이어그램에 e 비트는 보여 주지 않고 s 비트만 나타내겠습니다. 그런 레지스터는 정확히는 '바이트 메모리'라고 불러야 마땅하지만 일단 계속 레지스터라고 부르겠습니다.

레지스터는 간단히 말해 모든 투숙객이 서명하는 호텔 숙박부나 수표를 쓸 때마다 기록하는 수표 기입장이라고 생각하면 됩니다. 어떤 정보를 쓸 수 있는 공간이 있고 거기다 적을 수 있을 뿐 아니라 적힌 것을 읽고 확인할 수도 있습니다. 더욱 낮은 차원에서 말하자면 입력 비트 8개의 상태를 기록하는 부품이 레지스터입니다. 사실 레지스터는 그리 넉넉한 편이 아니에요. 8비트 숫자한 세트만 겨우 담아낼 수 있으니까요. 그에 비해 호텔 숙박부에는 여분의 페이지가 있어서 새 투숙객이 올 때마다 서명을 계속 받을 수 있지요. 레지스터에 새로운 상태를 저장하려면 기존의 바이트 상태를 덮어씌우는 수밖에 없습니다. 이 과정에서 기존의 바이트 상태는 없어집니다. 따라서 레지스터에 남는 것은 가장 최근에 저장한 값뿐입니다.

버스

컴퓨터 안에는 레지스터가 이곳저곳에 들어 있습니다. 그런데 컴퓨터가 어떤 일을 하려면 레지스터 안에 있는 바이트 내용을 보내거나 가져와야 할 일이 많습니다. 그런데 8개의 1비트 메모리를 연결해서 만든 레지스터는 비트마다 입력과 출력이 각각 1개씩 있습니다. 입력이 총 8개이고 출력도 총 8개입니다. 레지스터와 레지스터 사이는 전선 8개를 이용해 일대일로 연결해 주어야 합니다. 레지스터가 많다면 다이어그램에 많은 배선을 일일이 그리기 불편합니다. 그래서 이제는 전선 8개를 겹선 1개로 대체하여 표시하겠습니다. 원래 레지스터를 나타내는 다이어그램은 그림 15-1과 같았습니다.

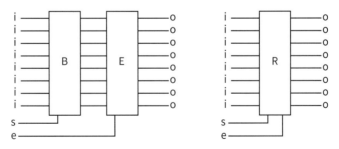

그림 15-1 레지스터

이 그림을 좀 더 간략하게 나타내면 그림 15-2와 같습니다.

그림 15-2 레지스터(버스 형태)

두 그림은 똑같은 걸 나타냅니다. 그림 15-2를 사용하면 잉크도 절약할 수 있고 이해하기도 더 쉽습니다.

두 방향에서 전선 다발이 교차하는 곳을 나타내는 방법은 그림 15-3의 왼쪽 그림처럼 전선 1개가 교차된 지점마다 점을 찍어 주는 겁니다. 또 다른 방법은 더 간단합니다. 오른쪽 그림처럼 겹선을 이용하는 겁니다. 다발이 교차된 곳에서 겹선은 무언가 흘러갈 수 있도록 교차된 내부가 텅 비어 있는 것을 볼 수 있습니다.

그림 15-3 바이트 크기의 버스

이런 전선 다발은 모든 컴퓨터에 공통으로 쓰입니다. 그리고 '버스(bus)'라고 부릅니다. 왜 버스라는 이름이 붙었을까요? 옛날에 쓰던 전기 용어 중에 'buss'라는 말이 있습니다. buss는 발전소 같은 곳에서 사용한 매우 두꺼운 전선을 가리키던 말입니다. 하지만 하는 일이나 기능에 비추어 볼 때 사람들이 교통수단으로 이용하는 '버스'와 좀 더 가까운 의미를 지니고 있습니다.

버스는 보통 미리 결정된 경로를 따라 운행하는 차량입니다. 버스는 정류장에서만 정차하는데 그곳에서 승객들이 타거나 내릴 수 있어요. 버스는 어떤 곳에서 출발하고 승객들을 목적지에 가장 가까운 정류장에서 내려 줍니다. 물론 컴퓨터 세상에서 버스는 다양한 장치로 비트를 보내는 8개짜리 전선 다발입니다. 왜 다발을 쓰냐고요? 전선이 8개 있어야 1바이트 정보를 전송할 수 있으니 당연한 겁니다. 바이트 정보는 출발지에서 컴퓨터에 있는 수많은 장치로 보낼 수 있어야 합니다. 자연히 버스를 모든 길목에 설치해야 합니다. 그래서 레지스터의 입력과 출력을 제어할 수 있게 설계했습니다. 입력 제어 단자와 출력 제어 단자는 마치 버스 정류장처럼 어떤 출발지에서 바이트라는 승객을 태우고 원하는 목적지에 정확히 내려 주는 역할을 합니다.

　그림 15-4를 보면 버스에 R1에서 R5까지 레지스터가 5개 연결되어 있습니다. 각 레지스터는 같은 버스에 입력을 보내고 출력을 받아들입니다.

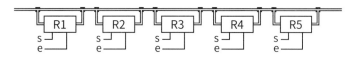

그림 15-4 버스에 연결된 레지스터들

모든 레지스터에서 입력 제어 비트 s와 출력 제어 비트 e를 0으로 설정하면, 모든 레지스터에 들어 있는 바이트의 상태는 이전과 동일하고 버스에는 아무 데이터도 존재하지 않습니다. 이때 R1에 들어 있는 바이트 데이터를 R4에 복사하고 싶다면 R1의 e를 1로 설정해야 합니다. 그러면 R1은 버스에 데이터를 출력하고 다른 레지스터가 데이터를 입력받을 수 있습니다. 그다음에 R4의 s를 잠시 1로 설정했다가 0으로 바꾸면 R4가 버스에 있는 데이터를 순식간에 입력받아 저장합니다. 이것이 레지스터 간에 바이트 데이터를 복사하는 방법입니다. 컴퓨터 버스는 사람들을 태우는 버스와 비슷합니다. 컴퓨터 버스에는 정류소처럼 작동하는 레지스터가 많이 있고, 바이트는 목적지 레지스터에 정확히 하차할 수 있습니다.

　버스를 통하면 출발지가 어디에 있든 원하는 목적지까지 바이트 데이터를 옮길 수 있습니다. 예를 들어 R2에서 R5로, 또는 R4에서 R1으로 바이트 데이터를 보낼 수도 있습니다. 버스는 모든 방향으로 운행할 수 있습니다. 그 안에 있는 비트가 전기이기 때문에 그렇습니다. 어떤 레지스터가 데이터를 출력하면 데이터는 엄청난 속도로 버스로 들어가서 버스에 연결된 모든 부품 입력 단자 앞에서 대기합니다. 바이트 데이터를 출력하는 레지스터는 1개만 가능하지만, 바이트 데이터를 입력받는 레지스터는 동시에 2개 이상도 가능합니다. 그러나 2개 이상의 레지스터가 동시에 각자 데이터를 출력하면 절대로 안 됩니다. 버스에서 데이터 간에 충돌이 생겨서 모호한 데이터를 나타낼 수 있습니다.

　레지스터 간에 비트가 복사되면 비트의 길이가 논리적으로 더 길어진다고 생각할 수도 있습니다. 레지스터 R1의 e를 1로 설정하면 레지스터 R1의 비트

열은 더 길어지므로 저장 공간이 더 커졌다고 볼 수 있습니다. R1이 버스에 연결되어 영향력이 확장된 겁니다. 이 상태에서 레지스터 R4가 s를 1로 설정하면 R1이 가진 영향력은 더 확장됩니다. 이제 레지스터 R1은 R1과 버스, R4를 모두 포함한다고 볼 수 있습니다. 이 시점에서 R1이 데이터의 비트 상태를 변경하면 버스와 R4에 들어 있는 데이터의 비트 상태도 즉각 바뀝니다. R4의 s를 0으로 설정하면 R4의 데이터는 버스와 분리되어 이전 상태를 그대로 유지합니다. 그리고 R1의 e를 0으로 설정하면 버스는 더 이상 R1의 부분으로 동작하지 않습니다.

이것이 버스가 동작하는 원리입니다. 버스는 바이트 데이터가 이곳저곳 갈 수 있게 해 주는 8개짜리 전선 다발입니다.

원래 다이어그램에서는 레지스터의 입력과 출력을 따로 버스에 연결했습니다만 이렇게 그리면 레지스터를 많이 나타내야 할 때 귀찮습니다. 사실 입력과 출력이 같은 버스를 쓰니까 더 간단히 표현할 수도 있습니다. 방법은 간단합니다. 입력과 출력 와이어 겹선을 하나로 묶어 'i/o'(입/출력)라는 꼬리표를 달아 주는 것입니다. 그림 15-5는 레지스터가 작동하는 방법에서 모두 동등합니다. 다음 그림과 같이 상황에 맞추어 전선을 제일 깔끔해 보이는 위치에 그려 주면 됩니다.

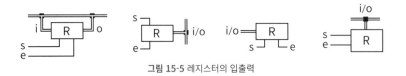

그림 15-5 레지스터의 입출력

바이트란 말에는 또 다른 용법이 있습니다. 바이트는 256개 상태 중 하나의 상태가 될 수 있는 장소입니다. 우리는 가끔 바이트 1개를 한 곳에서 다른 곳으로 옮기는 것에 관해 이야기합니다. 이미 앞에서 바이트는 컴퓨터 안에서 여기저기 돌아다니지 않으며 오로지 어떤 장소를 뜻한다고 말했습니다. 바이트의 상태를 참조하고 싶을 때는 "R1에 있는 내용을 R4로 복사하라"라고 말하는 것이 맞습니다. 그런데 사람들은 간단히 "R1을 R4로 이동하라" 또는 "이 바이트를 저쪽으로 이동하라"와 같이 말합니다. 이때 사람들이 말하는 '바이트'는 바이트 자체가 아니라 바이트 안에 든 상태(내용)를 의미합니다. 문맥을 확인하면 무슨 뜻인지 금방 알 수 있습니다. 누군가 R1에서 R4로 바이트를 이동하라고 말했다면 이것은 R1에 들어 있는 내용을 R4로 이동하라는 뜻입니다. 엄밀히 따지면 R1과 R4는 바이트니까 이동할 수 없습니다. 그 안에 들어 있는 내용만 이리저리 옮길 수 있습니다.

바이트를 이동해도 출발지의 바이트 내용은 절대로 지워지지 않습니다. 바이트 이동이 완료되어도 출발지 바이트의 내용이 변하거나 소거되지 않습니다. 오히려 목적지 바이트에 있던 원본 바이트 패턴만 사라집니다. 어딘가로 그게 '이동'하는 것은 아닙니다. 다만 그 자리에 새로운 정보가 쓰여서 목적지 바이트에 존재하던 예전 패턴은 소멸합니다. 새로운 정보는 출발지 바이트에 있던 것과 정확히 같습니다. 출발지 바이트 안에 들어 있던 내용은 목적지로 이동한 걸까요? 아닙니다. 이제 출발지와 목적지 두 위치에 똑같은 바이트가 2개 존재합니다. 출발지 바이트 안에 들어 있던 내용은 실은 이동한 게 아니라 복사된 겁니다.

다중 입력 게이트와
다중 출력 게이트

이제 조합 게이트 2개만 더 만들면 지금까지 만든 부품을 이용해서 컴퓨터 절반을 완성할 수 있습니다. 그러니 좀 더 힘을 내봅시다. 시작이 반이라는 말도 있으니까요.

먼저 소개할 조합 게이트는 꽤 간단합니다. 이건 입력이 2개보다 많은 다중 입력 AND 게이트입니다. 한 가지 예시로 3입력 AND 게이트를 만들어 보겠습니다. 3입력 AND 게이트는 그림 16-1처럼 AND 게이트 2개로 만들 수 있습니다. 이 조합 게이트에서 출력 d가 1이 되는 조건은 a, b, c 모두가 1인 경우뿐입니다. 이것이 3입력 AND 게이트입니다. 간단하게 오른쪽 그림같이 나타낼 수도 있습니다.

그림 16-1 3입력 AND 게이트

표 16-1에서 3입력 AND 게이트가 어떻게 동작하는지 볼 수 있습니다.

a	b	c	d
0	0	0	0
0	0	1	0
0	1	0	0
0	1	1	0
1	0	0	0
1	0	1	0
1	1	0	0
1	1	1	1

표 16-1 3입력 AND 게이트 표

입력 c를 다른 AND 게이트로 대체하면 4입력 AND 게이트가 됩니다. 입력 4개 중에 1개를 다시 AND 게이트로 대체하면 5입력 AND 게이트가 되고요. 이렇게 입력을 AND 게이트로 대체하면 AND 게이트 입력 개수를 얼마든지 늘릴 수 있습니다.

입력을 추가하면 할수록 가능한 입력 상태의 조합이 점점 늘어나기 때문에 도표도 점점 길어집니다. 입력이 1개 추가될 때마다 현재 입력 조합은 그전보다 두 배씩 늘어납니다. 앞서 만든 2입력 AND 게이트에서 가능한 입력 조합은 4개입니다. 3입력 AND 게이트 조합에서는 가능한 입력 조합은 8개이고 4입력 AND 게이트에서 가능한 입력 조합은 16개입니다. 5입력 AND 게이트에서 가능한 입력 조합은 32개이고요. 어떤 AND 게이트라도 모든 입력이 모두 1인 경우에만 출력이 1이 됩니다. 그런 경우는 모든 가능한 입력 조합에서 단 1개밖에 없습니다.

다른 조합 게이트를 살펴보겠습니다. 이것만 만들면 컴퓨터 절반을 완성할 수 있습니다. 이 조합 게이트는 입력 개수보다 출력 개수가 더 많습니다. 여태까지 살펴보았던 게이트와도 다릅니다. 먼저 입력이 2개이고 출력이 4개인 게이트를 만들어 보겠습니다. 생각보다 복잡하지는 않습니다. NOT 게이트 2개와 AND 게이트 4개만 있으면 만들 수 있습니다.

그림 16-2에서 a와 b는 왼쪽에서 들어오는 입력입니다. a와 b를 각기 다른 NOT 게이트와 연결합니다. NOT 게이트는 입력 상태를 반대로 만들어 줍니다. 이렇게 a와 b에서 들어온 원본 입력과 원본 입력을 한 번 뒤집은 출력을 합하여 총 4개의 전선을 수직 방향으로 연결합니다. a와 b는 각각 원본 입력과 반전된 입력을 따로따로 가지는 셈입니다. 원본 입력 a와 b는 원본 입력이 1일 때만 출력이 1이 되고, 반전된 입력은 입력이 0일 때만 출력이 1이 됩니다. a와 b로 가능한 상태는 총 4개입니다. 이제 AND 게이트 4개를 오른쪽에 두고 수직 방향에 늘어놓은 와이어의 쌍과 AND 게이트를 하나씩 연결해 줍니다. a와 b로 만들 수 있는 와이어 쌍은 0-0, 0-1, 1-0, 1-1입니다. 이렇게 하면 모든 AND 게이트는 선택한 입력 조합에 해당할 때만 출력이 1이 됩니다. 입력 조합이 0-0인 맨 위에 있는 AND 게이트는 원본 입력 a와 b가 모두 0일 때만 출

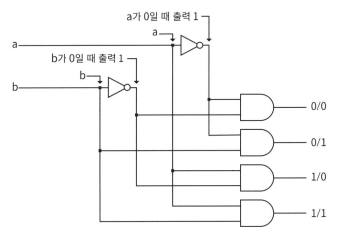

그림 16-2 2입력-4출력 디코더(2×4)

a	b	0/0	0/1	1/0	1/1
0	0	1	0	0	0
0	1	0	1	0	0
1	0	0	0	1	0
1	1	0	0	0	1

표 16-2 2입력-4출력 디코더(2×4) 표

력이 1이 됩니다. 입력 조합이 0-1인 두 번째 AND 게이트는 a는 0이고 b는 1일 때만 출력이 1이 됩니다.

원본 입력에서 가능한 모든 입력 조합은 0-0, 0-1, 1-0, 1-1입니다. 어떤 입력이 들어와도 출력 4개 중 1개는 무조건 1이 됩니다. 그리고 나머지 출력 3개는 모두 0이 됩니다. 어떤 출력이 1이 될지 결정하는 요인은 a와 b의 상태입니다.

이런 조합 게이트를 디코더(decoder)라고 부릅니다. 이 장치의 이름은 코드를 해독한다는 뜻을 지니고 있어요. 입력 2개로 가능한 상태 4개를 코드로 간주하면 출력은 입력으로 어떤 코드를 사용했는지 말해 줍니다. 디코더라는 이름이 이 게이트가 하는 일을 완벽히 설명해 주는 것은 아닙니다. 이런 종류의 게이트에 디코더라는 이름이 우연히 붙었고 우리가 그저 계속 그렇게 부를 뿐입니다. 앞에서 만든 2입력-4출력 디코더는 2개 입력으로 조합 가능한 네 가지 비트 상태에 해당하는 출력을 하나씩 가집니다.

디코더는 확장할 수 있습니다. 여기에 입력을 하나 더 추가해 3입력 디코더로 만들면 가능한 입력 조합이 8개가 됩니다. 좀 전에 만들어 본 3입력 AND 게이트를 8개 연결하면 3입력-8출력 디코더가 완성됩니다. 비슷한 방법으로

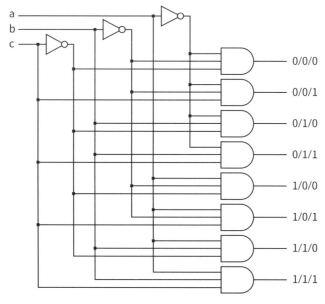

그림 16-3 3입력-8출력 디코더

4입력-16출력 디코더로 확장할 수도 있습니다. 디코더 사양(입력과 출력 개수)에 따라 간편히 2×4, 3×8, 4×16, 5×32, 6×64 등으로 표기할 수 있습니다.

이제 디코더 다이어그램을 간단하게 나타낼 차례입니다. 이건 매우 중요합니다. 그러니 계속 강조하고 있지요. 계속 장치와 부품을 쌓아 올리면서 컴퓨터를 만들어야 하니 모든 걸 다 나타내면 큰 그림을 놓치기 쉽습니다. 일단 장치를 이해한 후에는 오히려 내부 부품이나 배선이 어떻게 짜여 있는지 자세히 그릴 필요가 없다고 생각합니다. 대신에 큰 사각형 안에 이름을 써넣고 관심 있는 입력과 출력만 보여줄 겁니다. 전에 우리는 NAND 게이트로 NOT 게이트와 AND 게이트를 만드는 법을 배웠습니다. 그리고 지금 NOT 게이트와 AND 게이트를 연결해서 디코더라는 장치를 만들었습니다. 곰곰이 생각해 보면 사실 디코더를 NAND 게이트만으로 만든 거예요. 이걸 만들기 위해 NAND 게이트가 꽤 많이 들어갔습니다. 이처럼 쓸모 있는 장치를 만들려면 NAND 게이트가 많이 필요하다는 사실을 확인할 수 있었습니다. 어쨌든 디코더가 무슨 일을 하는지 이제 알게 되었을 겁니다. 디코더는 입력으로 받은 비트 상태에 해당하는 출력 하나만 1로 만들어 주는 장치이지요. 디코더가 하는 일은 그게 전부입니다.

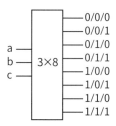

그림 16-4 3입력-8출력 디코더(단순화)

컴퓨터의 절반, 램

지금까지 만든 부품으로 꽤 그럴싸한 뭔가를 만들어볼 차례가 되었습니다. 이제 컴퓨터의 딱 절반을 완성할 겁니다.

우선 눈을 감고 목재를 이용해서 어떤 가구를 만드는 과정을 생각해 보세요. 그리고 눈을 떠보세요. 컴퓨터도 그런 식으로 만들 수 있습니다.

여러분은 지금 호텔에 있습니다. 호텔 프런트의 직원 뒤에는 여러 칸으로 분리된 나무 보관함이 있습니다. 이 보관함은 호수마다 한 칸씩 배정되어 있지요. 보관함은 객실마다 여분의 방 열쇠를 넣거나 손님에게 온 메시지나 편지를 보관하는 용도로 사용합니다. 옛날에는 우체국 직원들이 우편엽서를 분류할 때 이렇게 생긴 보관함을 사용했어요. 우체국 직원들이 탁자에 앉아 엽서를 무더기로 쏟아 놓고는 엽서를 하나씩 집어서 주소를 읽습니다. 그리고 엽서를 특정 지역에 해당하는 칸에 쏙 집어넣었습니다.

이제 우리도 여러 칸으로 된 보관함을 만들 겁니다. 우리가 만드는 보관함에는 조그마한 서랍이 가로세로 모두 16칸씩 있습니다. 따라서 총 256개의 칸이 있는 겁니다.

이제 이 보관함에다 우체국이나 호텔에서는 볼 수 없던 어떤 걸 추가할 겁니다. 보관함 앞에다 가로 세로 길이가 보관함의 두 배인 커다란 나무판을 수직으로 움직일 수 있게 설치합니다. 나무판 중간에는 세로 방향으로 서랍 16칸 전체가 보일 정도로 큰 구멍을 수직으로 하나 뚫어 줍니다. 나무판 아래에는 바퀴가 달려 있어서 좌우로 밀 수 있어요. 1번 세로줄부터 16번 세로줄까지 한 줄씩 선택해서 보여 줄 수 있습니다.

똑같은 크기의 나무판을 하나 추가할 차례입니다. 이 나무판은 상하로 움직이면서 한 번에 16개 서랍이 들어 있는 가로줄 1개를 노출합니다.

보관함에는 서랍이 256개 있고 보관함 앞에는 나무판이 2개 달려 있습니다. 좌우로 밀어서 세로줄 하나만 노출시키는 나무판과 상하로 올리고 내려서 가로줄 하나만 노출하는 나무판을 잘 맞추어 봅시다. 결국에는 서랍 하나만 보이게 될 겁니다. 이제 서랍마다 여덟 자리 이진수로 0부터 255까지 적어 붙이겠습니다.

이 보관함 장치에는 저장소가 256개 있습니다. 언제든 나무판을 상하좌우로 움직여 위치 하나를 선택하면, 가까이 가서 서랍을 열고 메시지를 읽을 수 있습니다. 메시지 내용을 바꾸어 넣는 것도 당연히 가능합니다.

전에 설명했던 게이트, 레지스터, 디코더를 가져와서 나무 보관함이 하는 일과 비슷한 일을 하는 장치를 만들어 봅시다. 이것도 역시 저장소가 256개 있고 언제든 특정 위치를 선택해서 읽거나 쓸 수 있습니다.

그림 17-1을 보면서 이야기하겠습니다. 맨 위에 있는 레지스터부터 시작해 봅시다. 입력 단자 a는 컴퓨터의 다른 장치에서 내보낸 바이트가 버스를 통해 레지스터로 들어오는 입구입니다. 어떤 8비트 패턴이 버스를 통해 이 레지스터로 들어올 때 입력 제어 단자 sa를 잠깐 1로 설정했다가 다시 설정을 0으로 바꾸면 a를 통해 들어오는 입력 데이터를 레지스터 안에 넣을 수 있습니다. 이 레지스터에 들어온 비트 패턴과 일치하는 디코더의 출력은 단 1개만 선택됩니다. 레지스터에서 출력되는 상위 4개 비트는 위쪽에 있는 4×16 디코더에 연결합니다. 하위 비트 4개는 왼쪽에 있는 4×16 디코더에 연결합니다. 디코더가 내보내는 출력은 전선에 연결해서 격자무늬 모양으로 배치합니다. 물론 각 전선은 연결된 것이 아니고 서로 엇갈려 떨어져 있습니다. 그러나 이것들을 진짜 교차점처럼 간주해서 쓸 수 있습니다. 그러면 모두 16×16개 또는 256개의 교차점이 있는 겁니다. 디코더는 결국 많은 출력 중에 한 번에 1개만 열어 주고 나머지는 전부 0으로 만들어 차단합니다. 그런데 격자에는 디코더가 2개 달려 있습니다. 그래서 디코더 1개는 수평 격자에 있는 전선 하나만 선택하고,

또 다른 디코더는 수직 격자에 있는 전선 하나만 선택합니다.

교차점은 256개나 됩니다. 그러나 수평 격자와 수직 격자에 들어 있는 전선이 모두 1이 되는 위치는 교차점 하나뿐입니다. 레지스터에 들어 있는 값이 변할 때마다 교차점 위치는 변하겠지만 선택되는 교차점 개수는 여전히 1개입니다.

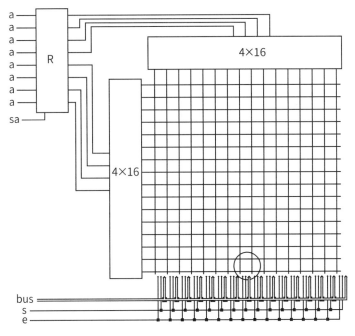

그림 17-1 256바이트 램의 구조

그림 아래쪽을 보면 bus, s, e라고 쓰인 전선이 있습니다. 이것들은 레지스터에 들어가는 a와 sa처럼 격자에 어떤 일을 해주기 위해 사용합니다. 이 전선들은 위쪽에 있는 격자에 이어집니다. 그림에서 명확히 볼 수는 없지만 세 가지 입력은 교차점 256개 모두에 개별적으로 연결됩니다.

이 다이어그램의 아래쪽에는 격자 안에 어떤 교차점을 중심으로 작은 동그라미를 그려 놓았습니다. 이 동그라미를 확대하면 그림 17-2처럼 그 안에 AND 게이트 3개와 레지스터 1개가 보일 겁니다. 모든 교차점에 같은 장치가 들어 있습니다. x로 표시한 AND 게이트, 줄여서 x는 이 교차점에서 수직 격자 전선과 수평 격자 전선을 입력받습니다. x는 격자에 연결된 유일한 부품입니다. 나머지 부품은 모두 버스, s 비트, e 비트에만 연결되어 있습니다. x는 교차점 하나만 출력을 1로 만들어 줍니다. 좀 더 정확히 말하자면, x 게이트는 256개나 있지만 언제고 오직 하나의 x만 출력이 1이 됩니다. x에서 내보낸 출력은 분배된 후 AND 게이트 2개에 입력으로 들어갑니다. 레지스터 옆에는 AND 게이트 2개가 붙어 있습니다. 위쪽 AND 게이트는 입력 제어 비트 s2를 이용해서 버스에서 들어오는 바이트를 오른쪽에 있는 레지스터 안에 쓸지 결정할 수 있습니다. 아래쪽 AND 게이트는 출력 제어 비트 e2를 이용해서 오른쪽 레지스터 안에 들어 있는 바이트를 버스로 흘려보낼지 결정할 수 있습니다. 그런데 x가 0을 출력한다면, 위쪽 AND 게이트와 아래쪽 AND 게이트의 출력이 모두 0이므로 레지스터와 버스 사이에서 입출력이 불가능합니다. 이때는 s와 e를 모두 1로 설정하더라도 레지스터를 읽고 쓸 수 없습니다. x 출력이 0이 되는 레지스터 255개는 입력과 출력이 모두 차단되고, 오로지 단 하나의 교차점에서만 x의 출력이 1이 되어 입력과 출력이 가능해집니다. 반면에 x의 출력이 1인 교차점을 살펴봅시다. 이때는 위쪽 AND 게이트의 출력이 s 비트가 됩니다. 이때 s가 1이면 s2도 1이 되므로 버스에서 레지스터로 데이터를 입력할 수 있습니다. 마찬가지로 x의 출력이 1인 교차점에서는 아래쪽 AND 게이트의 출력값이 e 비트가 됩니다. 이때 e가 1이면 e2도 1이 되므로 레지스터에서 버스로 데이터를 출력할 수 있습니다.

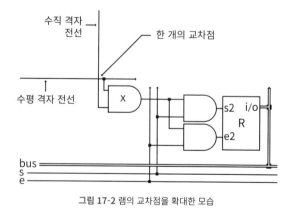

그림 17-2 램의 교차점을 확대한 모습

지금까지 설명한 다이어그램은 바로 주기억 장치(main memory)가 작동하는 구조를 설명합니다. 주기억 장치는 컴퓨터를 만들 때 필요한 부품 절반을 차지하며 여러 이름으로 불립니다. 물론 가장 정확한 이름은 어떤 능력과 관련되어 있습니다. 이 메모리가 현재 어떤 주소를 선택해서 가리키고 있다고 생각해 보세요. 다음 순간에 이 메모리는 256개 주소 중에 어떤 주소라도 즉시선택하고 접근할 수 있습니다. 주기억 장치가 어떤 바이트에 접근하는 속도는과거에 접근했던 주소에 영향을 받지 않습니다. 즉 과거에 접근했던 주소가현재 접근하려는 주소와 가까우면 접근 속도가 빨라지고, 과거에 접근했던 주소가 현재 접근하려는 주소와 멀면 접근 속도가 느려지는 일이 없습니다. 이런 특성은 바이트 메모리에 무작위로 접근하고 싶을 때 유용합니다. 다이어그램에서 설명한 주기억 장치가 그런 유형의 메모리로, '무작위 접근 메모리(random access memory)' 또는 '램(RAM)'이라고 부릅니다.

그림 17-3처럼 램 안에는 레지스터가 257개 들어 있습니다. 256개는 바이트를 저장하는 데 사용합니다. 나머지 1개는 저장 장치에서 특정한 바이트의 위치를 가리키는 데 사용하는데, 이것을 '메모리 주소 레지스터(memory address register)' 또는 'MAR'이라고 합니다. 이제 램을 어떻게 구성하는지 살펴봤으니 이렇게 복잡한 그림 대신에 오른쪽 그림처럼 다이어그램을 간단하게 정리하겠습니다.

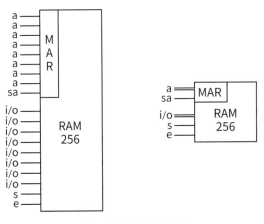

그림 17-3 램의 구조(단순화 1)

컴퓨터의 절반을 완성했습니다. 컴퓨터는 크게 부품 2개로 구성됩니다. 램이 그중 하나입니다. 이제 여러분은 컴퓨터를 절반이나 이해한 겁니다. 그리고 모든 부품을 NAND 게이트로만 만들었지요. 딱히 어렵지는 않았습니다.

이 책에서 만들 컴퓨터는 256바이트 램으로도 충분합니다. 하지만 우리가 만든 256바이트 램을 가정에서 쓰는 PC의 주기억 장치로 이용할 수는 없습니다. 기억 용량이 턱없이 모자라기 때문이지요. 실제 컴퓨터에 쓸 커다란 기억 용량을 가진 램은 어떻게 만들 수 있을까요?

조금 더 커다란 용량을 가진 램을 만들려면 메모리 위치를 선택하는 MAR의 구조부터 변경해야 합니다. 예전에는 MAR을 만드는 데 레지스터 1개면 충분했지만 여기에서 우리는 레지스터 2개를 사용할 겁니다(레지스터 개수가 많으면 많을수록 더 많은 주소를 가리킬 수 있습니다). 이제 더는 레지스터 1개에서 나오는 출력을 둘로 나누어 격자로 보내지 않습니다. 따라서 수직 격자 레지스터에서 나온 출력 8개 모두를 8×256 디코더와 연결할 수 있습니다. 또한 수평 격자 레지스터에서 나온 출력 8개 모두를 또 다른 8×256 디코더에 연결할 수 있지요. 이렇게 교차점 65,536개를 선택할 수 있는 격자를 완성합니다. 이 격자 안에 바이트 메모리 65,536개를 연결하면, 더욱 큰 용량을 가진 램을 완성할 수 있습니다. 이제 65,536개의 다른 위치에 1바이트를 읽고 쓸 수 있습니다.

그림 17-4는 64KB(65,536바이트) 크기를 가진 램을 묘사한 그림입니다(256 바이트 크기 램과 비교해 보세요). 격자 선이 몇 개 있나 세지 마세요. 어차피 종이에 인쇄하는 정밀도에는 한계가 있거든요.

버스는 한 번에 1바이트씩 실어 나를 수 있습니다. 램 안에 있는 65,536개의 레지스터에서 특정한 주소를 선택하려면 MAR이 2단계 과정을 거쳐야 합니다. 1단계는 수평 주소를 가리키는 바이트 1개를 a에 적재하고 레지스터 R0에 넣어 주는 일입니다. 2단계는 수직 주소를 가리키는 바이트를 a에 적재한 후, 레지스터 R1에 넣어 주는 일입니다. R0과 R1에 적당한 주소를 넣으면 원하는 교차점 위에 있는 레지스터가 선택됩니다. 이제 s와 e를 설정해서 버스를 통해 레지스터에서 데이터를 읽거나 버스에 채워진 데이터를 레지스터 안에다 쓸 수 있습니다. 이렇게 2단계 과정을 거쳐서 모든 주소에 접근할 수 있습니다.

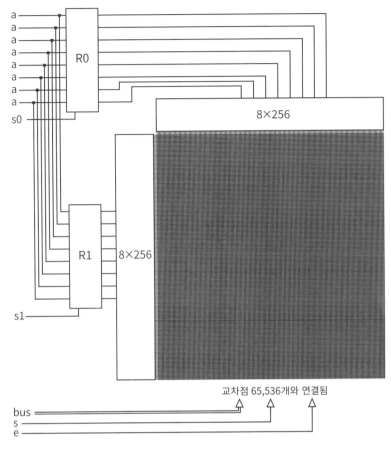

그림 17-4 64KB 램의 구조

64KB 램의 다이어그램도 간단하게 만들 수 있습니다. 입력 비트가 하나 추가
되었을 뿐 아까 만든 256바이트 램의 다이어그램과 구조는 거의 동일하니까요.

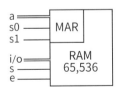

그림 17-5 64KB 램의 구조(단순화)

이 책에서는 계속 256바이트짜리 램을 그대로 이용할 겁니다. 단순할수록 이

해하기 쉬우니까요. 그럼에도 불구하고 MAR이 표시할 수 있는 주소의 길이를 늘려주기만 하면, 얼마든지 램 용량을 확장하고 원하는 바이트에 접근할 수 있습니다. 물론 그에 따라서 더 많은 부품과 배선이 추가적으로 필요합니다.

숫자 체계

잠시만 코드 문제로 되돌아가 봅시다. 전에 우리는 문자 언어를 표현하기 위해 아스키코드라는 것을 살펴봤습니다. 문자 언어에는 숫자도 포함되어 있지요. 따라서 0부터 9까지 모든 개별 숫자에 대응하는 아스키코드가 존재합니다. 알파벳 소문자와 대문자 일부에 대응하는 아스키코드가 들어 있던 표를 아직 잊지 않았겠지요? 표 18-1은 문자 언어에서 숫자에 대응하는 아스키코드 10개를 정리한 것입니다.

0	0011 0000
1	0011 0001
2	0011 0010
3	0011 0011
4	0011 0100
5	0011 0101
6	0011 0110
7	0011 0111
8	0011 1000
9	0011 1001

표 18-1 숫자 아스키코드 표

아스키코드는 유용하지만 컴퓨터가 하는 일은 문자 언어를 표현하는 것 말고도 많이 있습니다. 그러나 다른 작업에서는 다른 코드를 쓰는 것이 훨씬 나을 때가 있습니다. 아스키코드를 숫자에 대응해 쓴다고 생각해 보세요. 0부터 9까지 모두 1바이트씩 필요합니다. 하지만 숫자를 인쇄하거나 화면에 표시할 필요도 없는 문자 형태가 아닌 숫자 자체를 저장하기 위해 이렇게 사용할 필요가 있을까요? 이런 경우에는 알파벳 글자를 표현할 때처럼 많은 비트를 낭비하지 않고 숫자 자체를 표현할 수 있는 코드를 사용해야 합니다. 그런 코드는 1바이트가 256가지 가능한 상태를 구분할 수 있으므로 1바이트로 256개의 다른 숫자를 표현할 수 있습니다. 0을 포함하면 이 코드는 0부터 255까지 표현할 수 있는 겁니다.

그럼 이 코드는 어떤 숫자와 어떤 식으로 대응되는 걸까요? 앞의 표에 나온 아스키코드처럼 임의의 의미를 대응시키는 방법을 쓰지 않습니다. 지금 말하고 있는 코드는 전혀 다른 종류예요. 이 코드는 컴퓨터가 이해하기 가장 간단하고 분명한 코드라서 위원회에서 표준을 정할 필요도 없습니다. 이것은 '자연스러운' 컴퓨터 코드에 가장 가깝습니다.

이번 장은 꽤 길어서 이 코드에 대한 간단한 소개를 해야 할 것 같군요. 이 코드는 바이트에 있는 비트마다 논리적으로 어떤 숫자들이 배정되어 있습니다. 그림 18-1을 보면 그 숫자들이 무엇인지 알 수 있습니다. 비트가 1인 곳에 배정된 숫자를 모두 더하면 코드가 표현하는 숫자가 됩니다.

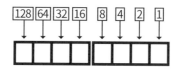

그림 18-1 비트로 표현하는 숫자의 구조

이 코드가 어떻게 작동하는지, 왜 컴퓨터에서 이 코드를 사용하는지 그리고 어떻게 비트값이 선택되는지 이해하려면 컴퓨터 바깥에서 사용하는 숫자 체계를 살펴봐야 합니다.

우리에게 익숙하고 분석하기 쉬운 숫자 체계는 세 가지가 있습니다. 세 가지 체계는 각각 2개의 원소로 이루어집니다. 하나는 기호 목록이고 다른 하나는 기호들을 이용하는 방법입니다.

가장 원시적인 숫자 체계는 아마도 '작대기 표기법'이라고 생각합니다. 이 체계는 2개의 기호 'ㅣ'와 '/'를 포함합니다. 기호를 사용하는 방법은 어떤 것을 셀 때마다 하나부터 넷까지는 'ㅣ' 기호를 하나씩 오른쪽에 덧붙여서 긋고, 다섯을 셀 때는 이미 그어진 작대기 표시들 위에 사선으로 '/' 기호를 긋는 것입니다. 이렇게 필요한 만큼 반복해서 숫자를 표시할 수 있죠. 숫자 표시가 끝나면 사선 기호로 묶인 5개 묶음이 몇 개 있는지만 셉니다. 5의 배수이므로 5, 10, 15, 20 같이 셀 수 있습니다. 이 숫자 체계는 양 떼처럼 지나가는 어떤 대상의 숫자를 셀 때 매우 편리할 것 같군요. 동물이 지나쳐갈 때 여러분은 묵묵히 바라보다 선 하나를 긋기만 하면 되니까요. '6'을 지우고 다시 '7'이라고 적을 필요도 없습니다. 이 체계는 세려는 항목 하나당 기호 하나만 기입하면 되는 또 다른 장점이 있습니다. 이제는 작대기 표기법만큼은 아니지만 꽤나 오래된 숫자 체계를 살펴보겠습니다.

여러분은 혹시 로마 숫자를 어떻게 쓰는지 알고 있나요? 로마 숫자의 구성 요소는 2가지입니다. 로마 숫자의 첫째 구성 요소는 기호인데 나중에 알파벳 글자 체계에 편입되었습니다. 로마 숫자로 'I'는 1, 'V'는 5, 'X'는 10, 'L'은 50, 'C'는 100, 'D'는 500, 'M'은 1000을 각각 의미합니다. 로마 숫자의 둘째 구성 요소는 단일 기호를 조합해서 수를 표기하는 방법입니다. 로마식 방법은 다수의 기호가 있을 때, 큰 수를 나타내는 기호를 가장 왼쪽에 쓰고 그보다 작은 수를 나타내는 기호를 차례로 붙이는 것입니다. 기호가 나타내는 수를 모두 더하면 나타내려는 숫자를 읽을 수 있습니다. 작은 수를 나타내는 기호가 큰 수를 나타내는 기호보다 왼쪽에 있다면, 큰 것에서 작은 것을 빼라는 뜻입니다. 예를 들어, 'II'라는 로마 숫자는 1 더하기 1이므로 2라고 읽습니다. 'IV'는 5 빼기 1이므로 4라고 읽습니다. 2000년을 로마 숫자로 표기하기는 매우 간단합니다. 단순히 'MM'이라고 쓰면 됩니다. 그런데 'MCMXCIX'은 어떤 숫자일까요? 이걸 읽으려면 머릿속에서 1000+(1000−100)+(100−10)+(10−1)을 계산해야 합니다. 정답은 1999입니다. 로마가 1999년까지 계속되지 않아서 천만다행입니다.

오늘날 숫자 체계도 역시 두 가지 요소로 이루어집니다. 그러나 로마 숫자와 현대인이 사용하는 아라비아 숫자 체계 사이에는 꽤 큰 차이가 있습니다. 현대 숫자 체계의 첫 번째 요소는 로마 숫자처럼 기호입니다. 아라비아 숫자의 경우 0, 1, 2, 3, 4, 5, 6, 7, 8, 9를 포함합니다. 아라비아 숫자 기호는 수량을 나타냅니다. 두 번째 요소는 이 기호들을 조합해서 여러 가지 숫자를 만드는 방법입니다. 우리에겐 이 방법이 너무 익숙해서 생각할 필요도 없이 쓸 수 있습니다. 이 방법은 이렇습니다. 여러분이 숫자 1개를 쓰면 그대로 읽으면 됩니다. 숫자 2개를 붙여서 쓰면, 오른쪽에 있는 숫자는 그 숫자 그대로 읽고 왼쪽에 있는 수는 그 수에다 10배를 곱해서 읽어야 하지요. 숫자 3개를 붙여서 쓰면 오른쪽에 있는 수는 그대로 읽고, 중간에 있는 숫자는 10을 곱해 읽고, 왼쪽에 있는 수는 100을 곱해서 읽어야 합니다. 9보다 큰 수를 표현하려면 숫자를 2개 사용해야 합니다. 각 자리마다 보이는 개별 숫자는 실제로 그 수에 10을 몇 번씩 거듭 곱해 주어야 실제 표현하려는 수가 됩니다. 그리고 10을 거듭 곱해 주는 횟수는 가장 오른쪽이 0번이고, 왼쪽으로 갈수록 1이 증가합니다(참고로 10을 0번 거듭 곱한 수는 1, 10을 한 번 거듭 곱한 수는 10입니다). 예를 들어 여러분이 가지고 있는 사과의 개수가 '38246'이라면 여러분에게는 사과 3만 개, 사과 8000개, 사과 200개, 사과 40개, 사과 6개를 모두 더한 만큼 사과가 있다는 뜻입니다.

10 기반 숫자 체계는 어떻게 작동할까요? 몇 개 안 되는 수는 0부터 9를 이용해 표시할 수 있었습니다. 하지만 세야 할 수량이 9개를 넘어가면 두 자릿수를 사용해야 합니다. '구백구십구'를 넘어가는 수량은 네 자리 숫자를 써야 합니다. 숫자를 하나씩 세면 어떤 자리에 있는 수가 0에서 9까지 계속 반복합니다. 특이한 점은 9에서 0으로 바뀌는 순간 바로 왼쪽 열에 있는 숫자에 1을 더해 준다는 사실입니다. 이런 식으로 기호 10개만 가지고도 얼마든지 계속해서 숫자를 셀 수 있습니다. 현재 자릿수가 9에서 0으로 바뀌면 그 왼쪽에다 새로운 자릿수를 만들어 주면 됩니다. 숫자를 표현할 기호가 10개밖에 없지만, 자릿수가 올라간다는 발상을 이용해서 수가 얼마나 커지든 표현할 수 있습니다.

이 숫자 체계는 10을 기반으로 하지만 이상하게도 10을 표기할 단일 기호는 없습니다. 0에서 9까지 표현하는 기호밖에 없거든요. 그런데 가만히 살펴보면 10을 표현하는 기호가 없는 이유는 너무나 당연합니다. 기호 '0'부터 '9'까지 10개의 기호는 전부 다른 숫자를 나타냅니다. 10을 의미하는 단일 기호가 이 숫자 체계에 들어 있다면 실제로는 체계 안에 기호가 11개 들어 있는 것이니 10 기반 숫자 체계가 아닙니다.

10에 해당하는 단일 기호를 만들지 않았지만 대신에 0이라는 기호를 넣어 준 것은 놀라운 발상이라고 생각합니다. 0은 '아무것도 없음'을 나타내는 추상적 개념인데 마치 셀 수 있는 숫자처럼 취급합니다. 이런 상상력이 10 기반 숫자 체계를 매우 강력하고 편리하게 만들어 주었습니다. 사과가 없다는 것을 '사과 0개가 있다'는 식으로 말할 수도 있으니까요. 더 중요한 사실이 있습니다. 자릿수를 표현하고 이를 이용해 숫자를 나타내려면 반드시 0이 필요합니다. 사과가 50개 또는 107개 있을 때 0이라는 기호가 없으면 숫자가 어떤 자릿수 위치에 있는지 알 수 없고, 몇 번이나 10을 거듭 곱해 주어야 하는지 알 수 없습니다. 그래서 기호 0이 반드시 필요합니다.

이제 아라비아 숫자 체계에서 두 가지 필수 요소인 기호와 표현 방법 사이에 공통 속성을 찾을 수 있습니다. 모두 숫자 '10'과 관련되어 있다는 사실입니다. 각기 다른 수량을 나타내는 숫자가 10개 있고 그 숫자들을 왼쪽으로 늘어놓을수록 바로 전에 위치한 숫자보다 10배씩 커진다는 것입니다.

숫자를 처음 배울 때를 떠올려 보세요. 선생님은 손가락이 10개라서 자연스럽게 10 기반 숫자 체계를 쓰는 거라고 말했습니다. 잠깐만요! 나무늘보는 손가락이 3개입니다. 걔들은 3에 기반을 둔 숫자를 쓸까요? 나무늘보는 엄지 없이 손가락 3개만 있으니까요. 아니면 양손을 합쳐서 6 기반 숫자 체계를 이용하지 않을까요? 그렇다면 0, 1, 2, 3, 4, 5만 셀 수 있을지 모릅니다. 물론 상상이지만 이런 숫자 체계도 과연 가능할까요? 사과가 8개 있다면 나무늘보가 발명한 숫자 체계로는 어떻게 쓸 수 있을까요? 그 체계에는 '8'이라는 기호가 없습니다. 정답을 말하자면 6 기반 숫자 체계도 가능합니다. 대신에 6 기반 숫자 체계에는 기호가 10개가 아닌 6개뿐입니다. 그러니까 기호를 이용해서 다양한 수를 표현할 방법도 10 기반 숫자 체계와는 다릅니다. 6 기반 숫자 체계에서 수를 제대로 표현하려면, 자릿수를 왼쪽으로 한 칸 이동할 때마다 10을 곱하는 대신에 6을 곱해 주어야 합니다. 그런데 사과를 세면서 "0, 1, 2, 3, 4, 5" 다음에는 뭐라고 말해야 할까요?

6 기반 숫자 체계에서 '5' 다음에 '6'은 존재하지 않습니다. 10 기반 숫자 체계에서는 가장 큰 수를 나타내는 단일 기호보다 큰 수를 표기할 때 현재 숫자 위치에 간단히 '0'을 쓰고 왼쪽 열로 자리 이동해서 '1'을 썼습니다. 6 기반 숫자 체계에서는 0, 1, 2, 3, 4, 5 다음에 10, 11, 12처럼 쓰면 됩니다. 그러면 나무늘보는 모든 사과를 셀 수 있습니다. 그런데 여기서 '12'는 무슨 뜻일까요? 숫자만 보면 '12개'를 뜻하는 건지 '8개'를 뜻하는 건지 모호합니다. 어쨌든 나무늘보가 글씨를 안다면 '12'라고 쓰겠지요. 정말 이상하지만 이것도 제대로 된 숫자입니다. 단 나무늘보에게 '12'는 사람에게 '8'일 뿐입니다. 나무늘보에게 사과 12개는 사람에게 사과 8개입니다. 같은 아라비아 숫자 기호를 쓰지만 숫자를 세는 방법은 서로 다릅니다. 숫자를 좀 더 세어 '15'까지 가 봅시다. 이 수를 10 기반 숫자 체계로 환산하면 11입니다. 이것보다 1이 더 큰 수는 '20'이며 10 기반 숫자 체계로 환산하면 12입니다. 6 기반 숫자 체계에서 '55'보다 1이 더 큰 수는 '100'이고, 10 기반 숫자 체계로 환산하면 36입니다.

6 기반 숫자 체계는 상당히 이상해 보일지 모릅니다. 하지만 알게 모르게 우리가 생활 속에서 늘 사용하고 있습니다. 우리가 시간을 어떻게 적는지, 시계가 시간을 어떻게 표시하는지 떠올려 보세요. 초와 분을 표시할 때 두 자리 수를 사용합니다. 이 두 자리 수에서 오른쪽에 있는 숫자는 0부터 9를 계속 반복합니다. 왼쪽에 있는 숫자는 0부터 5까지 계속 반복합니다. 59분이 지난 후 시계는 다음 시간을 가리키는 동시에 00분으로 바뀝니다. 따라서 1시간은 60분이고 분을 표시하는 수는 '00'부터 '59'까지 60개예요. 분을 가리키는 숫자 2개에서 왼쪽 열에 있는 수는 5를 넘을 수 없습니다. 시계에서 시간이란 '60'분이 얼마나 많이 있는지 말해 줄 뿐입니다. 물론 우리가 시계 화면에서 60을 직접 볼 수는 없습니다. 그 대신 60분을 의미하는 '1시간'이라는 개념에 너무나 익숙합니다. 이제 우리는 '60'이 얼마나 있는지 생각할 필요성도 못 느끼지요. 시계 화면에 '1:30'이 표시되는 순간 1시와 2시 사이의 정확히 중간 시간이라는 것을 압니다. 암산하지 않고도 본능적으로 알아채지요. '분'을 더해 본 적이 있나요? 40분에 40분을 더하면 80분입니다. 그런데 이걸 시간과 분으로 환산하면 80 안에 60이 얼마나 있는지 세어 봐야 합니다. 80 안에는 60이 1개 들어 있고, 나머지는 20이지요. 따라서 이것을 시계에 표시하면 '1:20'이 됩니다. 여기

서 1은 60분의 개수를 나타내고 20은 20분을 나타내므로 정확히 80분을 나타냅니다. 네, 맞습니다. 시계를 읽는 법은 꽤 복잡합니다. 10 기반 숫자 체계와 6에 기반을 둔 숫자 체계를 모두 읽어 내야 합니다. 이것들을 한 번에 한곳에서 사용하니 정말 복잡하지 않습니까? 이렇게 복잡한 시계를 누구나 읽고 아무 문제없이 살아갈 수 있다니 정말 놀라울 따름입니다.

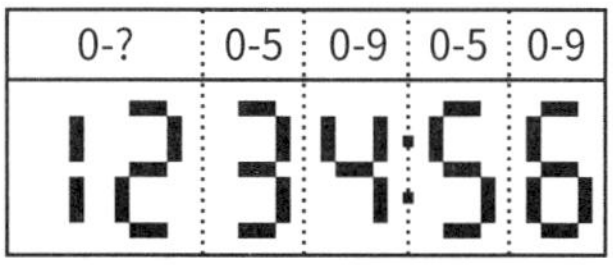

| 0-? | 0-5 | 0-9 | 0-5 | 0-9 |

12 34 56

그림 18-2 시간을 표시하는 데 사용하는 다양한 숫자 체계

여기서 끝이 아닙니다. 생각할수록 이상합니다. 시간이 표시되는 숫자 체계를 보세요. 12시간 모드에서는 오전 1시부터 오전 12시까지 표시한 후 곧바로 오후 1시에서 오후 12시까지 표시합니다. 그리고 다시 오전 1시로 넘어가고 이를 반복합니다. 12시간 모드에는 오전과 오후 시간이 12시간씩 분리되어 있습니다. 24시간 모드는 전혀 다릅니다. 여기서 시간은 00시부터 23시까지 재고 다시 00시로 돌아가서 반복합니다. 여기서 시계가 어떤 식으로 시각을 표현하는지 분석하려는 건 아닙니다. 시계를 읽는 법에서 우리는 한 가지 통찰을 얻게 됩니다. 그건 바로 우리가 10 기반 숫자 체계 말고도 이미 다른 숫자 체계(6 기반 숫자 체계, 12 기반 숫자 체계, 24 기반 숫자 체계)에 능숙하다는 사실입니다.

10이나 6에 기반을 두는 숫자 체계뿐 아니라 3이나 14 같이 원하는 숫자를 기반으로 하는 숫자 체계를 얼마든지 만들 수 있습니다. 그러나 가장 간단한 숫자 체계는 2 기반 숫자 체계입니다. 이것은 0과 1로 만들어집니다. 0과 1만으로 정말 모든 수를 표현할 수 있을까요? 숫자를 세어 봅시다. '0', '1', 앗! 기호를 다 사용했군요. 그러니 오른쪽 숫자를 0으로 바꾸고 그 왼쪽 숫자 자리에 1을 올려 '10'을 만듭니다. 그 다음 수는 '11'이 되겠군요. 이제 사용할 기호가 또 바닥났기 때문에 오른쪽 숫자를 0으로 만들어 주고 그보다 왼쪽 숫자에 자리 올림 1을 더해 주어야 하는데 이미 왼쪽 숫자가 1이므로 왼쪽 숫자는 다시

0이 되고, 그보다 왼쪽 숫자에 자리 올림 1을 더해 줍니다. 이제 '100'이라는 수를 만들었습니다. 그다음엔 '101', '110', '111', '1000'이 될 겁니다. 오른쪽 숫자에 비해서 그보다 왼쪽 숫자가 2배 크고, 그보다 왼쪽 숫자가 4배 크고, 그보다 왼쪽 숫자가 8배 큽니다. 2 기반 숫자의 곱셈에서는 고려해야 할 숫자가 0과 1밖에 없으니 할 일이 별로 없습니다. 먼저 어떤 숫자와 0을 곱해 봐야 항상 0이니 계산할 필요가 없고 기호가 1인 자릿수만 따지면 됩니다. 예를 들어, 오른쪽에서 넷째 자릿수가 1이라면 8이 1개 있음을 뜻하고 넷째 자릿수가 0이면 8이 없음을 뜻합니다.

이왕 하는 김에 한 손에 손가락이 8개 달린 이상한 동물이 있다고 상상해 봅시다. 즉 16 기반 숫자 체계를 사용한다는 뜻입니다. 그것들의 숫자 체계에는 10부터 15를 의미하는 단일 기호가 있습니다. 이 동물은 숫자를 세다 15가 넘으면 0으로 바꿔준 다음 왼쪽 옆자리에 1을 자리 올림합니다. 이 숫자 체계가 어떻게 작동하는지 보려면 새로운 기호 6개가 필요하니 알파벳의 처음 여섯 글자를 이용하겠습니다.

16 기반 숫자 체계에서 'A'는 10, 'B'는 11, 'C'는 12, 'D'는 13, 'E'는 14, 'F'는 15를 의미합니다. 첫째 자리에서 0부터 (15를 나타내는) F까지 기호가 모두 소진되면 그다음 숫자는 '10'입니다. 미국에서 쓰는 조금 생소한 무게 단위로 '파운드'와 '온스' 체계가 있습니다. 16에 기반을 두는 숫자 체계는 파운드와 온스 단위와 관련이 깊습니다. 1파운드는 16온스입니다. 따라서 8온스는 반 파운드입니다. 9온스에 9온스를 더하면 18온스이므로 1파운드 2온스가 됩니다. 미국 사람들은 16 기반 수에도 익숙합니다.

표 18-2는 다섯 가지 숫자 체계를 비교해 놓은 것입니다. 첫 번째 열은 가장 원시적인 작대기 표기법인데 수를 간편히 셀 수 있는 최초의 방법이었습니다.

우리가 평상시 사용하는 10 기반 숫자 체계는 다른 말로 십진수(decimal)라고 부릅니다. 'dec'라는 말의 뜻이 고대 로마에서 쓰던 라틴어에서 10을 뜻하는 말이기 때문입니다. 0-5를 사용하는 6 기반 숫자 체계는 다른 말로 육진수(senary)라고 부릅니다. 'sen'도 마찬가지로 라틴어 접두사로 6을 의미합니다. 0과 1로만 구성된 2 기반 숫자 체계는 다른 말로 이진수(binary)라고 부릅니다. 마찬가지로 'bi'도 라틴어에서 온 접두사로 2를 뜻합니다. 마지막으로, 0-F

작대기 숫자	0-9	0-5	0-1	0-F
	0	0	0	0
|	1	1	1	1
||	2	2	10	2
|||	3	3	11	3
||||	4	4	100	4
卌	5	5	101	5
卌|	6	10	110	6
卌||	7	11	111	7
卌|||	8	12	1000	8
卌||||	9	13	1001	9
卌 卌	10	14	1010	A
卌 卌|	11	15	1011	B
卌 卌||	12	20	1100	C
卌 卌|||	13	21	1101	D
卌 卌||||	14	22	1110	E
卌 卌 卌	15	23	1111	F
卌 卌 卌|	16	34	10000	10
卌 卌 卌||	17	25	10001	11
卌 卌 卌|||	18	30	10010	12

표 18-2 다양한 숫자 체계

를 사용하는 16 기반 숫자 체계는 다른 말로 십육진수(hexadecimal)라고 부릅니다. 'hex'가 라틴어로 6을 뜻하고, 그 뒤에 10을 뜻하는 'dec'가 생략되어 있어 2개를 더하면 16이 되기 때문입니다.

다른 숫자 체계에 이름을 명명하는 다른 방법도 있습니다. 그 체계에서 기반을 두는 숫자를 그대로 붙이는 방법입니다. 예를 들어 '베이스(base) 10'은 십진수 체계를, '베이스 2'는 이진수 체계를 달리 표현한 방법입니다. 하지만 이때 '베이스'라는 단어 뒤에 오는 숫자가 십진수를 의미한다는 점에 주의해야 합니다. '2'를 이진수로 쓰면 '10'이 되기 때문에 '베이스 10'이 '베이스 2'로 혼동할 수도 있기 때문입니다. 그러므로 베이스 숫자를 표기할 때는 항상 십진수를 전제해야 합니다. 즉 베이스 2, 베이스 6, 베이스 10, 베이스 16이라고 써야 합니다. 베이스라는 말 대신에 차라리 이진수, 육진수, 십진수, 십육진수라고 말하는 편이 더 낫습니다.

다시 말하지만 우리가 보통 쓰고 있는 십진수는 숫자의 첫째 열이 가장 오른쪽에 있고, 그 자리에 표기된 숫자에 1을 곱한 것이 실제 값입니다. 십진수의 첫째 열을 다른 말로 '1의 자리'라고 부릅니다. 둘째 열은 표기된 숫자에 10을 곱한 것이 실제 값입니다. 둘째 열을 다른 말로 '10의 자리'라고 합니다. 각 위치에 있는 수는 그 전의 위치에 있는 수에 비해 10배 큽니다. 이진수 체계에서 가장 오른쪽에 있는 첫째 숫자도 마찬가지로 '1의 자리'지만 둘째 열은 '2의 자리'입니다. 그보다 왼편에 있는 셋째 열은 '4의 자리'이고, 그 왼편의 넷째 열은 '8의 자리'입니다. 이진수에서 현재 위치에 있는 숫자는 그 전의 위치에 있는 수에 비해 2배 큽니다. 이진수는 가능한 값이 0과 1뿐입니다. 지금까지 비트와 바이트 상태를 나타낼 때 이미 이진수를 사용했습니다만 이름을 지금 붙여 주었을 뿐입니다.

이진수 체계가 이번 장의 핵심입니다. 이진수 체계는 컴퓨터 부품이 처리할 수 있는 능력에 '자연스럽게' 부합합니다. 이진수 체계도 아라비아 숫자가 여러 가지 숫자를 조합해서 표현하는 방법을 동일하게 따릅니다. 다만 2개의 기호 0과 1만 사용하여 전기의 on/off 상태를 표현하는 게 다른 점입니다. 바이트 안에는 비트가 8개 있습니다. 바이트에 코드를 이진수 체계로 넣으면 맨 오른쪽 비트가 on일 때 1이 되고, off일 때 0이 됩니다. 바로 왼쪽 옆에 있는 비트는 on일 때 2가 되고, off일 때 0이 됩니다. 그다음 왼쪽 비트는 on일 때 4가 되고, off일 때 마찬가지로 0이 됩니다. 이렇게 계속 왼쪽 비트로 향하면서 8, 16, 32, 64, 128을 만들 수 있습니다. 바이트에서 모든 비트가 on이면 순서대로 8개의 비트에 들어 있는 값을 확인하면 됩니다: 128 64 32 16 8 4 2 1.

이 코드에서 '0000 0001'은 1을 의미합니다. '0001 0000'은 16을, 0001 0001은 16+1이므로 17을 의미합니다. 1111 1111은 255를 뜻합니다. 바이트를 이용해서 0부터 255까지 어떤 수도 표현할 수 있어요. 이런 코드를 '이진수 코드(binary number code)'라고 부릅니다.

컴퓨터는 이진수로 된 기다란 배열에 불평하지 않고 빠르게 잘 작동합니다. 그런데 사람이 사용하기는 불편합니다. 바이트 안에 있는 이진수를 입으로 소리 내어 말할 때 특히 난감합니다. '0000 0010'이라는 바이트를 읽어 봅시다. "영영영영영영일영"이라고 부르는 편이 편리할까요? 아니면 그냥 "이"라고 부르는 게 편리할까요? 많은 사람이 후자를 택합니다. 이 책에서 "십이"라고 말할 때는 십진수 숫자 12를 의미하는 겁니다. 이진수 '0000 0100'은 "사"라고 부를 겁니다. 우스꽝스럽게 이진수를 길게 읽으나 십진수로 짧게 부르나 똑같습니다.

컴퓨터 산업에 종사하는 사람들은 십육진수도 종종 사용합니다. 앞에 있는 도표를 살펴본다면 이진수 네 자리 숫자를 십육진수 한 자리 숫자로 표현해 낼 수 있다는 걸 짐작했겠지요. '0011 1100'이 채워진 바이트에서 숫자를 읽을 때 십진수로 60이라고 번역할 수도 있고 '3Ch'라고 번역할 수도 있습니다(h는 십육진수를 나타내는 기호입니다). 도대체 그럼 뭘 사용해야 되냐고요? 걱정 마세요. 이 책에서 두 번 다시 십육진수를 볼 일은 없습니다. 바이너리(이진수)만 계속 보게 될 테니까요. 그래도 어딘가에서 십육진수로 된 숫자를 보게 된다면 미소가 절로 나올 겁니다. 이제 우리는 그게 뭔지 알고 있으니까요.

컴퓨터의 내부 주소

이진수 코드는 컴퓨터에서 다양한 목적으로 사용할 수 있습니다. 우리가 이진수 코드를 맨 처음 사용해볼 장소는 MAR(메모리 주소 레지스터)입니다. MAR에 집어넣을 비트 패턴은 이진수 코드입니다. MAR에 넣는 숫자 비트로 램에 있는 256개 저장 위치 중 하나를 선택할 수 있어요. MAR로 지정할 수 있는 주소는 0에서 255까지의 숫자입니다. 램이 256바이트니까 바이트마다 주소가 하나씩 지정되어 있습니다.

간단하지요? 그런데 '컴퓨터 내부 주소'라는 건 정확히 무엇일까요? 주택가 인근에는 집집마다 '○○로 123' 같은 주소가 지정되어 있습니다. 여기서 '○○로'는 건물이 있는 특정 도로의 이름을 나타냅니다. 길가 귀퉁이를 지나다 보면 거리 표지판을 볼 수 있습니다. '19-5'는 건물 번호로 집 대문 옆에 붙어 있는 게 보통입니다. 일반적으로 주소를 생각하면 이런 집 주소가 먼저 머릿속에 떠오릅니다. 집이나 거리에는 이렇게 숫자나 이름이 쓰인 표지판이 있습니다. 그런데 컴퓨터 바이트에는 그곳에 찾아갈 표지판이 없습니다. 도대체 주소를 어떻게 식별하는 걸까요.

방법은 간단합니다. MAR 안에 있는 바이트에 램 주소를 이진수 코드로 넣어 주기만 하면 됩니다. 바이트에 램의 주소를 나타내는 숫자만 넣어 주면 그곳이 어딘지 바로 찾을 수 있습니다. 부가적인 정보도 전혀 필요 없습니다. 어떤 도시를 상상해 보겠습니다. 이 도시에는 거리가 16개 있고 거리마다 집이

16개 있습니다. 그런데 이 도시에는 어떤 거리에도 표지판이 설치되어 있지 않고, 어떤 집 앞 대문에도 건물 번호가 적힌 팻말이 붙어 있지 않습니다. 이 도시에서 집을 찾아갈 때는 '○○로 123' 같은 정보는 아무 쓸모가 없습니다. 그렇다면 대체 길을 어떻게 찾아가야 할까요?

이때 여러분은 어느 집이나 찾아갈 수 있습니다. 도시가 정확하고 균일하게 구획되어 있기 때문입니다. 격자에서 [x번째 거리, y번째 집] 좌표를 지정하기만 하면 집을 찾을 수 있습니다. 편의상 [첫 번째 거리, 첫 번째 집]에서 시작하겠습니다. 먼저 가로축에서 다른 거리가 x-1번 나타날 때까지 걷습니다. 그러면 x번째 거리에 위치하게 됩니다. 현재 위치는 [x번째 거리, 첫 번째 집]입니다. 여기에서 세로축으로 다른 집이 y-1번 나타날 때까지 걷습니다. 최종적으로 [x번째 거리, y번째 집]을 찾게 됩니다. 이와 같은 방법을 쓰면 '일곱 번째 거리에 있는 네 번째 집'을 정확하게 찾아낼 수 있습니다. 거리와 대문에 팻말이 전혀 없어도 거리와 집이 균일하고 규칙적으로 구획되어 있다면 주소가 존재하는 것과 마찬가지입니다. 게다가 좌표 정보만으로 집의 위치를 유일하게 특정할 수 있습니다. 물론 그 위치에 가봤자 식별 가능한 정보는 하나도 없습니다. 컴퓨터 주소는 이런 식으로 동작합니다. 램 안에 들어 있는 바이트에는 어떤 팻말도 꼬리표도 붙어 있지 않지만 균일하고 규칙적으로 구획되어 있습니다. 컴퓨터 주소란 MAR에 입력되는 숫자입니다. 이 주소를 이용해서 램의 특정한 위치에 들어있는 바이트에 접근할 수 있습니다.

CPU

컴퓨터의 나머지 절반도 NAND 게이트만 이용해서 만들 수 있습니다. 아마 램을 만들 때보다 부품 개수도 더 적게 들 겁니다. 그런데 램처럼 같은 부품을 규칙적이거나 반복적으로 배열할 수가 없어서 약간 복잡합니다. 그런 까닭에 설명을 좀 더 많이 해야 합니다. 컴퓨터의 나머지 절반은 바로 '중앙 처리 장치(central processing unit)' 또는 'CPU'입니다. CPU는 램에 들어 있는 바이트를 이용해서 어떤 일을 수행하고, 수행한 결과를 램에 보내줍니다. 한 마디로 말하면 CPU는 바이트를 '처리하는' 장치입니다. 처리한다는 말의 뜻은 다음 몇

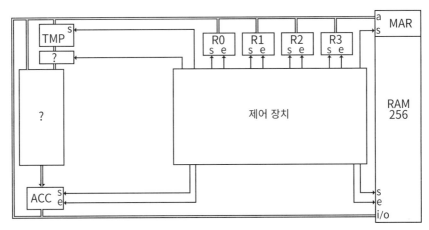

그림 20-1 CPU의 구조

장에서 더 자세히 알아보도록 하지요. 일단 언급할 것은 CPU도 램처럼 버스를 사용하는 장치라는 사실입니다.

그림 20-1에서 CPU의 구조를 대략적으로 볼 수 있어요. 그림에서 램은 오른쪽에 위치합니다. 버스는 램에 있는 a 단자부터 시작해서 커다란 루프 형태로 외곽을 순환하여 i/o 단자까지 연결되어 있습니다. CPU 안에는 레지스터 6개(R0, R1, R2, R3, TMP, ACC)가 있고 모두 버스에 연결되어 있습니다. CPU는 바이트를 '처리'하는 장소로 레지스터를 사용합니다. 램, 레지스터, 버스가 어떻게 동작하는지 다 알고 있으니 여기까지는 이해하는 데 문제없습니다.

그림 중간에 '제어 장치(control section)'라는 딱지가 붙은 커다란 상자가 보입니다. 제어 장치는 다음 장에서 자세히 살펴보겠습니다. 제어 장치는 CPU와 램 안에 들어있는 입력 제어 단자 s와 출력 제어 단자 e에 들어오는 비트를 0이나 1로 만들어서 입력과 출력을 통제하는 장치입니다. 그림 20-1의 왼쪽에 물음표가 붙은 상자가 하나 보이는데 이것이 바로 다음 장에서 새롭게 배울 장치입니다. 일단 지금은 CPU 안에서 바이트 데이터가 어디로 이동할 수 있는지 살펴보기로 합시다.

R0, R1, R2, R3는 단기 기억용 레지스터입니다. 이것들은 CPU가 어떤 일을 수행하는 데 필요한 바이트를 임시로 기억하는 용도로 쓰입니다. 레지스터의 입력과 출력은 모두 버스에 연결되어 있습니다. 단기 기억 레지스터는 여러 목적으로 변용할 수 있습니다. 그래서 범용 레지스터라고 부르기도 합니다.

그림 왼쪽 상단에는 'TMP'라는 임시 레지스터가 있습니다. TMP는 버스를 통해 들어오는 바이트를 일시적으로 기억하는 용도로 쓰입니다. 입력 제어 단자 s를 1로 만들어 주면 버스를 통해 들어오는 바이트가 TMP로 설정됩니다. 그와 동시에 TMP 안에 설정된 바이트가 그대로 출력되어 아래쪽으로 내려가 물음표가 쓰인 상자 2개로 들어갑니다. TMP 레지스터가 입력 제어 단자를 0으로 바꿔 입력을 멈추더라도 출력은 멈추지 않습니다. TMP 레지스터에는 s 단자는 있지만 e 단자는 없으므로 항상 데이터를 출력합니다. 나중에 설명하겠지만 거기엔 이유가 있습니다.

마지막으로 소개할 레지스터는 누산기(accumulator)입니다. 그림에는 'ACC'로 표시되어 있습니다. 누산기라는 용어는 1970년대 이전에 기계식 덧셈 기계를 지칭하는 말이었습니다. 옛날에 이 기계는 세로줄에 들어찬 숫자를 하나씩 더하며 총계를 누적하는 방식을 사용했습니다. 그래서 누산기라는 이름을 붙인 듯합니다. ACC는 커다란 물음표가 붙은 상자에서 나오는 바이트 하나를 일시적으로 저장하는 장치입니다. ACC에 들어 있는 바이트 데이터는 버스로 출력되어 다른 부품에 입력으로 들어갑니다.

CPU와 램 안에 들어 있는 레지스터는 컴퓨터가 작동하는 과정에서 바이트 데이터를 보내고 받는 장소입니다. 레지스터는 버스로 출력을 보낼지 여부를 제어할 수 있고, 버스에 있는 바이트 데이터를 받아들일지 여부도 제어할 수 있습니다.

그러면 이제 물음표로 표시한 상자들이 무슨 일을 하는지 살펴보도록 하겠습니다.

OR, XOR 게이트

지금까지 NAND 게이트, AND 게이트, NOT 게이트를 사용해서 컴퓨터에 들어갈 부품을 만들었습니다. 그런데 아직 조합 게이트 2개를 더 만들어야 합니다. 이것들을 정의해 봅시다. 첫 번째 소개할 ○○ 게이트는 그림 21-1과 같이 구성합니다.

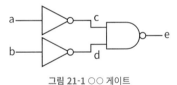

그림 21-1 ○○ 게이트

이 게이트가 하는 일이란 두 입력을 부정해서 NAND 게이트에 보내는 것밖에 없습니다. 이것을 표로 정리하면 표 21-1과 같습니다. 중간의 게이트 상태가 포함되어 있기 때문에 다이어그램을 따라가기 쉽습니다.

a	b	c	d	e
0	0	1	1	0
0	1	1	0	1
1	0	0	1	1
1	1	0	0	1

표 21-1 ○○ 게이트 표

이 경우에 입력 2개가 모두 0이라면 출력도 0입니다. 하지만 a나 b가 1이거나 두 입력이 모두 1이면 출력은 1이 됩니다. ○○ 게이트의 진짜 이름은 'OR 게이트'입니다. 이제는 이 OR 게이트를 구성하는 모든 부품을 그리는 대신에 방패처럼 생긴 모양을 써서 간단하게 표현하겠습니다. OR 게이트를 정리하면 그림 21-2, 표 21-2와 같습니다.

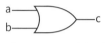

그림 21-2 OR 게이트(단순화)

a	b	c
0	0	0
0	1	1
1	0	1
1	1	1

표 21-2 OR 게이트 표(단순화)

OR 게이트도 AND 게이트처럼 다수의 입력을 취할 수 있도록 확장이 가능합니다. 방법은 간단합니다. OR 게이트 1개를 추가하기만 하면 됩니다. 원래 있던 2입력 OR 게이트에서 나오는 출력을 추가된 OR 게이트의 첫 번째 입력으로 연결합니다. 그리고 새로운 입력(3번 입력) 와이어를 추가된 OR 게이트의 두 번째 입력으로 연결합니다. 추가된 OR 게이트에서 나오는 출력이 바로 3입력 OR 게이트의 최종 출력입니다. 방금 3입력 OR 게이트를 완성했습니다. 이제 3입력 OR 게이트에 들어오는 입력 3개 중에 하나라도 1인 입력이 있다면 출력이 1이 됩니다. OR 게이트도 AND 게이트와 마찬가지로 입력을 1개 추가할 때마다 도표에 있는 행의 수도 2배가 됩니다. OR 게이트에서는 입력이 모두 0이어야 출력을 0으로 만들 수 있습니다. 다른 입력 조합으로는 모두 출력이 1이 됩니다.

소개할 조합 게이트가 하나 더 남아 있습니다. 이 게이트를 완성하려면 게이트가 5개나 필요하지만 이 게이트가 하는 일은 꽤나 단순합니다. OR 게이트와 비슷하게 한쪽 입력이 1일 때 출력이 1이 됩니다. 그러나 OR 게이트와 달리 입력이 둘 다 1일 때는 출력이 0이 됩니다. 따라서 이 조합 게이트를 '배타적(exclusive) OR 게이트' 또는 'XOR 게이트'라고 부릅니다. XOR 게이트는 한쪽 입력만 배타적으로 1이어야 출력이 1이 됩니다. XOR 게이트는 OR 게이트와 전부 같지만, a와 b 입력이 모두 1인 경우(AND 게이트가 1을 출력하는 조합)만 출력이 0입니다. 다른 방식으로 설명하자면 모든 입력 중 하나의 입력만이 1일 때 출력이 1이 되는 게이트라고 할 수 있습니다.

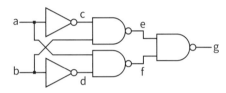

그림 21-3 XOR 게이트

a	b	c	d	e	f	g
0	0	1	1	1	1	0
0	1	1	0	0	1	1
1	0	0	1	1	0	1
1	1	0	0	1	1	0

표 21-3 XOR 게이트 표

앞에서 설명한 조합 게이트를 간단한 다이어그램으로 나타내 봅시다. XOR 게이트는 OR 게이트와 비슷하게 생겼지만 입력에 붙은 곡선이 두 겹으로 되어 있습니다. 그림 21-4와 표 21-4는 XOR 게이트의 다이어그램과 도표입니다.

그림 21-4 XOR 게이트(단순화)

a	b	c
0	0	0
0	1	1
1	0	1
1	1	0

표 21-4 XOR 게이트 표(단순화)

지금까지 우리는 입력을 2개 받아서 출력을 1개 내보내는 네 종류의 게이트 (NAND 게이트, AND 게이트, OR 게이트, XOR 게이트)를 완성했습니다.

a	b	NAND	AND	OR	XOR
0	0	1	0	0	0
0	1	1	0	1	1
1	0	1	0	1	1
1	1	0	1	1	0

표 21-5 네 종류 게이트의 입력과 출력 비교

네 종류의 게이트가 입력 a와 b를 가지고 구성할 수 있는 입력 조합은 4개로 모두 똑같지만 출력하는 결과는 모두 다릅니다. 그러나 게이트 이름만 알고 있으면 특정 입력 조합에 따라서 출력이 어떻게 나올지 쉽게 알 수 있습니다.

　컴퓨터 안에 든 모든 부품은 사실 NAND 게이트만으로 만들 수 있습니다. 하지만 우리는 컴퓨터를 만드는 데 NAND 게이트 자체만 사용하지는 않을 겁니다. 우리는 좀 더 간접적인 방법으로 NAND 게이트를 사용하여 컴퓨터를 만들 예정입니다. 이미 우리에겐 NAND 게이트를 사용해서 만들어 둔 AND, OR, XOR, NOT 게이트 그리고 메모리가 있습니다. 이런 부품을 충분히 이용하면 훨씬 간단하고 효율적으로 컴퓨터를 만들 수 있습니다. 그러니 NAND 게이트는 당분간 잊어도 됩니다.

바이트 연산

게이트는 비트 단위로 일을 합니다. 2비트를 입력받고 1비트를 출력할 수 있습니다. 반면에 램은 한 번에 1바이트씩 저장하거나 저장된 값을 1바이트씩 꺼낼 수 있습니다. CPU도 램과 마찬가지로 한 번에 1바이트씩 처리할 수 있게 만들려고 합니다. 그러기 위해서는 1바이트 전체를 한 번에 처리할 수 있는 '게이트'가 필요합니다. '버스'에서 어떻게 1바이트 데이터를 하나의 레지스터에서 다른 레지스터로 복사할 수 있는지 알아보았습니다. 레지스터 간의 데이터 복사는 보통 '바이트를 이동하는 행위'로 생각할 수도 있습니다. 이제부터는 바이트 이동하기와 비슷하지만 성격이 조금 다른 작업을 살펴보겠습니다.

우리가 앞으로 살펴볼 것은 다음과 같습니다. ① 하나의 레지스터에서 다른 레지스터로 바이트를 이동할 때 바이트 안에 들어 있는 내용물, 즉 '데이터'를 바꿀 수 있는 세 가지 연산, ② 바이트 데이터를 2개 입력해서 어떤 상호 작용을 거친 후 새로운 바이트를 출력할 수 있는 네 가지 연산. 바이트 단위로 하는 모든 일은 궁극적으로 이 일곱 가지 연산에 속하며, 이것이 컴퓨터가 실제로 바이트 단위의 작업을 수행하기 위해 하는 모든 일입니다.

비트 시프트 장치

'비트 시프트 장치(shifter)'는 매우 쉽게 구현할 수 있습니다. 이 장치 안에는 게이트가 하나도 들어가지 않습니다. 단지 전선만 버스 크기(8비트 또는 바이트)만큼 연결하면 됩니다.

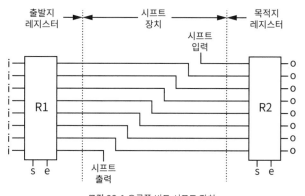

그림 23-1 오른쪽 비트 시프트 장치

그림 23-1은 레지스터 2개를 연결해서 만든 오른쪽 비트 시프트 장치의 구조를 보여줍니다. 입력 비트 8개를 의미하는 i 라인은 아래에서 위로 갈수록 상위 비트를 나타냅니다. 오른쪽 비트 시프트 장치를 만들려면 R1의 모든 출력 비트를 각각 1비트 내려서 R2의 입력에 연결해야 합니다.

비트 시프트 장치는 바로 레지스터 2개 사이에 있는 전선입니다. 작업이 수

행되면 R1에 있는 출력 제어 비트 e가 1이 되고, R2에 있는 입력 제어 비트 s가
1이 되었다가 바로 0이 됩니다. 이때 R1에 있는 모든 비트가 R2로 복사되지만
원본 비트 위치에서 전체적으로 오른쪽으로 한 자리씩 상위 비트로 밀려서 복
사됩니다.

예를 들어, 오른쪽 비트 시프트 장치에 0100 0010을 입력하면 장치는 0010
0001을 출력합니다.

R1의 '시프트 출력'이 R2의 '시프트 입력'과 연결되어 있다면, 오른쪽 비트
시프트 장치는 0001 1001을 입력받아 1000 1100을 출력합니다.

왼쪽 비트 시프트 장치가 R1에서 0100 0010을 입력받으면 R2에 1000 0100
을 출력합니다. 왼쪽 비트 시프트 장치를 만들려면 R1의 모든 출력 비트를 각
각 1비트 올려서 R2의 입력에 연결해야 합니다.

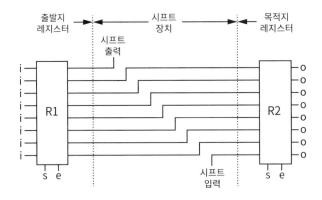

그림 23-2 왼쪽 비트 시프트 장치

이제 앞의 그림을 버스 형태로 축약해서 나타내 봅시다. i 라인과 o 라인을 버
스로 각각 묶고 겹선으로 나타내서 가져오기 비트와 내보내기 비트를 하나씩
넣으면 다음과 같은 그림이 됩니다. 'R'은 오른쪽 비트 시프트 장치를, 'L'은 왼
쪽 비트 시프트 장치를 나타냅니다.

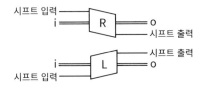

그림 23-3 비트 시프트 장치(단순화)

자, 이제 비트 시프트 장치를 어디에 사용할 수 있을까요? 여러분이 프로그래머라면 머릿속에 무수한 아이디어가 떠오를 겁니다. 여기서는 재미있는 아이디어 한 가지만 예로 들어 보겠습니다. 여러분이 이진수 코드를 사용한다고 가정해 봅시다. 그리고 방금 R1에 0000 0110이라는 숫자를 저장했습니다. 0000 0110은 십진수로 6을 뜻하는 이진수 코드입니다. 이 코드를 왼쪽 방향 비트 시프트 장치에 입력한 후 결과를 R2로 출력해 봅시다. R2 안에는 이진수 코드 0000 1100이 저장될 겁니다. 이 코드를 십진수로 환산하면 12입니다. 왼쪽 방향으로 비트 시프트 연산을 한 결과 6이 12로 바뀌었습니다. 이 연산이 내포하는 의미는 무엇일까요? 방금 우리는 어떤 숫자에 2를 곱하는 연산을 한 것입니다. 비트 시프트는 컴퓨터가 곱셈 연산을 수행하는 토대입니다. 2가 아닌 수를 곱할 때도 가능하지만 그 방법은 다음에 살펴보겠습니다. 어쨌든 곱셈 작업이 생각보다 간단하다는 사실을 알았습니다. 컴퓨터가 이진수로 곱셈을 수행하는 것과 우리가 생활 속에서 십진수 곱셈을 하는 것은 비슷합니다. 십진수 곱셈에서 어떤 숫자에 10을 곱하면, 원래 숫자의 맨 오른쪽에 0이 하나 추가될 뿐입니다. 십진수 숫자에 왼쪽 시프트를 1회 적용한 효과와 같다고 볼 수 있습니다. 이진수 체계에서는 숫자 2에 기반을 두므로 이진수 코드에 왼쪽 시프트를 적용하면, 원래 수에 10이 아닌 2를 곱하는 점만 다를 뿐입니다.

이것이 전선만 연결하면 만들 수 있는 비트 시프트 장치의 원리입니다.

인버터

이번에 만들 장치는 레지스터 2개 사이에 NOT 게이트 8개를 끼워서 연결한 장치입니다. 앞쪽 레지스터에서 오는 a 바이트 안의 비트는 각각 (0이었다면 1로, 1이었다면 0으로) 반전되어 c로 출력됩니다. NOT 게이트 8개의 입력으로 바이트 데이터 0110 1000이 들어갔다면 1001 0111을 출력합니다. 이런 종류의 연산은 많은 목적으로 사용됩니다. 덧셈, 뺄셈, 곱셈 등의 산수를 계산할 때도 이런 종류의 연산이 필요합니다. 산수를 구현하려면 먼저 몇 가지를 설명해야 합니다. 추후에 이것들에 대해 알아보도록 하지요. NOT 게이트 장치는 다른 말로 '인버터(inverter)'라고 부릅니다. 입력을 항상 반대로 뒤집어서 출력

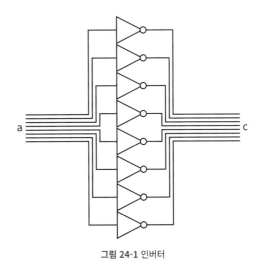

그림 24-1 인버터

하기 때문입니다.

입력 a와 출력 c 모두 전선 8개로 되어 있기 때문에 그림 24-2처럼 버스를
나타내는 겹선을 이용해 간단한 다이어그램으로 나타낼 수 있습니다.

그림 24-2 인버터(단순화)

AND 장치

AND 장치는 바이트 단위로 된 입력 2개를 받아 개별적으로 AND 연산 8개를 수행한 후에 그 결과를 바이트 단위로 묶어 출력합니다. 그림 25-1을 보면 버스 입력인 a의 8개 비트는 각 AND 게이트의 위쪽 입력에 연결되어 있고, 또 다른 버스 입력인 b의 8개 비트는 각 AND 게이트 아래쪽으로 연결되는 것을 알 수 있습니다. AND 게이트에서 나온 모든 출력은 묶여서 버스 출력 c를 구성합니다. 결론적으로 바이트 2개를 AND 연산하여 세 번째 바이트를 만들어 내는 장치입니다.

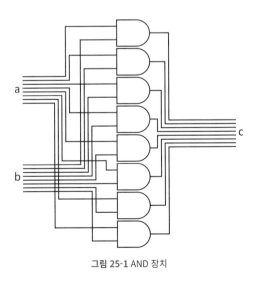

그림 25-1 AND 장치

AND 장치는 여러 군데에서 쓸 수 있습니다. 예를 들어, 어떤 아스키 문자 코드를 대문자로 변환할 때도 AND 장치를 사용합니다. R0 안에 알파벳 소문자 e를 나타내는 코드 0110 0101이 들어있다고 생각해 보세요. 이 글자를 대문자로 만들고 싶다면 상위 3번째 비트만 빼고 모든 비트를 1로 채운 마스크 패턴 1101 1111을 R1레지스터에 집어넣고, R1과 R0을 AND 연산한 뒤에 출력 결과를 R0에 다시 넣어주면 됩니다. 그 결과로 R0에는 0100 0101이 채워지는데, 이것은 아스키코드로 알파벳 대문자 E를 나타냅니다. 아스키코드의 모든 알파벳 대문자와 소문자는 (의도적으로) 세 번째 비트의 부호만 다르게 구성되어 있습니다. 따라서 AND 장치를 이용하면 모든 알파벳 문자를 쉽게 대문자로 변환할 수 있습니다.

그림 25-2는 AND 장치를 버스 연결선으로 간단히 나타낸 다이어그램입니다.

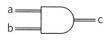

그림 25-2 AND 장치(단순화)

OR 장치

OR 장치는 바이트 단위로 된 입력 2개를 받아 개별적으로 OR 연산 8개를 수행한 후에 그 결과를 바이트 단위로 묶어 출력합니다. 그림 26-1을 보면 버스 입력인 a의 8개 비트는 각 OR 게이트의 위쪽 입력에 연결되어 있고, 또 다른 버스 입력인 b의 8개 비트는 각 OR 게이트 아래쪽으로 연결되는 것을 알 수 있습니다. OR 게이트에서 나온 모든 출력은 묶여서 버스 출력 c를 구성합니다. 결론적으로 바이트 2개를 OR 연산하여 세 번째 바이트를 만들어 내는 장치입니다.

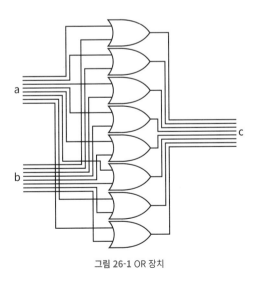

그림 26-1 OR 장치

OR 장치는 어디에서 쓸까요? 많은 목적으로 사용될 수 있지만 일단 하나만 소개하겠습니다. R0 안에 알파벳 대문자 E를 나타내는 코드 0100 0101이 들어 있다고 생각해 보세요. 이 글자를 소문자로 만들고 싶다면 0010 0000이라는 비트 패턴을 R1 레지스터에 넣고 R0과 R1을 OR 연산한 뒤에 출력 결과를 R0에 다시 넣어 주면 됩니다. 그 결과로 R0에는 0110 0101이 채워지는데, 이것은 아스키코드로 알파벳 소문자 e를 나타냅니다. 아스키코드의 알파벳 대문자와 소문자가 세 번째 비트의 부호만 다르게 설계되어 있기 때문에 OR 장치를 이용하면 쉽게 알파벳 대문자를 소문자로 변환할 수 있는 겁니다.

그림 26-2는 OR 장치를 버스 연결선으로 간단히 나타낸 다이어그램입니다.

그림 26-2 OR 장치(단순화)

XOR 장치

XOR 장치는 바이트 단위로 된 입력 2개를 받아 개별적으로 XOR 연산 8개를 수행한 후에 그 결과를 바이트 단위로 묶어 출력합니다. 그림 27-1을 보면 버스 입력인 a의 8개 비트는 각 XOR 게이트의 위쪽 입력에 연결되어 있고, 또 다른 버스 입력인 b의 8개 비트는 각 XOR 게이트 아래쪽으로 연결되는 것을 알 수 있습니다. XOR 게이트에서 나온 모든 출력은 묶여서 버스 출력 c를 구성합니다. 결론적으로 바이트 2개를 XOR 연산하여 세 번째 바이트를 만들어 내는 장치입니다.

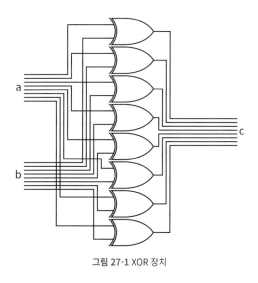

그림 27-1 XOR 장치

XOR 장치는 어디에서 쓸까요? 다시 말하지만 상상력이 풍부한 사람들이 이미 수많은 사용처를 발견했습니다. 여기서는 하나만 소개하겠습니다. R1과 R2에 어떤 코드가 각각 들어 있다고 생각해 보세요. 여러분은 R1과 R2에 들어 있는 코드가 같은지 아닌지 알고 싶습니다. 이때 XOR 장치를 이용할 수 있습니다. R1과 R2를 XOR 장치에 넣고 출력 결과를 R1에 다시 넣어 주는 식으로 말이지요. R1과 R2에 같은 비트 패턴이 들어 있다면 R1에 새롭게 채워지는 패턴은 0000 0000입니다. R1과 R2에 같은 패턴이 들어 있다면 R1에 들어 있는 비트 패턴이 무엇이든 XOR한 결과는 항상 0이 되는 겁니다.

입력과 출력이 모두 전선 8개이므로 이를 버스 연결선으로 간주하여 그림 27-2와 같이 다이어그램을 간단하게 나타낼 수 있습니다.

그림 27-2 XOR 장치(단순화)

가산기

이진수 2개를 더하는 장치인 '가산기(adder)'를 만들기 위해 게이트를 조합하는 구조는 가산기가 하는 일에 비해 놀랍도록 간단합니다. 이진수 체계에서 1바이트로는 0에서 255까지 숫자 256개를 표현할 수 있습니다. 십진수 2개를 더할 때는 보통 숫자의 맨 오른쪽 자리(가장 낮은 자리)부터 시작합니다. 이때 더하는 수와 더해지는 수에는 0~9 사이에 있는 어떤 숫자도 올 수 있으므로 두 숫자의 합은 0에서 0~18 사이의 숫자가 됩니다. 덧셈의 결과가 0~9 이내라면 단순히 두 숫자 아래에 합을 적으면 됩니다. 그런데 덧셈의 결과가 10~18 사이의 두 자리 숫자라면, 두 자리 숫자 중 오른쪽 열의 숫자를 더하는 수와 더해지는 수를 계산한 결과를 표기할 아래쪽에 적고, 1도 마찬가지로 아래쪽에 적되, 한 칸 왼쪽 열로 자리 올림을 해 적습니다.

$$
\begin{array}{r} 2 \\ +4 \\ \hline 6 \end{array} \qquad \begin{array}{r} 5 \\ +7 \\ \hline 12 \end{array}
$$

그림 28-1 십진수 덧셈의 예시

이진수 체계에서 덧셈은 십진수 덧셈보다 훨씬 간단합니다. 덧셈을 이진수로 한다면 가장 오른쪽 열에서 더할 숫자 2개는 모두 0 아니면 1뿐입니다. 따라서 한 자리 이진수를 2개 더해서 나올 수 있는 결과는 0, 1, 10(십진수로 0, 1, 2)밖에 없습니다. 0+0의 결과는 0이고 1+0이나 0+1의 결과는 1이 됩니다. 1+1은 오른쪽 열에 0을 적은 후 왼쪽 열에 자리 올림을 하여 1을 적습니다.

$$\begin{array}{rr} 1 & 1 \\ +0 & +1 \\ \hline 1 & 10 \end{array}$$

그림 28-2 이진수 덧셈의 예시

지금까지 우리가 만들어본 게이트만으로도 가산기는 쉽게 구현할 수 있습니다. 우선 XOR 게이트는 비트 2개를 더할 때 오른쪽 열의 숫자가 무엇이어야 하는지 판단하는 기능이 있습니다. 또한 AND 게이트는 비트 2개를 더한 결과에 자리 올림이 발생하는지 판단하는 기능이 있어서 자리 올림이 발생할 때 손쉽게 1을 왼쪽 열로 보낼 수 있습니다. 예를 들어, 한쪽 비트가 1이고 다른 비트가 0일 때 둘을 더한 결과는 그저 둘을 XOR한 결과인 1입니다. 한쪽 비트가 0이고 다른 비트도 0일 때는 XOR 결과가 0이 됩니다. 그런데 한쪽 비트가 1이고 다른 비트도 1일 때도 XOR 결과는 마찬가지로 0이 됩니다. 두 가지 다른 덧셈 결과가 모두 0인 상황입니다. 이때 자리 올림은 어떻게 판단해야 할까요? 여기서 AND 게이트가 필요합니다. AND 게이트로 두 비트를 AND한 결과가 1이 되는지(입력 비트 2개가 모두 1인지) 검사하면, 덧셈의 자리 올림이 발생했는지 판단할 수 있습니다.

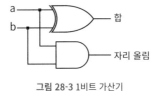

그림 28-3 1비트 가산기

XOR 게이트와 AND 게이트만 있으면 한 자리로 된 이진수 2개를 쉽게 더할 수 있다는 사실을 알았습니다. 이제 한 자릿수가 아니라 좀 더 많은 자릿수의 이진수를 더하고 싶다면 어떻게 해야 할까요? 예전과 똑같이 하면 될까요? 물론 여기서 2개의 비트는 여전히 0 또는 1만 가능하고 AND와 XOR을 이용해 더하면 됩니다. 그러나 이번엔 오른쪽 열에서 현재 열로 건네주는 자리 올림까지

고려해야 합니다. 그러면 숫자 3개를 더해야 하므로 예전보다 상황이 복잡합
니다. 다시 말해, 현재 자리에 있는 비트 2개를 더한 후 그 결과를 오른쪽 열에
서 넘어온 자리 올림과 더해 주어야 합니다.

자리 올림→   0   1   0   1 1

```
  00      01      10      011
 +01     +01     +01     +011
 ───     ───     ───     ────
  01      10      11      110
```

그림 28-4 2비트 덧셈의 예시

자리 올림까지 고려해서 비트 2개를 덧셈할 때 나오는 결과는 0, 1, 10, 11(영,
일, 이, 삼)입니다. 아까보다 좀 복잡하지만 구현하지 못할 정도는 아닙니다.
그림 28-5는 게이트를 조합해서 자리 올림을 지원하는 비트 가산기의 다이어
그램입니다.

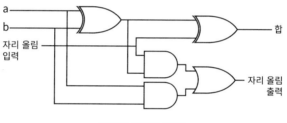

그림 28-5 2비트 가산기

왼쪽 XOR 게이트는 입력 비트 a와 입력 비트 b가 다른지 판단합니다. 두 입력
비트가 다르고 '자리 올림 입력'이 0이거나 a와 b가 같고 오른쪽 열에서 올라온
자리 올림이 있다면('자리 올림 입력'이 1이라면), 오른쪽 XOR 게이트는 현재
열에서 합의 결과를 1로 만들어 줍니다. AND 게이트 2개 중에 하나만 1이 되
어도 올림 출력이 1이 됩니다. 아래쪽 AND 게이트는 a와 b가 모두 1이어야 올
림 출력을 1로 만듭니다. 위쪽 AND 게이트는 올림 입력이 발생한 상태에서 두
입력 중 하나가 1일 때 '올림 출력'이 1이 됩니다. 컴퓨터가 숫자를 더하는 원
리는 이것이 전부입니다. 너무 간단한가요? 가산기가 어떻게 작동하는지 이해
했으니 이제 그림을 좀 더 간단히 나타내 봅시다(그림 28-6).

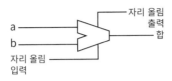

그림 28-6 2비트 가산기(단순화)

가산기가 바이트 수준의 덧셈을 지원할 수 있도록 만들려면 비트 가산기 8개를 서로 붙여주되 아래 열의 비트 가산기에서 나온 자리 올림 출력을 그 다음 열의 비트 가산기의 자리 올림 입력으로 보내도록 연결해야 합니다. 모든 비트 가산기는 자리 올림 입력을 받을 수 있습니다. 심지어 가장 오른쪽 열의 비트 가산기에도 자리 올림 입력을 넣어줄 수 있습니다. 자리 올림 입력과 자리 올림 출력을 이용하면 비트 가산기를 8개보다 더 많이 붙여서 255보다 큰 수도 얼마든지 더할 수 있습니다.

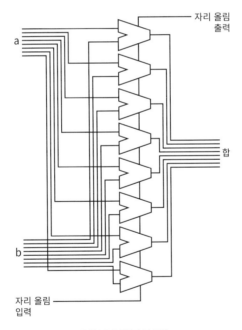

그림 28-7 8비트 가산기

그림 28-7을 버스 입력과 출력의 형태로 간단하게 표현할 수 있습니다.

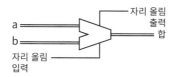

그림 28-8 8비트 가산기(단순화)

그림 28-8은 바이트 가산기를 나타낸 다이어그램입니다. 바이트 가산기는 덧셈의 결과가 255를 초과할 경우 가장 왼쪽 열의 비트 가산기에서 자리 올림 출력이 1이 나옵니다. 이 자리 올림 출력 비트는 컴퓨터가 어떤 연산을 할 때 특정한 조건을 검사하는 데 사용합니다.

이것이 바로 컴퓨터가 덧셈을 수행하는 방법입니다. 비트 1개마다 게이트가 5개만 있으면 컴퓨터도 산수를 할 수 있습니다.

비교기와 제로(zero) 검사기

지금까지 우리가 다룬 장치들은 모두 입력으로 바이트 1개 또는 2개를 취한 후 새로운 1바이트를 출력했습니다. 비트 시프트 장치와 가산기는 기본적으로 1바이트의 데이터를 출력하는데, 출력되는 데이터의 속성이 무엇인지 알려 주는 1비트 크기의 추가적인 데이터도 함께 출력합니다. '비교기(comparator)'는 1바이트 크기가 아닌 오직 2비트 크기로 된 출력을 생성하는 장치입니다.

비교기는 사실 XOR 장치를 이용해서 직접 만들 수 있습니다. 이미 있는 게이트를 이리저리 연결하기만 하면 되기 때문입니다. XOR 장치는 1바이트 크기의 출력을, 비교기는 2비트 크기의 출력을 각각 생성합니다. XOR 장치와 비교기가 하는 일은 그다지 연관성이 있지는 않지만 XOR 장치를 이용해서 비교기를 쉽게 조립할 수 있습니다.

우리가 원하는 비교기의 기능은 세 가지입니다. 첫째, 버스에서 들어오는 1바이트 입력 2개가 정확히 같은지 판단하는 능력입니다. 둘째, 입력 2개가 다른지 판단하는 능력입니다. 셋째, 입력이 다르다면 버스 입력 a로 들어온 데이터가 버스 입력 b로 들어온 데이터보다 이진수로 큰 수인지 판단하는 능력입니다.

비교기로 입력이 서로 같은지 알아내는 일은 매우 쉽습니다. 입력이 서로 같다면 비트별로 XOR 게이트 출력이 0이 됩니다. 따라서 바이트 안에 모든 비트에 대해 모든 XOR 게이트가 0이 되므로 입력이 같음을 확인할 수 있습니다.

이진수 입력 2개를 비교해서 어떤 것이 더 큰지 판단하는 일은 조금 더 어렵습니다. 우선 최상위 비트를 서로 비교해서 1개가 1이고 다른 1개가 0이라면 1인 입력이 크다고 판단합니다. 최상위 비트를 서로 비교한 결과가 같다면 하위 비트로 하나씩 내려가며 두 입력의 비트를 비교해야 합니다. 다른 곳을 발견할 때까지 동일한 비교를 반복 수행하며 계속 하위 비트로 이동합니다. 물론 두 입력이 어떤 비트 열에서 상태가 서로 다르다면 비교를 계속 진행할 필요가 없습니다. 예를 들어, 0010 0000(십진수 32)은 0001 1111(십진수 31)보다 큽니다. 두 바이트에서 최상위 비트의 크기는 서로 동일합니다. 그런데 내려가다 보면 세 번째 비트에서 a 입력은 비트가 1이고 b 입력은 비트가 0입니다. 따라서 a 입력이 더 크다고 판단합니다. 언뜻 보면 b 입력이 커 보일 수 있습니다. 네 번째 비트부터 여덟 번째 비트까지가 모두 1이기 때문입니다. 그러나 네 번째 비트부터 여덟 번째 비트 모두를 합한 크기보다 세 번째 비트 하나만 1이 되었을 때 더 큰 숫자입니다.

우리는 게이트 5개로 된 비트 비교기를 단순히 여덟 번 이어 붙여서 바이트 크기의 비교기를 만들려고 합니다. XOR 장치를 기본으로 비트 비교기를 만들고 있으니 비교기 1개를 만들려면 그림 29-1처럼 알맞은 위치에 나머지 게이트 4개를 더 장착해 주어야 합니다. 가산기에는 자리 올림을 처리할 수 있는 입력과 출력이 있습니다. 잊지 않았죠? 가산기는 이진수를 더할 때 자리 올림이 발생하면 하위 비트열에서 상위 비트열로 자리 올림을 건네줍니다. 비교기에서도 자리 올림 같은 것을 다룹니다. 다른 점이 있다면 비교기는 자리 올림을 판단하는 대신에 각 비트가 같은지, 다른지, 다르다면 어떤 입력이 더 큰지를 식별하는 비트를 출력한다는 사실입니다. 게다가 비트를 넘겨주는 방향이 가산기와는 반대입니다. 비교기는 가장 상위 비트에서부터 가장 하위 비트로 비트 2개를 넘겨줍니다.

그림 29-1은 비교기의 1비트만 나타낸 것입니다. 처음에 XOR 게이트는 왼쪽에서 버스 입력 2개를 받아들입니다. XOR 게이트는 1번으로 표시되어 있습니다. XOR의 출력은 또한 오른쪽 방향으로 버스에 1비트 출력을 내보내고 있습니다.

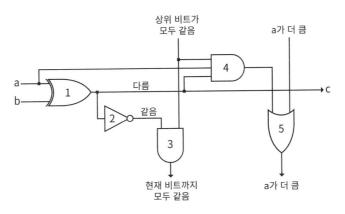

그림 29-1 1비트 비교기

1번 게이트가 1을 출력한다면 a 입력과 b 입력이 다르다는 뜻입니다. 이제 2번 게이트를 추가해 봅시다. 그리고 1번 게이트 출력을 2번 게이트에 입력하면 출력이 0으로 반전되는데 이는 a 입력과 b 입력이 동일하다는 뜻입니다.

8개 비트 모두에서 2번 게이트가 1을 출력한다면 3번 게이트도 당연히 8개 비트 모두를 1로 출력합니다. 이 뜻은 a 입력과 b 입력을 바이트 전체로 비교했을 때 둘이 같다는 뜻입니다.

4번 게이트가 1(참)이 되려면 다음 세 가지 조건을 모두 만족해야 합니다. 첫째, a와 b의 비트가 달라야 합니다. 그림에서 '다름'이라고 표시된 4번 게이트의 최하단 입력으로 연결한 전선을 참조하면 비트가 같은지 다른지 확인할 수 있습니다. 둘째, a 비트가 1이어야 합니다. 셋째, 이 지점 전까지 비교한 두 입력의 상위 모든 비트는 서로 모두 같아야 합니다. 한 가지 조건이라도 참이 아니라면 4번 게이트는 0(거짓)이 됩니다. 4번 게이트가 1이라면 입력 1개만 1이 되어도 출력이 1이 되는 OR 게이트 속성상 5번 게이트는 당연히 1이 됩니다. 그렇게 되면 하위 비트 비교기에 설치된 5번 게이트 출력이 모두 1이 됩니다. 5번 게이트 출력이 1이 되면 a 입력값이 b 입력값보다 크다는 뜻입니다.

b 입력이 더 크다고 판단하는 조건은 5번 게이트와 3번 게이트 모두 0을 출력하는 상황뿐입니다. 5번 게이트가 0을 출력한다면 a와 b가 동일하거나 a가 더 크다는 뜻입니다. 그런데 3번 게이트가 0을 출력했다면 b 입력이 더 크다는 뜻입니다.

이제 그림 29-2처럼 비트 비교기 8개를 만들고 상위 비트부터 순서대로 연결해 봅시다. 그리고 모든 XOR 게이트의 출력 비트를 묶어서 버스 출력 c를 구성합니다. 그림 아래쪽에 2개의 플래그 비트를 출력하는 전선도 확인할 수 있습니다.

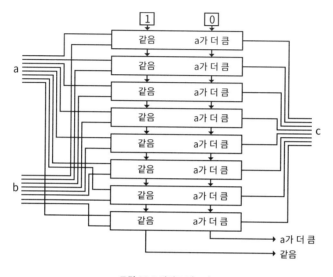

그림 29-2 바이트 비교기

비교기를 좀 더 간단히 나타내 봅시다. 바이트 단위인 버스 형태의 입력을 처리할 수 있는 XOR 장치의 다이어그램 형태를 기본으로 하고, 출력 비트 2개를 추가하면 그림 29-3처럼 표현할 수 있습니다.

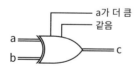

그림 29-3 바이트 비교기(단순화)

여기서 끝이 아닙니다. 컴퓨터를 더 효율적으로 만들려면 또 다른 정보를 주는 비트를 출력할 장치를 하나 추가해야 합니다. 이 장치의 이름은 '제로 검사기'입니다. 이 장치는 바이트를 입력받아 1비트 정보를 출력합니다. 제로 검사기가 1을 출력하면 입력 바이트가 모두 0이라는 뜻입니다. 이 장치의 출력 비트가 바로 바이트 입력의 속성을 말해 줍니다.

그림 29-4 제로 검사기

그림 29-4는 제로 검사기를 나타낸 다이어그램입니다. 입력이 8개인 OR 게이트 1개에 NOT 게이트 1개를 연결해서 간단하게 만들 수 있습니다. OR 게이트에 들어오는 입력 중에 1개라도 1인 비트가 존재하면 1을 출력합니다. 이때 최종적으로 NOT 게이트는 0을 출력합니다. 즉 OR 게이트는 입력 8개 전부가 다 0인 상태여야만 0을 출력하고 NOT 게이트 출력이 1이 됩니다. 제로 검사기 출력이 1이면 바이트 입력이 모두 0이라는 뜻입니다. 오른쪽 그림은 버스 형태로 제로 검사기를 단순하게 표현한 다이어그램입니다.

논리

생각이라는 주제는 오랜 세월 동안 많은 연구와 논쟁의 대상이었습니다. 고대 그리스의 철학자인 아리스토텔레스는 이 분야에 많은 업적을 남겼습니다. 아리스토텔레스는 일생 동안 분명 비논리적인 사람들을 수없이 만났던 것 같습니다. 결국 아리스토텔레스는 사람들이 좀 더 현명하게 생각할 수 있도록 '논리학'이라는 학문 분야까지 창안했습니다.

아리스토텔레스는 '2개의 사실이 있을 때 그것을 전제로 이용해서 세 번째 사실을 도출해 낼 수 있다'는 발상을 했습니다. 학교에서 보는 국어 시험 문제 중에는 종종 사실인 문장 2개를 알려준 다음, 또 다른 문장을 보여주며 그것이 2개의 사실로부터 '논리적으로' 유도된 세 번째 사실인지 아닌지 묻는 문제가 있습니다. 이를테면 다음과 같은 문제입니다.

존은 빌보다 나이가 많다.
프레드는 존보다 나이가 많다.
그렇다면 프레드는 빌보다 나이가 많다.
참인가 거짓인가?

또는

어린이들은 사탕을 좋아한다.

제인은 어린이다.

그러므로 제인은 사탕을 좋아한다.

참인가 거짓인가?

아리스토텔레스는 이렇게 논리적으로 사실 관계를 추리하는 부류의 학문을 '논리학'이라고 불렀습니다.

여기서 우리가 컴퓨터를 만들기 위해 하는 논의에 관련된 유일한 단어는 '논리'입니다. 그 논리란 바로 2개의 사실로 세 번째 사실을 만드는 아리스토텔레스의 논리를 말합니다. AND 게이트는 2개의 비트를 이용해서 세 번째 비트를 만들어 내고, AND 장치는 2개의 바이트를 이용해서 세 번째 바이트를 만들어 냅니다. 많은 컴퓨터 부품이 이렇게 작동합니다. 게이트가 일하는 방식은 논리 그 자체입니다. 그래서 게이트를 표현할 때 AND 논리, OR 논리, XOR 논리라고 부를 수도 있습니다. 어쨌든 이것들을 표현하기 위한 가장 일반적인 용어는 논리입니다.

AND 연산, OR 연산, XOR 연산 모두 2개의 바이트를 받아서 세 번째 바이트를 만듭니다. 따라서 논리의 정의에 꽤 잘 들어맞지요. 물론 비트 시프트 연산과 NOT 연산은 1개의 바이트를 입력받아 두 번째 바이트를 출력하지만 논리라고 말할 수 있습니다. 가산기는 2개의 바이트를 입력받고 세 번째 바이트를 만들어내는 매우 논리적인 일을 수행합니다. 그러나 어떤 이유에선지 논리라는 범주에 포함되지는 않습니다. 대신에 덧셈은 '산술'이라는 그 자신만의 범주를 가지고 있습니다.

지금까지 우리는 바이트를 입력으로 하는 여러 종류의 연산 방법을 살펴보았습니다. 이것들은 모두 '산술 논리'라는 연산에 포함됩니다.

산술 논리 장치

우리는 이미 바이트 데이터 수준에서 산술이나 논리를 계산하는 장치를 7개나 완성했습니다. 이제 이 장치들을 합쳐서 하나의 커다란 장치로 만들어 보겠습니다. 그리고 상황에 맞게 특정한 장치를 선택하여 사용할 수 있는 방법도 설명하겠습니다. 이 커다란 장치를 '산술 논리 장치(Arithmetic and Logic Unit)'라고 부릅니다. 혹은 줄여서 'ALU'라고 부르기도 합니다.

그림 31-1을 보면 알 수 있듯이 7개의 모든 장치가 입력 a에 연결되어 있고, 입력 2개가 필요한 장치들은 입력 b에도 연결되어 있습니다. 각 장치에서 나오는 출력은 E(출력 제어기)로 들어가는데, E의 값이 1이 되어야 출력이 비로소 버스 출력 c에 전달됩니다. E는 디코더로부터 여덟 자리 이진수를 입력받는데 한 번에 하나의 E만 활성화됩니다.

결과적으로 디코더로부터 나오는 출력 7개는 각자 특정한 산술 논리 장치 하나를 활성화하고 그 장치의 연산 결과가 공통 출력 c로 출력됩니다. 디코더의 여덟 번째 출력 전선은 아무런 장치도 선택하지 않는 경우를 나타내도록 끊어져 있습니다. 디코더 입력은 'op'라는 이름표를 달고 있습니다. op는 3개의 비트로 구성하여 특정한 산술 논리 연산을 선택하는 데 쓰이는 코드입니다.

여기에 해결해야 할 문제가 하나 더 있습니다. 가산기에서 발생하는 자리 올림 또는 시프트 장치에서 발생하는 시프트 입력과 시프트 출력을 어떻게 처리해야 하는지가 문제입니다. 여기서 우리는 자리 올림, 시프트 입력, 시프트 출

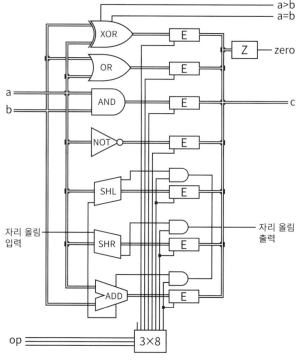

그림 31-1 ALU의 구조

력이 모두 비슷한 방식으로 사용된다는 점을 이용해서 이것들을 모두 자리 올림 비트로 간주하겠습니다. 그러면 가산기나 시프트 장치 모두 자리 올림 비트를 입력받고 자리 올림 비트를 출력하는 셈입니다. 이를 위해 자리 올림 비트 입력 3개를 ALU 입력 1개로 모두 묶어서 연결하되, ALU가 자리 올림 비트를 출력할 때는 한 종류의 자리 올림 비트만 선택하여 출력하도록 구성하였습니다. 그림 31-1을 보면 ADD라고 표시된 가산기가 연산을 수행할 때 버스 입력과 자리 올림 비트 입력을 모두 받아들일 수 있음을 확인할 수 있습니다.

　우리가 만든 것을 요약해 봅시다. ALU는 버스 입력 2개와 입력 비트 4개, 버스 출력 1개와 출력 비트 4개로 구성된 상자로 볼 수 있습니다. 입력 비트 3개는 입력 버스와 출력 버스 사이에서 수행될 종류의 op를 선택하는 데 이용합니다. 다시 강조하지만 장치가 작동하는 원리를 이해한 후에는 모든 부분을 세세하게 그리는 것보다 간단하게 나타내는 것이 편리합니다. 그림 31-2는

ALU를 간단하게 표현한 다이어그램입니다.

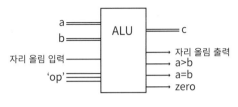

그림 31-2 ALU의 구조(단순화)

op 입력으로 여덟 가지 코드 조합을 선택할 수 있습니다. 아까도 설명했듯이 이 중에 7개는 특정한 산술 장치나 논리 장치를 선택하는 데 이용합니다. 마지막 코드 조합은 어떤 장치도 연결되어 있지 않으므로 바이트를 출력하지 않습니다. 물론 여덟 번째 연산을 선택해도 'a>b'나 'a=b' 비트는 늘 그렇듯 여전히 작동합니다. 그래서 비교 연산만 수행하고 싶다면 여덟 번째 코드 조합을 선택하면 됩니다.

op 코드는 특별한 의미를 가지고 있습니다. op 코드는 숫자를 나타내는 코드나 문자 표현을 위해 쓰는 아스키코드와는 다릅니다. 이 책에서 컴퓨터에 사용할 세 자리 op 코드는 다음과 같은 의미로 정의하였습니다.

000	ADD	덧셈 연산
001	SHR	오른쪽 시프트 연산
010	SHL	왼쪽 시프트 연산
011	NOT	NOT 연산
100	AND	AND 연산
101	OR	OR 연산
110	XOR	XOR 연산
111	CMP	비교 연산

산술 논리 장치는 컴퓨터의 가장 중심부이자 심장입니다. 여기서 모든 작업이 수행되기 때문입니다. 혹시 컴퓨터가 이것보다 훨씬 복잡한 구조로 명령을 처리한다고 생각했나요? ALU의 구조는 여러분이 생각하는 것보다 훨씬 간단합니다. 간단한 구조로도 필요한 모든 일을 할 수 있기 때문입니다.

제어 장치

프로세서를 만들기 위해서는 필요한 장치가 하나 더 있습니다. 물론 매우 간단한 장치입니다. 이 안에는 버스 입력, 버스 출력, 입력 비트가 각각 1개씩만 들어 있습니다. 이 장치는 출력 제어기와 매우 비슷합니다. 그림 32-1을 보면 버스에서 in으로 입력이 들어오면, 그중 비트 7개를 각각 AND 게이트와 연결하고, 나머지 비트 1개는 OR 게이트와 연결합니다. 이 장치의 오른쪽에는 bus1이라는 이름이 붙은 별도의 1비트 입력이 있습니다. bus1 입력은 장치에서 in으로 들어온 입력을 출력으로 내보낼지 결정합니다. bus1 비트가 0이라면 입력 버스에서 들어오는 바이트의 모든 비트는 아무것도 바뀌지 않은 채 그대로 출력 버스로 통과합니다. 하지만 bus1 비트가 1이라면 입력 바이트는 무

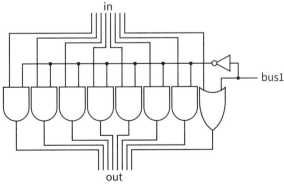

그림 32-1 bus1 장치

시되고, 출력 바이트의 비트 패턴이 원래 무엇이었던 간에 0000 0001로 바뀝니다. 십진수로 변환하면 이 숫자는 1을 의미합니다. 버스에 1이 채워진다고 할 수 있습니다. 그래서 이 장치를 'bus1'이라고 부르겠습니다.

이제 CPU 안에 bus1과 ALU를 같이 집어넣겠습니다. 그림 32-2에 잘 들어맞게끔 그림 20-1에서 전선들의 위치를 살짝 변경했습니다. 버스의 입력은 위쪽에서 들어오고 버스의 출력은 아래쪽으로 나갑니다. 또한 모든 입력과 출력 비트는 오른쪽에 위치해 두었습니다.

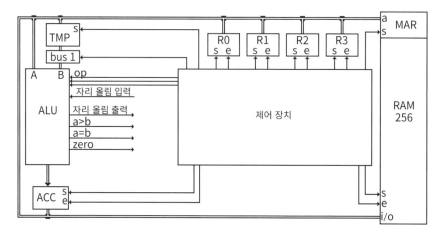

그림 32-2 제어 장치의 구조

ALU의 출력은 ACC(누산기)라는 이름의 레지스터에 연결되어 있습니다. ACC의 출력은 버스에 연결되어 있으므로 ALU 연산 결과가 필요한 어느 곳으로든 데이터를 보낼 수 있습니다.

입력 1개를 받는 ALU 연산을 하려면 원하는 단일 입력 연산에 대응하는 op 비트 세 자리를 지정해야 하고 연산 결과를 ACC에 넣어야 합니다.

입력 2개를 받는 ALU 연산은 2단계로 이루어집니다. 첫째, R0~R3 레지스터 중에 하나를 선택해서 버스에 데이터를 출력하고, 목적지인 TMP(임시 레지스터)가 버스에서 입력을 받아들여 저장합니다. 둘째, R0~R3 레지스터 중에 또 다른 레지스터를 버스에 출력 가능하게 만들어 주면 이 레지스터에 들어 있던 데이터가 A에 입력됩니다. 셋째, A와 B 입력이 준비되면 ALU 연산의 종류를 선택하고 연산 결과를 ACC에 설정합니다.

그림 32-2를 보면 알 수 있듯이, 램 안에 있는 바이트를 ALU와 ACC를 거쳐서 레지스터로 보낼 수도 있고, 반대로 레지스터 안에 있는 바이트를 ALU와 ACC를 거쳐 램으로 보낼 수 있습니다. 적절한 시점에 적절한 출력 제어 비트나 입력 제어 비트를 1로 만들 수 있다면 말이지요. 이것이 컴퓨터 안에서 벌어지는 일입니다. 그렇게 복잡한 건 없습니다.

아직 레지스터, ALU, 램에 들어 있는 제어 비트에 관련된 세부 사항을 이야기하지 않았습니다. 램에는 제어 비트가 3개 있습니다. 첫 번째 제어 비트는 MAR을 설정하는 데 사용합니다. 두 번째 제어 비트는 현재 선택된 바이트 데이터를 입력받기 위해 사용합니다. 세 번째 제어 비트는 현재 선택된 바이트를 출력할지 여부를 제어하기 위해 사용합니다. R0, R1, R2, R3, ACC에는 각각 모두 입력 제어 비트 s와 출력 제어 비트 e가 있습니다. TMP는 레지스터이지만 입력 제어 비트만 가지고 있으므로 항상 출력이 활성화된 상태입니다. ALU는 세 자리 op 비트를 이용해서 원하는 연산을 선택합니다.

우리의 목표는 앞에서 소개한 모든 제어 비트를 적절한 시점에 적절하게 켜고 끄면서 쓸모있는 일을 할 수 있도록 만드는 것입니다. 그렇다면 이제 제어 장치 상자 속을 확대해볼 차례입니다.

클록

적절한 시점에 딱 맞는 제어 비트들을 0 또는 1로 설정할 수 있어야 쓸모 있는
일을 할 수 있습니다. 어떤 비트가 딱 맞는지는 나중에 살펴보기로 하고, 일단
'적절한 시점'이 언제인지 알아보도록 합시다.

그림 33-1 클록 그래프

그림 33-1을 '그래프'라고 부릅니다. 이 그래프는 시간이 흐르며 비트 1개의 상
태가 1과 0 사이에서 어떻게 변하는지 보여줍니다. 시간은 왼쪽에서 시작해
오른쪽으로 흘러갑니다. 그래프는 두 가지 가능한 위치를 선분으로 표시할 수
있습니다. 수직축에서 위쪽에 있는 선분은 비트가 1일 때를 가리키고 아래쪽
선분은 비트가 0일 때를 가리킵니다.

　이 그래프는 비트 X가 규칙적으로 0에서 1로, 그리고 1에서 0으로 변하는
모습을 보여주고 있습니다. 수평축에는 이 변화가 얼마나 빨리 일어나는지 알
수 있도록 시간을 표시하고 있습니다. 페이지에 표시된 그래프 전체가 1초 동
안 벌어진 일이라면, 비트 X는 초당 여덟 번씩 0과 1을 오간 셈입니다. 실제 사
용되는 컴퓨터에서 비트 X가 0과 1을 오가는 속도는 엄청나게 빠르니 그래프
에 시간 경과를 절댓값으로 표시할 필요는 없습니다. 오로지 비트 2~3개가 진

행되는 동안 어떤 모양의 그래프를 그리는지 상대적인 타이밍이 궁금할 뿐입니다.

어떤 동작을 규칙적으로 반복할 때 그런 동작 하나를 일컬어 사이클(cycle)이라고 부릅니다. 앞서 나온 그래프 안에는 사이클이 대략 8개 들어 있습니다. 비트가 겨우 1이 된 순간에서 시작해 0으로 변했다가 다시 겨우 1이 되는 순간까지를 사이클이라고 말할 수 있습니다. 또는 비트가 0인 중간 시점에서 시작해 1로 변했다가 중간 지점의 0으로 돌아오기까지 시간을 사이클이라고 말할 수도 있습니다. 비트가 어떤 동작의 특정한 부분에 있을 때 그것을 사이클의 시작 시각이라고 할 수 있고, 시간이 경과되면서 다시 그 동작에서 정확히 동일한 부분에 이르면 사이클의 종료 시각으로 볼 수 있습니다. 사이클은 시작 시각과 종료 시각 사이의 경과 시간입니다. 한 동작이 경과 시간 후 종료되고 나서 또다시 같은 동작이 같은 경과 시간 동안 반복되는 방법으로 사이클을 2회 이상 가동할 수 있습니다. 사이클은 동그라미를 의미하는 'circle'과 같은 어원을 가지고 있습니다. 컴퍼스와 연필로 동그라미를 그린다고 생각해 보세요. 어떤 한 곳에서 출발한 비트가 원을 그려 같은 곳에 돌아왔을 때가 바로 사이클 1회입니다.

1800년대, 나중에 라디오를 발명하는 데 큰 공을 세운 연구를 수행한 독일 과학자가 있습니다. 바로 하인리히 헤르츠(Heinrich Hertz)입니다. 헤르츠는 다른 연구도 많이 했지만 매우 빨리 꺼지고 켜지는 전기의 성질에 큰 궁금증을 가지고 있었습니다.

헤르츠가 죽은 지 수십 년이 지나서 과학계는 전기가 얼마나 빨리 켜지고 꺼지는지 나타내는 단위를 헤르츠라고 부르기로 결정했습니다. Hertz 또는 줄여서 Hz는 1초에 전기가 얼마나 빨리 on-off 되는지 나타내는 단위입니다. 전기가 999Hz보다 빠른 속도로 on-off를 반복하는 것을 나타내려면 예로부터 써 오던 표기를 덧붙여야 합니다. 예를 들어, 전기가 초당 1,000번 on-off되면 킬로헤르츠(kiloHertz)로 나타내고 kHz 단위를 사용합니다. 전기가 초당 100만 번 on-off를 반복하면 메가헤르츠(megaHertz)로 나타내고 MHz 단위를 사용합니다. 전기가 초당 10억번 켜짐과 꺼짐을 반복하면 기가헤르츠(gigaHertz)로 나타내고 GHz 단위를 사용합니다.

모든 컴퓨터에는 특별한 비트가 하나 있습니다. 컴퓨터 안에 있는 다른 모든 비트들은 또 다른 비트나 스위치를 통해 1 또는 0을 만들 수 있지만, 이 특별한 비트는 스스로 0과 1을 오갑니다. 하지만 여기엔 신비로운 것이 하나도 없습니다. 그저 매우 규칙적이고 빠르게 0과 1을 오가며 반복할 뿐입니다. 그림 33-2처럼 매우 간단한 배선으로 특별한 비트를 생성할 수 있습니다.

그림 33-2 간단한 클록

다이어그램에서 볼 때 이 장치는 출력을 다시 입력으로 되먹입니다. 이 장치는 쓸데없는 일을 하는 걸까요? 이 장치가 NOT 게이트의 출력을 NOT 게이트의 입력으로 보내면 무슨 일이 생기는지 하나씩 짚어가며 살펴봅시다. NOT 게이트의 출력이 1이었다면, 전류가 입력으로 되돌아 흘러서 다음번 출력은 0으로 바뀝니다. 그리고 다시 NOT 게이트 입력으로 되돌아가면 출력이 다시 1이 됩니다. 정리해보면 이 게이트는 가능한 한 빠른 속도로 0과 1 상태를 오가며 반복하는 장치입니다. 사실 이 게이트가 만드는 출력 비트를 그대로 이용해서 컴퓨터에 보내기엔 너무 빠릅니다. 그래서 전선을 좀 길게 만들어서 출력이 입력으로 다시 되돌아가는 피드백 루프(feedback loop) 시간을 충분히 지연시켜야 합니다.

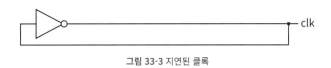

그림 33-3 지연된 클록

앞에서 설명한 장치를 간단히 나타내 보겠습니다. 이 장치가 바로 컴퓨터 안에서 하나의 특별한 비트, 즉 아무런 입력 없이 출력 비트를 생성하는 '클록(clock)'입니다.

그림 33-4 클록(단순화)

클록이 출력하는 비트를 '클록 비트'라고 부릅니다. 다이어그램에서는 'clk'로 표시했습니다. 우리는 클록을 문자반 위에서 바늘이 째깍거리거나 컴퓨터 화면 구석에서 숫자를 보여 주는 물건(즉 시계)으로 생각합니다. 누군가 이런 피드백 루프 게이트가 출력하는 반복되는 비트의 파동을 클록이라고 불렀는데, 컴퓨터 연구자들이 그다지 적절해 보이지 않는 이 이름을 계속 사용하면서 굳어져 버렸습니다. 클록은 드럼 비트, 전기적 박동 장치, 심장, 리듬 장치라고 불러도 이상할 게 없습니다. 이 책의 나머지 부분에서 의미하는 '클록'은 이러한 용어들과 같습니다. 컴퓨터에서 사용하는 클록은 째깍째깍 흐르는 무언가를 갖고 있지만 숫자판은 달려 있지 않습니다. 여기서 의미하는 클록은 시각을 알려 주는 일반적인 탁상시계를 가리키지 않습니다. 여기에서 사용하는 클록은 0과 1을 주기적으로 반복하는, 특별한 비트를 만들어 내는 장치일 뿐입니다.

클록이 얼마나 빠르게 0과 1 상태를 오갈까요? 요즘 나오는 컴퓨터는 초당 10억 회의 클록 속도, 다른 말로 GHz급의 클록 속도를 갖고 있습니다. 컴퓨터 제조 회사들은 판매하는 컴퓨터의 성능을 보여 주고 싶을 때 클록 속도를 제시합니다. 컴퓨터 회사들이 광고하는 컴퓨터의 속도는 바로 클록 속도입니다. 컴퓨터 속도가 빠르면 빠를수록 가격도 더 비싸집니다. 시간은 돈이라고 하지요? 빠른 컴퓨터는 느린 컴퓨터에 비해 초당 훨씬 더 많은 일을 할 수 있어서 비싼 겁니다. 이런 비트 1개가 0과 1을 반복하는 속도에 의해서 컴퓨터 전체의 동작 속도가 결정됩니다.

버스를 통해 데이터를 이동하려면 우선 출발지 레지스터를 단 1개만 선택하여 출력을 허가해야 합니다. 이래야만 출발지 레지스터 안의 데이터를 나타내는 전기가 버스를 통해 목적지 레지스터의 입력 단자까지 흘러갈 수 있습니다. 그다음에 데이터가 아직 버스에 있는 동안 데이터를 저장할 목적지 레지스터의 입력 제어 비트를 1로 설정했다가 다시 0으로 바꾸면, 목적지 레지스터가 버스에 있던 데이터를 포착한 후 값을 바꾸지 않고 포획한 데이터를 유지합니다. 출발지 레지스터의 출력 제어 비트를 0으로 만들어 출력을 차단하기 전에 먼저 목적지 레지스터의 입력 제어 비트를 0으로 만들어 입력을 차단해야 합니다. 이 순서를 지키지 않고 먼저 출발지 레지스터의 출력을 차단하면, 버스 주변에 미미하게 흐르는 전류와 잡음 때문에 목적지 레지스터에 엉뚱한 데이터가 복사될 수 있습니다.

클록 출력부에 기다란 전선을 붙이면 전기 신호의 흐름을 꽤 지연할 수 있습니다. 그림 33-5는 원래 사이클에 비해 25%(4분의 1) 정도 지연되도록 길이를 연장한 모습입니다.

그림 33-5 원본 클록과 지연된 클록

원본 클록의 출력 'clk'와 지연된 클록의 출력 'clk d'를 그래프로 나타내면 그림 33-6과 같은 파형을 볼 수 있습니다.

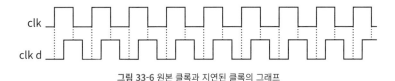

그림 33-6 원본 클록과 지연된 클록의 그래프

지금 우리는 무척 간단한 조합 회로를 만들어서 어떤 일을 하려고 합니다. 원본 클록의 출력과 지연된 클록의 출력을 AND 게이트와 OR 게이트의 입력으로 각각 연결해서 새로운 클록을 만들 겁니다(그림 33-7).

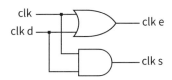

그림 33-7 새로 생성한 클록(입력 클록, 출력 클록)

새롭게 생성되는 클록 비트(clk e)는 OR 게이트를 통과하기 때문에 clk나 clk d 중 하나만 1이라도 1이 출력됩니다. 또 다른 새로운 클록 비트(clk s)는 AND 게이트를 통과하기 때문에 clk와 clk d가 모두 1이어야 1이 출력됩니다. 그림 33-8에서 입력된 클록과 AND와 OR 게이트를 각각 통과했을 때의 새로운 클록 비트 2개의 출력 그래프를 볼 수 있습니다. 이 그래프에서 새로운 클록 비트들은 여전히 규칙적으로 0과 1을 반복 출력합니다. 그런데 clk e가 출력하는 비트는 사이클 1회마다 1을 유지하는 시간이 0을 유지하는 시간보다 길고, clk s가 출력하는 비트는 사이클 1회마다 0을 유지하는 시간이 1을 유지하는 시간보다 길다는 특징이 있습니다. 그림 33-8을 보면 clk s는 clk e가 1을 유지하는 정확히 중간 지점 동안만(3분의 1 지점에서 3분의 2 지점까지) 1을 유지합니다.

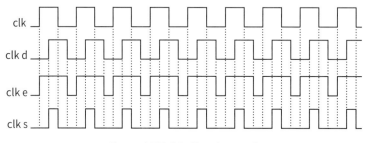

그림 33-8 각 클록의 출력을 보여 주는 그래프

새롭게 생성된 클록에서 clk e는 출력을 제어하는 데 사용하는 클록이고, clk s는 입력을 제어하는 데 사용하는 클록입니다. clk e와 clk s를 이용해서 이제 무엇을 할 수 있을까요? clk e와 clk s는 출발지 레지스터에 있는 바이트 데이터를 버스를 통해 목적지 레지스터로 이동할 때 출발지 레지스터가 출력을 허가하는 시점과 목적지 레지스터가 입력을 허가하는 시점이 충돌하지 않는 완벽한 타이밍을 제공합니다.

clk e를 출발지 레지스터에 있는 출력 제어 비트 단자에 연결하고, clk s를 목적지 레지스터의 입력 제어 비트 단자에 연결해 봅시다.

그림 33-9는 clk e와 clk s 비트에서 0과 1을 오가는 완전한 사이클 1회를 나타냅니다.

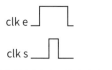

그림 33-9 입력 클록과 출력 클록의 사이클 비교

그림 33-9에서 각 클록의 타이밍을 잘 살펴보면 레지스터 간의 데이터 전송을

위해 두 가지 조건을 만족해야만 함을 알 수 있습니다. 첫째, 목적지 레지스터가 입력 가능한 상태가 되기 전에 출발지 레지스터를 출력 가능한 상태로 바꿔 주어 데이터가 버스에 흐르고 있어야 합니다. 다시 말해, 레지스터 출력 제어 비트가 목적지 레지스터의 입력 제어 비트보다 먼저 1이 되어야 합니다. 둘째, 출발지에서 버스로 흐르는 데이터를 목적지 레지스터에 입력하기 전에 출발지 레지스터의 출력이 먼저 0이 되면 안 됩니다. 즉 출발지 레지스터의 출력 제어 비트가 목적지 레지스터의 입력 제어 비트보다 늦게 0이 되어야 합니다.

물론 아무 레지스터에나 이 클록 비트들(clk e와 clk s)을 직접 연결할 수는 없습니다. 클록 비트와 레지스터 사이에 특정한 게이트들을 삽입해서 데이터 신호의 충돌을 막을 필요가 있습니다. 그 방법은 한 번에 '단 하나의' 레지스터를 출력 가능한 상태로 만들어 주어 데이터를 입력받기 원하는 레지스터(들)에만 건네주는 것입니다. 입력과 출력이 문제없이 작동하려면 정확한 타이밍에 입력 가능한 상태와 출력 가능한 상태로 만들어 주어야 합니다. 이를 위해 궁극적으로 clk e와 clk s 같은 클록 비트가 필요합니다.

우리가 만들 컴퓨터의 내부에서 다른 부품들에 연결하기 위해 필요한 신호는 clk, clk e, clk s이므로 이제부터 클록은 그림 33-10의 다이어그램을 이용해 나타내겠습니다.

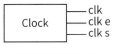

그림 33-10 완성된 클록

쓸모 있는 일하기

이제는 정말로 쓸모 있는 일을 해볼 차례입니다. 예를 들어, 두 숫자를 더하는 일을 해봅시다. R0에 어떤 숫자가 들어 있고 R1에도 어떤 숫자가 들어있다고 가정하겠습니다. R0에 들어 있는 숫자에 R1에 들어 있는 숫자를 더해서 덧셈 결과를 R0에 저장하려고 합니다. 지금까지 만든 프로세서는 덧셈을 할 때 필요한 부속품과 배선을 완비하고 있습니다. 하지만 덧셈 연산을 수행할 때는 클록 사이클이 2회 이상 필요합니다.

1번 클록 사이클 동안에는 R1의 출력을 허가(출력 제어 비트를 on으로 변경)한 후, TMP의 입력을 허가(입력 제어 비트를 역시 on으로 변경)합니다. 그러면 R1의 데이터가 버스를 거쳐 TMP 안으로 들어갑니다.

2번 클록 사이클 동안에는 R0의 출력을 허가한 후 ALU 연산의 종류를 ADD로 설정하고 덧셈 연산을 수행합니다. 그 후 ACC의 입력을 허가하면 덧셈 결과가 ACC에 입력됩니다.

3번 클록 사이클 동안에는 ACC의 출력 제어 비트를 on으로 변경하여 덧셈 결과를 다시 R0으로 보냅니다. 이로써 R0의 예전 값은 R0에 R1을 더한 값으로 치환됩니다. 이런 연산이 어쩌면 그다지 쓸모 없어 보일 수도 있습니다. 그러나 클록 사이클 3회에 걸친 덧셈 연산은 컴퓨터가 일을 어떤 식으로 작은 단계로 나누어 완수하는지 보여 주는 좋은 예입니다. 컴퓨터는 이렇게 단순하고 작은 단계를 여러 번 거쳐서 복잡한 일을 처리할 수 있습니다.

프로세서가 무언가 유용한 일을 하려면 여러 단계를 거쳐야 합니다. 게다가 그 많은 단계는 순차적으로 진행되어야만 합니다. 순차적으로 작업을 처리하려면 제어 장치 안에 부속품 몇 가지를 더 추가해야 합니다.

스테퍼

이번 장에서는 '스테퍼(stepper)'라는 장치에 대해 알아보겠습니다. 컴퓨터는 명령을 처리할 때 일련의 작은 작업으로 나누어 처리합니다. 각 작업은 엉키지 않고 단계적으로 올바른 순서로 진행해야 하는데 이때 작업 단계를 지시하는 장치가 바로 스테퍼입니다. 일단 완성된 스테퍼를 살펴보고 스테퍼가 정확히 어떤 일을 하는지 설명하겠습니다. 그런 다음, 스테퍼를 어떻게 만들 수 있는지 알아보겠습니다. 스테퍼를 만드는 세부적인 방법에 그다지 관심이 없는 사람도 분명 있겠지요. 이번 장을 보지 않아도 게이트만으로 스테퍼를 만들 수 있습니다. 그래도 컴퓨터를 이해하는 데 문제가 없습니다.

그림 35-1은 완성된 스테퍼의 다이어그램입니다.

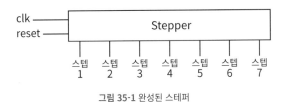

그림 35-1 완성된 스테퍼

스테퍼는 입력 2개를 받습니다. 입력 하나는 앞 장에서 0과 1을 주기적으로 반복하는 비트, 즉 클록을 받아들이는 clk 단자입니다. 또 다른 입력은 'reset'입니다. reset 비트가 1이 되면 스테퍼가 1단계 상태로 돌아갑니다. 출력 단자는 총 7개의 비트로 구성되어 있습니다. 완전한 클록 사이클이 한 번 끝날 때마다 7개의 비트 중 하나만 1이 되고 다른 모든 비트는 0이 됩니다. 스텝 1 출력 단자는 1번 클록 사이클이 진행될 동안만 켜집니다. 그러고 나서 2번 클록 사이클에서는 스텝 2 출력만 켜집니다. 그다음은 스텝 3, 그다음은 스텝 4만 켜집니다. 이렇게 순서대로 출력 하나만 활성화됩니다. 우리는 원하는 대로 스테퍼의 단계를 늘려서 클록 사이클 한 번에 복잡한 작업을 처리할 수 있습니다. 그러나 이 책에서 목표로 한 컴퓨터의 수준에서는 스테퍼가 7단계를 지원할 수만 있으면 충분합니다. 스텝 7이 on이 되면 단계가 8로 올라가지 않을 뿐 아니라 아무런 일도 하지 않습니다. reset 비트가 잠깐 1이 되었다 0이 되는 순간, 스테퍼는 초기화되어 스텝 1로 돌아갑니다. 그리고 스텝 1부터 스텝 7까지 순차적으로 계속 반복합니다.

그림 35-2는 clk 입력 비트와 7단계로 된 스테퍼가 출력 비트 파형을 어떻게 그리는지 나타낸 그래프입니다.

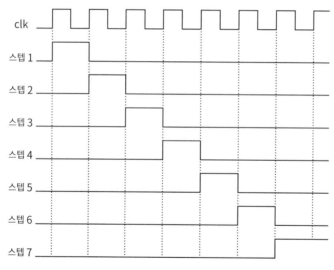

그림 35-2 스테퍼의 타이밍 그래프

스테퍼를 만드는 법은 다음과 같습니다. 레지스터를 만들 때 구성 요소였던 똑같은 1비트 메모리를 몇 개 이용하는 겁니다. 물론 1비트 메모리를 배열하는 방법은 레지스터를 만들 때와는 매우 다릅니다. 여기서 1비트 메모리들은 데이터를 저장하는 데 쓰이는 게 아니라 여러 단계를 생성하기 위해 쓰입니다.

스테퍼는 1비트 메모리 몇 개를 왼쪽 비트의 출력이 오른쪽 비트의 입력으로 들어가도록 일렬로 연결해서 완성할 수 있습니다.

그림 35-3은 스테퍼의 전체적인 모습을 보여줍니다.

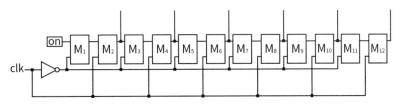

그림 35-3 스테퍼의 기본적인 구조

먼저 M으로 표시한 비트 메모리들은 그림 9-2의 비트 메모리와 동일한 것입니다. 그림에서 메모리 비트 12개는 일렬로 서로 연결되어 있는데, 왼쪽 메모리의 출력이 오른쪽 옆에 있는 메모리의 입력으로 사용됩니다. 가장 왼쪽에 있는 비트 메모리로 들어가는 입력은 항상 1입니다. 따라서 가장 처음에 연결된 비트 메모리 M_1의 입력 제어 비트가 on이 되면 M_1에는 1이 입력되고 M_1의 출력이 M_2로 입력됩니다.

M에 붙어 있는 입력 제어 비트를 잘 살펴보면 짝수 번 M의 입력 제어 비트는 clk와 연결되어 있지만 홀수 번 M의 입력 제어 비트는 clk가 NOT 게이트를 통과한 후 반전되는 것을 확인할 수 있습니다. 이렇게 clk가 NOT 게이트를 통과한 후 만들어지는 새로운 비트를 'not clk'라고 부르겠습니다. 그림 35-4는 원본 클록과 반전된 클록의 파형을 함께 보여줍니다.

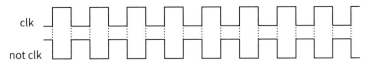

그림 35-4 clk 클록과 not clk 클록의 파형 그래프

게이트를 이런 식으로 연결하면 어떤 일이 일어날까요? 모든 M이 0인 상태로 시작한다고 가정합시다. 그리고 clk 클록을 작동해 보세요. 그러면 어떤 일이 일어날까요?

우선 clk 신호가 처음 1이 될 때는 아무런 일도 일어나지 않습니다. 가장 왼쪽에 있는 M_1의 입력 제어 비트는 clk와는 반대로 not clk에 연결되어 있으므로 클록 비트 출력이 0이 되기 때문입니다. clk 비트가 0이 되면 not clk 비트는 1이 되는데 이때 M_1에는 1이 저장됩니다. 하지만 M_2는 입력 제어 비트가 0인 상태인 clk와 연결되어 있기 때문에 비트가 0인 채로 있습니다. 다시 clk 비트가 1이 되는 순간 M_2에 1이 입력됩니다.

클록이 째깍거리면서 처음에 M_1로 들어가는 '1' 입력은 클록 비트가 0일 때 M_1에 입력되고, 이어서 클록 비트가 1이 될 때 M_2에 저장됩니다. 클록 사이클 1회에 비트 메모리가 2개씩 1이 되는 구조입니다.

이제 그림 35-5를 보면서 스테퍼의 완전한 모습을 설명하겠습니다. 스텝 1은 M_2 출력에 연결된 NOT 게이트의 출력이 1일 때 활성화됩니다. 스테퍼는 맨 처음에 모든 M이 0인 상태로 시작하는데 이 상태에서 스텝 1은 활성화된 상태입니다. 스텝 1은 M_2가 1이 되기 전까지 유지되다가 M_2가 1이 되는 순간부터 스텝 1이 끝나고 스텝 2가 시작됩니다. 스텝 2~스텝 6도 마찬가지입니다. 각 스텝은 AND 게이트의 한쪽 입력인 왼쪽 M에 0이 들어 있는 동안에만 활성화됩니다. 그림 35-5를 보면 어떤 M이 내보내는 출력을 AND 게이트의 첫 번째 입력으로 연결하고 그 M에서 두 칸 오른쪽으로 떨어져 있는 다른 M이 내보내는 출력을 NOT 게이트에 넣어 부정한 출력을 AND 게이트의 두 번째 입력으로 연결한다면 어떻게 될까요? 이렇게 장치를 구성하면 AND 게이트는 사이클 1회가 온전히 진행되는 내내 1을 출력합니다. 정리하자면 각 스텝이 활성화되는 시간은 AND 게이트의 왼쪽 입력이 1이고, 오른쪽 입력은 아직 1이 되지 않은 상태일 때까지입니다. 결과적으로 그림 35-5와 같이 스테퍼를 구성하면 각 스텝마다 한 클록 사이클 동안 1이 되었다가 그다음 사이클에서는 0이 되게 할 수 있습니다.

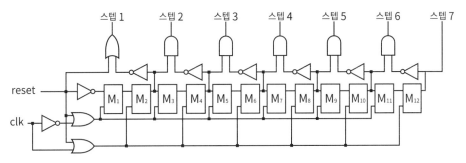

그림 35-5 거의 완성된 스테퍼(리셋 기능 없음)

스테퍼는 아직 완성된 게 아닙니다. 스텝 1부터 스텝 7까지 진행하는 동안에 M이 1을 저장한 이후 계속 그 상태를 유지하는 문제를 고쳐야 합니다.[1] 이를 위해 M_1에 들어가는 입력을 0으로 만들고, 모든 M을 동시에 입력 가능하게 만들어 주어야 합니다. 이렇게 만들 수 있다면 M_1에 0을 저장하면서 눈 깜짝할 사이에 다른 M에도 모두 0을 저장합니다. 그림에서 보이는 reset 입력이 그런 기능을 합니다.

우리가 reset 비트를 1로 설정하면 M_1이 0이 됩니다. 이어서 모든 M의 입력 제어 비트가 동시에 1이 되면서 나머지 M도 곧바로 0이 채워집니다. 또한 reset 비트가 1일 때 reset 비트가 스텝 1을 결정하는 최종 OR 게이트의 입력으로 들어가서 곧바로 스텝 1이 활성화됩니다. 이제 모든 M이 0으로 채워졌습니다. 이제 새롭게 스텝 1~스텝 7을 다시 시작할 수 있게 되었습니다. 참고로 스테퍼를 리셋하는 작업은 클록 사이클 1회에서 극히 일부분에 해당하는 시간밖에 소요하지 않습니다.

스테퍼가 동작하는 원리는 이게 전부입니다. 스테퍼는 clk와 reset을 입력으로 취합니다. 그리고 클록 사이클 1회당 하나씩 1이 되는 비트 여러 개(여기서는 7개)를 출력하여 스텝을 결정합니다. 스테퍼는 필요한 만큼 얼마든지 길게 만들 수 있습니다. 그러나 우리가 만드는 컴퓨터는 7스텝짜리 스테퍼 하나면 족합니다. 그림 35-6은 스테퍼를 좀 더 간략하게 나타낸 다이어그램입니다.

---

1   모든 M이 1을 저장하고 있으면 클록 비트를 계속 입력하더라도 스테퍼는 더 이상 스텝을 구분할 수 없습니다. 그래서 스테퍼가 1단계부터 카운트를 다시 시작할 수 있도록 리셋할 수 있는 방법이 필요합니다.

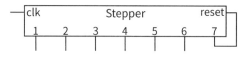

그림 35-6 완성된 스테퍼의 구조(단순화)

그림 35-6을 그림 35-1과 비교해보면 reset 비트를 오른쪽으로 옮겼습니다. 그리고 스테퍼가 마지막 단계 이후에 자동으로 리셋되도록 reset 비트를 스텝 7에 연결했습니다. 스텝 7은 오랫동안 켜져 있지 않습니다. 스텝 7은 마지막 M에 0이 채워지는 순간 빠르게 작동을 멈춥니다. 7단계가 유지되는 시간은 매우 짧아서 버스를 통해 데이터를 전송하는 데 사용할 수 없습니다. 그래서 중요한 모든 작업은 1단계에서 6단계 사이에 수행합니다.

자동으로 제어하기

클록은 드럼으로 박자를 맞춰 멋진 음악을 만드는 것처럼 작업이 제대로 수행되게 만들어 줍니다. 클록 안에는 기본적인 출력 1개와 더불어 한 레지스터에서 다른 레지스터로 데이터를 쉽게 이동할 수 있도록 별도의 출력이 2개 더 있습니다. 스테퍼는 클록마다 연결되어 있는 여러 비트 메모리를 하나씩 번갈아가며 순서대로 켜지게 해줍니다.

그림 20-1의 CPU 다이어그램 기억나시나요? 다이어그램 안에는 버스, ALU, 레지스터 6개 그리고 그 전에 만들었던 컴퓨터의 절반('램')이 모두 꽤 깔끔하게 연결되어 있었습니다. 게다가 버스는 모든 곳에 완벽히 연결되어 있었습니다. 하지만 모든 레지스터와 램, bus1과 ALU는 제어 장치라는 미지의 상자에서 나온 전선에 연결되어 통제받는다는 것을 알 수 있습니다. 그런데 우리는 아직 제어 장치가 어떤 일을 하는지, 어떻게 일을 하는지 아무것도 모릅니다. 그렇다면 이제 상자 안을 들여다볼 차례입니다.

그림 36-1은 컴퓨터 제어 장치 설계를 막 시작한 미완성된 다이어그램입니다. 그림 위쪽에 클록 생성기와 스테퍼가 배치되어 있습니다. 그림 아래쪽에는 레지스터와 램에서 사용하는 제어 비트를 모두 한곳에 모아서 표시해 두었습니다. 출력 제어 비트는 전부 왼쪽 아래에, 입력 제어 비트는 전부 오른쪽 아래에 있습니다. 출력 제어 비트와 입력 제어 비트는 모두 자신만의 AND 게이트에서 출력하는 신호를 받아들입니다.

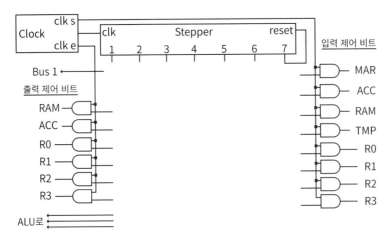

그림 36-1 제어 장치의 구조(미완성)

각 AND 게이트의 첫 번째 입력은 클록입니다. 왼쪽에 있는 출력 제어 비트 그룹에는 clk e가 입력되고 오른쪽에 있는 입력 제어 비트 그룹에는 clk s가 입력됩니다. 여기서 AND 게이트의 두 번째 입력은 출력을 내보낼 레지스터를 선택하는 데 사용합니다. AND 게이트 특성상 왼쪽 그룹에 있는 어떤 부품도 clk e가 1이 되는 시간 말고는 출력 제어 비트를 1로 만들지 못합니다. 오른쪽 그룹도 마찬가지로 그룹 내의 어떤 부품도 'clk s'가 1이 되는 시간 말고는 입력 제어 비트를 1로 만들지 못합니다.

제어 장치는 일종의 전화 교환수처럼 움직입니다. 컴퓨터가 무엇을 하도록 만드는 데 필요한 모든 스위치가 제어 장치에 전부 모여 있습니다. 컴퓨터라는 기계가 어떤 일을 자동으로 수행하려면 스테퍼의 각 단계마다 맞는 제어 비트 몇 개를 현명하게 연결할 방법이 필요합니다. 그래야만 정말로 유용한 일을 할 수 있습니다.

단일 명령어 프로세서

이제 제어 장치의 뼈대에다 와이어 몇 개를 추가하면 간단한 덧셈을 할 수 있습니다. 전에 ALU에서 한 것처럼 R0에 R1을 더하는 방법으로 말이지요.

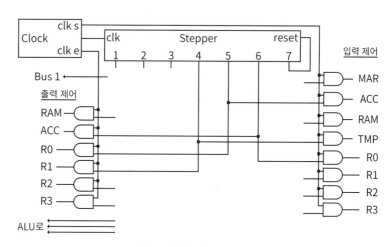

그림 37-1 덧셈을 지원하는 제어 장치

제어 장치 중간에 전선을 몇 개 연결하기만 하면 R0에 R1을 더하는 것처럼 유용한 일을 할 수 있습니다. 그림 37-1을 보면 스테퍼의 스텝 4, 스텝 5, 스텝 6은 특정한 입력 제어 비트 또는 출력 제어 비트와 연결되어 있습니다. 각 단계는 특정한 부품에서 특정한 작업을 수행하도록 전선이 연결되어 있습니다.

각 스텝은 왼쪽 그룹에 있는 '출력 제어' 비트 1개와 오른쪽 그룹에 있는 '입력 제어' 비트들과 연결되어 있어서 한 장치의 출력을 버스에 내보내고 다른 장치가 입력받을 수 있습니다. 스텝 4에서는 R1이 출력 제어 비트와 연결되어 있고 TMP가 입력 제어 비트에 연결되어 있습니다. 스텝 5에서는 R0이 출력 제어 비트와 연결되어 있고 ACC가 입력 제어 비트와 연결되어 있습니다. ALU의 현재 명령어를 지시하는 op 코드에는 아무 연결도 필요 없습니다. 지금 하려는 연산이 덧셈이므로 ADD 명령어를 사용해야 하는데, ADD 명령어에 대응하는 op 코드는 이진수로 000이기 때문입니다. 스텝 6에서는 ACC가 출력 제어 비트와 연결되어 있고 R0이 입력 제어 비트에 연결되어 있습니다.

스텝 4에서는 R1의 출력을 허가하고 TMP의 입력을 허가하여 R1의 내용을 받아들입니다. R1 안에 들어 있는 데이터는 CPU 다이어그램에서 버스를 통해 출력되어 흐르다가 TMP로 포획되지요.

스텝 5에서는 R0의 출력을 허가하고 ACC의 입력을 허가하여 R0의 내용을 받아들입니다. ADD 말고 다른 연산을 하고 싶다면 원하는 ALU 연산에 대응하는 op 코드와 부품들을 전선으로 연결해야 합니다.

스텝 6에서는 ACC의 출력을 허가하고 R0의 입력을 허가하여 ACC의 내용을 받아들입니다.

그림 37-2는 단계별로 각 레지스터가 언제 출력과 입력을 허가하는지 타이밍을 보여 주는 그래프입니다.

R0 안에는 이제 R0과 R1에 들어 있는 이진수를 합한 결과가 들어 있습니다.

이것이 컴퓨터가 쓸모 있는 일을 하는 방식입니다. 기계 안에 있는 비트와 바이트 여러 개를 이리저리 정교하게 제어하며 옮기면서 모든 작업을 할 수 있습니다.

스텝 7에 이르면 스테퍼는 스텝 1로 다시 초기화되는데 이때 ADD 명령이 반복됩니다. 우리의 프로세서는 아직 여러 명령어를 순차적으로 처리할 수 있는 능력이 없습니다. 그래서 덧셈만 계속합니다. R0과 R1에 모두 1을 입력하고 제어 장치를 구동하면 ADD 명령에 의해 덧셈이 수행되고 R0 안에는 덧셈 결과가 2, 3, 4처럼 누적되다가 금세 255가 됩니다. 하지만 이렇게 CPU가 고정

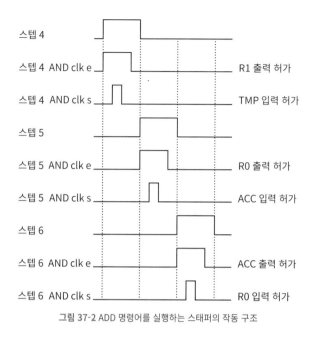

그림 37-2 ADD 명령어를 실행하는 스태퍼의 작동 구조

된 덧셈 명령어 1개만 처리할 수 있을 뿐이라면, 그다지 쓸모 있다고 볼 수 없 겠죠.

덧셈 연산을 수행할 때 클록 사이클이 여러 번 필요하다 해도 이 컴퓨터의 클록 속도가 1GHz(초당 10억 번의 클록 속도)라면 덧셈을 초당 수억 번이나 할 수 있습니다. 그렇다고 R0에 R1을 반복적으로 더하는 작업만 하고 싶지는 않을 겁니다.

R0에 R1을 더한 후 램의 특정한 주소에 덧셈 결과를 저장하고 싶다면 어떻 게 해야 할까요? 사용자가 결과를 저장할 램의 주소를 R2 같은 레지스터에 지 정하고, CPU가 R2를 참조하여 램에 결과를 저장하도록 설계하면 됩니다. 우 리가 설계한 프로세서는 이런 일을 수행하는 데 필요한 모든 부품과 배선을 이 미 구비하고 있습니다. 물론 이런 일을 수행하는 데 클록 사이클이 1회 이상 소요될 수도 있습니다. 그림 37-3에서 스텝 4가 처리되는 과정을 보면 R2에 들 어 있는 램의 주솟값을 버스를 통해 MAR로 복사합니다. 이 결과로 MAR은 자 동으로 램의 특정한 주소를 선택하게 됩니다. 스텝 5에서는 R0에 저장된 덧셈 결과를 역시 버스를 통해 램의 선택된 주소에 저장합니다.

이것이 램의 특정한 주소에 레지스터의 데이터를 저장하는 모든 절차입니다. 클록 사이클 2회만으로 완료할 수 있지요.

이 작업을 위한 배선은 다른 작업들에 비해 간단합니다. 출력 제어 단자 2개와 입력 제어 단자 2개를 연결하면 간단히 완료할 수 있습니다.

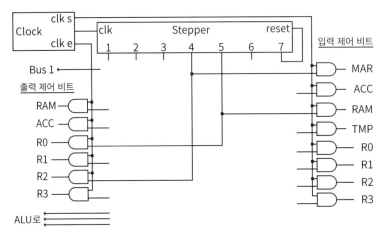

그림 37-3 ADD 명령을 처리하는 제어 장치 배선

램, 레지스터 6개, ALU를 모두 활용하면 가능한 작업의 조합은 훨씬 많아집니다. 램에서 R0~R3 레지스터 중 하나를 이용해 바이트를 이동할 수 있습니다. 그다음에 레지스터 1개 또는 2개를 ALU의 입력으로 하는 ADD, AND, OR 같은 연산을 수행할 수 있습니다.

지금까지는 제어 장치의 제약 때문에 프로세서가 명령어 하나만 수행할 수 있었습니다. 이제는 CPU가 한 번에 명령어 하나를 완료한 후 다른 명령어를 처리할 수 있도록 제어 장치를 확장하는 방법에 대해 알아보겠습니다. 이를 위해 제어 장치는 각 명령어를 구분하고 처리할 별도의 부품과 배선이 필요합니다.

자동 주문 코드

패스트푸드점에서 점원이 주문을 받는 일을 단순한 작업으로 쪼개면 어떻게 될까요? 이런 아이디어가 이상하게 들릴 수 있겠지만 그래도 한번 질문에 답해 봅시다. 첫째, 점원은 우선 계산대로 갑니다. 둘째, 점원이 계산대 앞에 서서 "주문하시겠습니까?"라고 물어보고 고객의 답변을 기다립니다. 셋째, 고객이 "치즈버거 하나 주세요"라고 답하면 점원은 계산대에서 '치즈버거' 버튼을 누릅니다. 패스트푸드점에서는 이런 식으로 개별적인 행동 몇 가지를 조합해서 고객이 어떤 주문을 하더라도 처리할 수 있습니다. 점원은 총 256가지 단순한 행동을 할 수 있다는 것도 추가해야 합니다. 여러분은 점원이 하는 단순한 행동에 대응하는 1바이트 크기의 코드를 만들 수 있습니다. 그리고 주문의 논리적 단계에 맞도록 코드를 순서대로 입력하면 고객의 주문을 완벽히 처리할 수 있습니다.

그러려면 점원의 행동을 나타내는 코드 표를 먼저 작성해야 합니다. 일단 종이에 적어 보는 게 편리합니다. 페이지 왼쪽에는 코드를 적고 코드에 어떤 의미를 부여할지 생각해 본 후 페이지 오른쪽에 결정된 코드의 뜻을 적어 봅니다. 이제 우리는 다음과 같이 점원이 취할 수 있을 법한 모든 행동이 포함된 목록과 각 행동에 대응하는 코드를 가지고 있습니다.

0000 0000 = 계산대로 걸어가기

0000 0001 = "주문하시겠습니까?" 하고 물어보기

0000 0010 = 고객의 주문 듣기

0000 0011 = 치즈버거 버튼 누르기

0000 0100 = 감자튀김 버튼 누르기

0000 0101 = 우유 버튼 누르기

0000 0110 = 총계 버튼 누르기

0000 0111 = 금고에 돈 넣기

0000 1000 = 고객에게 잔돈 거슬러 주기

0000 1001 = 빈 종이 봉지 열기

0000 1010 = 치즈버거를 종이 봉지 안에 넣기

0000 1011 = 감자튀김을 종이 봉지 안에 넣기

0000 1100 = 우유병을 종이 봉지 안에 넣기

0000 1101 = 포장된 종이 봉지를 고객에게 건네기

1000 0000 = 오른쪽으로 6비트에 있는 단계로 점프

0100 0000 = "네"라면 오른쪽으로 6비트에 있는 단계로 가기

0001 0000 = 종료

이제 점원이 어떻게 행동을 조합해야 주문을 제대로 받을 수 있을지 살펴봅시다. 점원이 따라야 할 사건의 순서는 예를 들어 다음과 같습니다.

1. 0000 0000 = 계산대로 걸어가기

2. 0000 0001 = "주문하시겠습니까?" 하고 물어보기

3. 0100 0010 = 고객이 대답하지 않으면 2단계로 가기

4. 0000 0010 = 고객의 주문 듣기

5. 0100 0111 = 고객이 치즈버거를 주문하지 않으면 7단계로 가기

6. 0000 0011 = 치즈버거 버튼 누르기

7. 0100 1001 = 고객이 감자튀김을 주문하지 않으면 9단계로 가기

8. 0000 0100 = 감자튀김 버튼 누르기

9. 0100 1011 = 고객이 우유를 주문하지 않으면 11단계로 가기

10. 0000 0101 = 우유 버튼 누르기

11. 0100 1101 = 고객이 더 이상 주문하지 않으면 13단계로 가기

12. 1000 0100 = 4단계로 돌아가기

13. 0000 0110 = 총계 버튼 누르기

14. 0000 0111 = 금고에 돈 넣기

15. 0000 1000 = 고객에게 잔돈 거슬러 주기

16. 0000 1001 = 빈 종이 봉지 열기

17. 0101 0011 = 주문에 치즈버거가 포함되지 않았다면 19단계로 가기

18. 0000 1010 = 치즈버거를 종이 봉지 안에 넣기

19. 0101 0110 = 주문에 감자튀김이 포함되지 않았다면 22단계로 가기

21. 0000 1011 = 감자튀김을 종이 봉지 안에 넣기

22. 0101 1000 = 주문에 우유가 포함되지 않았다면 24단계로 가기

23. 0000 1100 = 우유병을 종이 봉지 안에 넣기

24. 0000 1101 = 포장된 종이 봉지를 고객에게 건네기

25. 0101 1011 = 모든 것이 완료되었다면 27단계로 가기

26. 1000 0001 = 1단계로 가기

27. 0001 0000 = 종료

패스트푸드점에서 일하는 어떤 점원이라도 이런 코드를 배우려 들지는 않을 겁니다. 사람은 기계적인 절차를 따를 때 반감이 생깁니다. 하지만 언젠가 로봇이 패스트푸드 점에서 일하는 것이 당연한 날이 올 겁니다. 단순 반복적인 일을 하는 직종에서는 코드를 이용해서 일하는 로봇이 훨씬 효율적이니까요.

　　우리가 만들고 있는 컴퓨터도 결국은 이런 식으로 코드를 '이해'하고 일을 처리합니다.

위대한 도약 1
: 프로그램 가능한 컴퓨터

이제는 명령어 하나를 처리하기 위해 스텝 1~스텝 7을 한 번 마무리한 후 다른 명령어를 계속 처리할 수 있도록 만드는 방법이 필요합니다. 명령어 1개를 처리하기 위해 전선을 배선해 놓았는데, 여기서 어떻게 또 다른 명령어를 처리할 수 있을까요? 정답은 명령어 코드와 스테퍼 사이에 새로운 게이트를 추가하고 배선하는 것입니다. 어떤 명령어를 수행하는 작업에 해당하는 배선을 AND 게이트로 연결하거나 끊을 수 있습니다. 두 번째 명령어에 속하는 작업들도 마찬가지로 다른 AND 게이트를 통해 배선을 얼마든지 연결하거나 끊을 수 있습니다. 명령어가 3개 이상이라고 해도 마찬가지 방법으로 각각에 속한 작업만 선택하고 연결할 수 있습니다. 이런 방식을 사용하면 컴퓨터는 명령어가 여러 개라 해도 문제없이 잘 작동합니다. 그런데 여러 작업 중에 어떻게 한 번에 단 1개의 작업만 선택하도록 만들 수 있을까요?

해결책은 램에 로드하여 무엇을 할지 CPU에 말해 주는 명령어 집합을 구현하는 것입니다. 명령어 집합이 동작하려면 세 가지 요소가 충족되어야 합니다.

명령어 집합이 동작하기 위해 필요한 첫 번째 일은 CPU에 특수한 레지스터를 추가하는 일입니다. 이 레지스터의 이름은 '명령어 레지스터(instruction register)' 또는 'IR'이라고 합니다. IR이 출력하는 일련의 비트는 CPU가 무엇을 해야 하는지 명령합니다. IR은 버스로부터 입력을 받은 후 일련의 비트를 출력하는데, 이것이 CPU의 제어 장치 안으로 들어가서 특정한 작업을 선택하고 처리하도록 명령합니다.

명령어 세트가 동작하기 위해 필요한 두 번째 일은 명령어 주소 레지스터(instruction address register)를 추가하는 일입니다. 줄여서 IAR로 표기하겠습니다. IAR은 범용 레지스터처럼 입력과 출력이 버스와 연결되어 있습니다. 하지만 IAR은 IR에 로드할 다음 명령어가 들어 있는 램 주소를 저장할 때만 사용하는 레지스터입니다. IAR에 0000 1010(십진수로 10)이 들어 있다면, IR에 로드되는 다음 명령어는 램 주소 0000 1010 또는 10번지에 들어 있는 바이트 데이터입니다.

명령어 집합이 동작하기 위해 필요한 세 번째 일은 제어 장치 안에 전선 몇 개를 배선하는 일입니다. 배선이 완료되면 제어 장치는 스테퍼를 이용해서 다음과 같은 일을 합니다. 첫째, 램에서 현재 실행할 명령어 코드를 꺼내어 IR에 넣어 줍니다. 둘째, IAR에 들어 있는 주소에 1을 더하여 다음 명령어 실행을 준비합니다. 셋째, IR에 들어 있는 현재 실행할 명령어 코드를 해석해서 그에 대응하는 동작을 수행합니다. 명령어가 수행된 후에는 스테퍼가 초기화되어 스텝 1로 복귀합니다. 하지만 이제는 예전처럼 동일한 명령을 반복 실행하는 데 그치지 않습니다. IAR에 들어 있는 주소가 1만큼 증가했으므로 IR은 IAR을 참고하여 램의 다른 번지를 가리킵니다. 이때 IR이 로드하는 코드는 다른 명령어입니다.

컴퓨터에 IR, IAR, 배선 몇 개를 추가한 결과가 바로 우리 컴퓨터의 첫 번째 위대한 도약입니다. 이제 컴퓨터는 수작업 없이 자동으로 여러 가지 일을 할 수 있기 때문입니다. 이 컴퓨터에서 가능한 작업 개수는 버스, ALU, 램, 다수의 레지스터를 조합하는 가짓수에 달려 있습니다.[1] IR에 들어있는 코드는 어떤 레지스터의 데이터를 어떤 부품으로 보낼지 결정할 뿐 아니라 어떤 산술 논리 연산을 선택 실행해야 할지도 결정합니다. 이제는 수행하길 원하는 일련의 작업 목록을 바이트 코드로 써서 램의 연속된 일정 공간에 채워 넣기만 하면

---

1 (옮긴이) 부품 개수가 많아지면 더 이상 수작업으로 선을 꽂았다 뺐다 하며 일을 수행하기가 어려워집니다. 그래서 자동으로 일할 장치가 필요합니다. 그래서 명령 레지스터(IR)를 설계하고 있습니다.

순서대로 작업을 실행할 수 있습니다.

　프로그램은 CPU가 호출해서 사용할 수 있도록 램의 특정 주소부터 순서대로 채워놓은 바이트 묶음을 말합니다. 이 컴퓨터에서 명령어 세트를 실행할 수 있다는 말은 프로그램을 실행할 수 있다는 뜻입니다.

　프로그램을 실행하는 기본 구조는 CPU가 램에서 어떤 명령어를 '가져오는 (fetch)' 부분과 명령어를 '실행하는(execute)' 부분으로 이루어집니다. 명령어 하나를 실행한 다음에는 다음 명령어를 가져오고 실행합니다. 일반적인 컴퓨터에서는 이런 동작이 초당 수백만에서 수십억 회 반복됩니다. 컴퓨터가 하는 모든 일의 비밀은 '가져오기'와 '실행하기' 단 2개로 설명됩니다. 너무나 단순하지요. 누군가 램에다 어떤 프로그램을 넣었다고 가정해 봅시다. 그 프로그램이 잘 설계된 것이라면, 컴퓨터는 가져오기-실행하기를 반복해서 사람들에게 유용한 일을 해줄 수 있습니다.

　우리 컴퓨터 안에는 7단계짜리 스테퍼가 들어 있습니다. 마지막 단계인 스텝 7의 목적은 스테퍼를 스텝 1로 초기화하는 일입니다. 그러니까 CPU는 나머지 여섯 단계 동안에만 작은 작업을 수행할 수 있습니다. 각 단계는 클록 사이클 1회 동안 지속됩니다. 여섯 단계 전체가 수행되는 시간을 묶어 명령어 사이클(instruction cycle)이라고 부릅니다. 명령어 사이클은 CPU가 명령어 1개를 가져오고 실행하는 데 필요한 모든 작은 작업을 수행하는 여섯 단계를 포함합니다. 컴퓨터의 클록 속도가 1GHz라고 가정하면 초당 1억 6666만 6666개의 명령어를 실행할 수 있다는 뜻입니다.[2]

　그림 39-1을 보면 IR과 IAR이 CPU 안에 추가된 것을 확인할 수 있습니다. IR과 IAR은 모두 제어 장치에 장착되고 버스와 연결되어 있습니다. IAR에는 입력 제어 비트와 출력 제어 비트가 모두 들어 있는 반면, IR은 버스로 출력이 연결되지 않기 때문에 출력을 제어할 필요가 없으므로 TMP나 MAR처럼 오로지 입력 제어 비트만 가지고 있습니다.

2　(옮긴이) 10억을 6단계로 나누면 이 수치가 나옵니다.

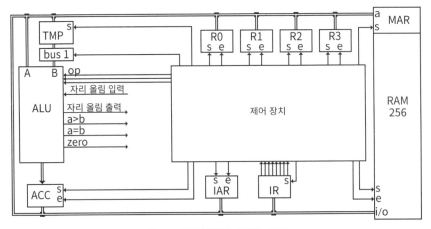

그림 39-1 명령어 집합을 처리하는 CPU

그림 39-2에서 명령 사이클이 진행되는 동안에 '가져오기' 동작을 처리하기 위한 배선을 볼 수 있습니다. 스테퍼에서 스텝 1~3 동안에 하는 일은 명령어 유형에 관계없이 모두 같습니다.

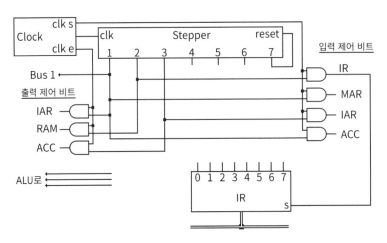

그림 39-2 명령어 가져오기 단계의 배선

스테퍼에서 스텝 1~3은 다음 명령어를 램에서 가져오는 일을 하고 스텝 4~6은 그 명령어를 실행하는 일을 합니다. 물론 스텝 4~6이 하는 작업은 가져온 명령어의 내용에 따라 달라집니다. 모든 단계가 끝나면 스테퍼가 초기화되어 다른 명령어를 가져오고 실행합니다.

그림 39-2 아래쪽에는 IR이 추가되어 있습니다. IR의 개별 비트는 숫자 0~7로 표시되어 있습니다. 곧 이 비트들을 어디에 쓰는지 언급하겠습니다.

컴퓨터에서 CPU가 명령어를 가져오기 위해 스텝 1~3을 어떻게 수행하는지 자세히 알아볼 순간입니다.

스텝 1은 두 가지 일을 동시에 완수해야 하므로 가장 복잡한 단계라고 할 수 있습니다. 스텝 1에서 하는 가장 기본적인 일은 IAR에 들어 있는 주소를 MAR에 넘겨주는 것입니다. 이 주소는 바로 램에서 가져와야 할 다음 명령어가 들어 있는 주소입니다. 스테퍼의 스텝 1의 배선을 IAR의 출력 제어 비트와 MAR의 입력 제어 비트에 연결하면, IAR의 데이터는 clk e가 1일 때 버스로 흘러가고, MAR은 clk s가 1일 때 버스에서 IAR 데이터를 입력받아 저장합니다. 명령 사이클 동안에 어느 시점에는 IAR에 1을 더해 주어야 합니다. 지금은 IAR 바이트가 이미 버스에 있고 MAR에 저장되었으므로 1을 더해 주어도 무방합니다. 이때 우리가 ALU의 op 비트에 아무 코드도 보내지 않는다면 op 비트는 그대로 000입니다. 000은 ADD 명령어를 가리키는 코드이므로 입력 2개가 무엇이든지 ADD 명령을 실행하고 결과를 ACC에 넣어 줍니다. ADD 연산의 첫 번째 피연산자는 IAR이 버스에 출력하고 있는 램의 주솟값입니다. 단계 1이 진행되고 있는 동안 bus 1 비트를 1로 만들어 주면 ALU로 들어가는 두 번째 입력은 1이 됩니다. 이때 clk s가 1이 되는 시간 동안 ACC의 입력 제어 비트를 1로 설정하면, IAR 안에 들어 있던 주솟값과 1이 더해져서 결과가 ACC에 저장됩니다. 이제 현재 명령어를 실행하는 동안 다음 명령어의 주소를 가져오기 위한 준비가 완료되었습니다.

스텝 2에서는 MAR로 선택한 램의 주소에 들어 있는 바이트 데이터를 버스로 출력하고 IR이 그 데이터를 입력받아 저장합니다. 이 데이터가 바로 명령어 사이클 중 스텝 4~6에서 '실행할' 명령어 코드입니다. 이를 위해 스텝 2에서 나오는 전선을 램의 출력 제어 비트와 IR의 입력 제어 비트에 연결했습니다.

스텝 3에서는 IAR을 갱신합니다. 스텝 1에서 IAR의 데이터에 1을 더했습니다. 하지만 아직 그 결과는 ACC에 들어 있고 IAR에 적용된 상태가 아닙니다. IAR을 갱신하려면 다음 명령 사이클이 시작되기 전에 ACC에 들어 있는 데이터를 반드시 IAR 안에 넣어 주어야 합니다. 이를 위해 스텝 3은 ACC 안에 들어 있는 데이터를 출력해서 IAR에 입력해 줍니다.

스텝 4로 바뀌는 시점이면 명령어가 램에서 IR로 이미 이동해 있습니다. 이제 스텝 4~6은 IR에 들어 있는 명령어를 실행하기 위해 필요한 작업을 수행할 수 있습니다. 명령어 실행이 모두 완료되면 스테퍼는 초기화됩니다. 그리고 다음 명령어를 시작합니다. 그러나 IAR의 값에 1을 더해 갱신했기 때문에 CPU는 램의 다음 주소에 들어 있는 명령어를 가져옵니다. 이렇게 실행하는 다음 명령어는 똑같은 명령어가 아닌 정말로 다른 명령어입니다.

이제 우리 컴퓨터는 프로그래밍이 가능합니다! 램 안에 명령어 세트를 넣고 CPU가 그것들을 순차적으로 가져와서 실행하는 아이디어를 실현했기 때문입니다.

명령어

명령어 레지스터에 들어가는 바이트 데이터는 제어 장치가 어떤 일을 해야 하는지 말해 줍니다. 명령어 레지스터에 집어넣을 비트 패턴은 각각 특정한 의미가 부여되어 있습니다. 다시 말해 명령어 레지스터에 넣은 비트 패턴 자체가 코드라는 뜻입니다. 이 코드를 명령어 코드(instruction code)라고 부릅니다.

우리는 컴퓨터를 말 그대로 '밑바닥부터' 만들고 있기 때문에 명령어 코드도 직접 발명하려 합니다. 명령어 레지스터에 넣을 수 있는 코드의 가짓수를 256개로 확정하고, 개별 코드마다 특정한 의미를 부여하겠습니다. 또한 명령어를 계획대로 작동하게 만들기 위해 제어 장치 안에 코드에 대응하는 배선을 적절히 설치하는 일도 해야 합니다.

이진수 코드를 잊어버리진 않았겠지요? 이것이 가장 '자연스러운' 컴퓨터 코드라고 말했는데, 그 이유는 우리가 일상적으로 쓰는 숫자 체계와 근본적으로 동일하기 때문입니다. 문자를 표시하기 위한 아스키코드에 대해서도 다루었습니다. 이에 반해 아스키코드는 사람들이 회의에서 임의로 결정한 코드라서 자연스럽지 않습니다.

이제 우리에게는 명령어 코드가 있습니다. 아스키코드처럼 자연스럽지 않은 임의의 코드지요. 지금까지 많은 종류의 컴퓨터가 개발되었고, 그에 따라 명령어 코드의 종류도 무수히 많이 발명되었습니다. 그러니 여기서 명령어 코드의 종류를 논하는 것은 무의미합니다. 관련 직종에서 기술직으로 경력을 쌓고 싶은 것이 아니라면, 명령어 코드의 종류가 얼마나 다양한지 공부할 필요는 없습니다. 명령어 코드는 수없이 많습니다. 그러나 명령어 코드의 핵심은 컴퓨터를 작동하게 만드는 것입니다. 따라서 이 책에서는 우리의 간단한 컴퓨터와 관련된 명령어 코드만 다루어도 충분합니다. 명령어 코드를 발명하는 데 가장 본질적으로 중요한 질문은 이것입니다. "배선을 어떻게 짜야 코드가 제대로 작동할까? 그리고 얼마나 간단하게 배선을 짤 수 있을까?"

명령어를 몇 개나 만들 수 있을까요? 명령어 레지스터는 바이트 데이터를 받기 때문에 이론상 가능한 명령어는 256개입니다. 그런데 앞으로 우리가 사용할 명령어의 유형은 단지 아홉 가지뿐입니다. 다행히도 256개의 명령어 모두는 아홉 가지 유형 중 하나에 들어맞습니다. 모든 명령어는 각 유형에 따라 쉽게 기술할 수 있습니다.

모든 명령어는 기본적으로 버스를 통해 바이트 데이터를 이리저리 이동시키는 작업을 포함합니다. 명령어는 바이트 데이터를 램에서 레지스터로, 또는 그 반대로 직접 이동하거나 때때로 ALU에서 연산을 거쳐 간접적으로 이동합니다. 다음 장들에서는 각 명령어 유형마다 명령어의 비트는 어떤 패턴으로 채워지는지, 또 명령어가 작동하기 위해 필요한 게이트와 배선은 어떻게 구성하는지 살펴볼 겁니다. 그리고 프로그램 작성을 쉽게 할 수 있는 편리한 코드에 대해서도 알아볼 겁니다.

ALU 명령어

최초로 소개할 명령어 유형은 전에 예로 든 ADD 연산처럼 ALU 안에서 사용하는 ALU 명령어(ALU instruction)입니다. 우리의 ALU가 여덟 가지 연산을 할 수 있다는 것 기억하죠? 어떤 연산 명령어는 바이트 데이터 2개를 입력으로 사용하고, 또 어떤 연산 명령어는 바이트 데이터 1개만 입력으로 사용합니다.

이런 종류의 명령어는 레지스터 2개를 받는 ALU 연산을 선택합니다. ALU 명령어는 컴퓨터가 처리할 수 있는 가장 융통성 있는 명령어 종류입니다. ALU 의 기본적인 연산은 총 8가지이고 가용할 수 있는 레지스터는 총 4개입니다. ALU 연산을 위해서는 레지스터 2개(중복 가능)를 선택해야 합니다. 따라서 ALU 연산의 조합은 8×4×4=128가지입니다. 그러니까 ALU 명령어는 실제로 128개의 변형된 명령어를 포함합니다. ALU 명령어는 단지 하나의 명령어가 아니라 ALU 내에서 같은 배선을 사용하여 다양한 일을 하는 명령어 계층 전체라고 생각해야 합니다.

그림 41-1에서 ALU 명령어에 대응하는 명령어 코드의 구조를 볼 수 있습니다. 명령어 레지스터의 0번 비트가 1로 시작한다면 그 명령어는 ALU 명령어에 속합니다. 0번 비트가 1이면 1~3번 비트는 ALU에 전달되어야 할 일을 지시합니다. 4~5번 비트는 연산에 필요한 첫 번째 레지스터를, 6~7번 비트는 두 번째 레지스터를 선택하는 데 각각 사용합니다.

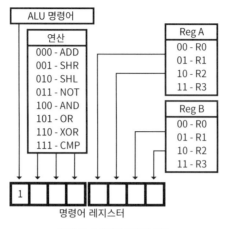

그림 41-1 명령어 코드의 구조

명령어 레지스터가 예를 들어 '1000 1011' 비트로 채워져 있다고 가정했을 때 ALU 명령어를 해독하는 순서는 다음과 같습니다. 1~3번 비트가 000이면 두 레지스터의 값을 더하는 ADD 명령어로 인식합니다. ADD 명령어의 첫 번째 입력을 나타내는 4~5번 비트가 10이므로 R2에서 입력을 가져오고, ADD 명령어의 두 번째 입력을 나타내는 6~7번 비트가 11이므로 R3에서 입력을 가져옵니다. 여러분이 이 명령어를 램의 10번지에 저장해 놓고 IAR을 10으로 맞추었다면 명령어가 자동 실행됩니다. 컴퓨터는 램의 10번지에서 1000 1011 코드를 가져와서 IR에 로드하고, 제어 장치에 만들어 놓은 배선을 사용해서 R2와 R3을 더하는 연산을 실행할 것입니다.

SHL, SHR 또는 NOT과 같이 단일 입력을 받는 ALU 연산을 선택한다면, Reg A(A 레지스터)에서 바이트를 입력받아 ALU가 연산을 수행한 후 Reg B(B 레지스터)에 결과를 저장합니다. 입력과 출력으로 다른 레지스터를 조합할 수 있습니다. 예를 들어 입력으로 R1을 선택하고 출력으로 R3을 선택할 수 있습니다. 입력과 출력을 위해 동일한 레지스터를 사용할 수도 있습니다. 예를 들어, 입력과 출력을 모두 R2로 선택할 수 있습니다. 후자의 방법을 사용하면 레지스터에 원래 들어 있던 데이터는 지워지므로 주의해야 합니다.

2입력 연산을 할 때는 ALU의 입력으로 Reg A와 Reg B를 모두 사용하며, 연산 결과는 Reg B에 저장됩니다. 따라서 애초에 Reg B 안에 입력으로 넣은 값이 무엇이든, 계산이 끝난 후 Reg B 안에는 연산 결과만 남게 됩니다. 물론 입력 2개로 같은 레지스터를 지정해도 됩니다. 그런 식으로 사용하는 것이 유용할 때가 있습니다. 예를 들어, R1을 모두 0으로 채우고 싶다면 R1과 R1을 XOR하는 2입력 연산을 수행하면 됩니다. 이렇게 하면 XOR 연산의 두 입력이 완전히 같으므로 비트가 모두 0이 되고 연산 결과는 다시 R1에 저장됩니다.

CMP 연산은 입력 2개를 취해서 그것들이 동일한 비트를 지니고 있는지 비교합니다. 그렇지 않다면 첫 번째 입력이 큰지 판단합니다. 그런데 CMP 연산이 내놓는 출력은 바이트 크기가 아니므로 입력 레지스터 데이터가 출력에 의해 소거되는 일은 없습니다.

제어 장치 안에 ALU 명령어를 위한 배선을 하는 방법은 꽤 간단합니다. 하지만 한 가지 특별한 장치가 추가되어야 합니다. 이 장치는 많은 명령어 종류에서 사용되기 때문에 먼저 살펴볼 필요가 있으며 레지스터와 관련이 깊습니다. '단일 명령어 프로세서'에서 우리는 레지스터 2개를 사용했습니다. 이 두 레지스터를 사용하기 위해 스테퍼의 필요한 스텝에 레지스터마다 AND 게이트 하나를 각각 연결했습니다. 여기까지는 문제가 없습니다. 하지만 ALU 명령어와 다른 명령어들에는 어떤 레지스터를 사용할지 지정하는 비트 부분이 있습니다. 따라서 그 부분을 지정할 수 있는 방법이 필요합니다.

따라서 우리는 어떤 레지스터 하나를 고정되게 배선하고 싶지 않습니다. 대신에 명령어 코드에 들어 있는 비트에 따라 정확히 하나의 레지스터를 골라 연결할 수 있도록 유연하게 만들고 싶습니다. 그러기 위한 제어 장치의 배선은 그림 41-2와 같습니다.

그림 41-2의 오른쪽을 먼저 살펴봅시다. 범용 레지스터의 입력을 가능하게 하기 위해 스테퍼의 알맞은 단계에 'Reg B'라고 이름 붙인 전선을 연결합니다. 그림을 보면 AND 게이트 4개 각각에 대해 clk s가 첫 번째 입력으로 들어가고 Reg B는 두 번째 입력으로 들어갑니다.

AND 게이트 4개는 모두 3입력이므로 모두 세 번째 입력 단자를 갖고 있습

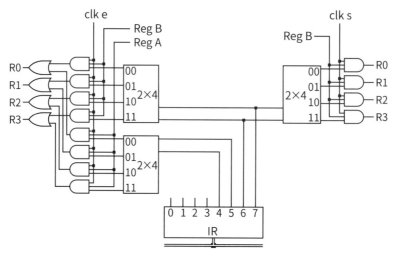

그림 41-2 Reg A와 Reg B를 선택하는 배선

니다. 각 AND 게이트의 세 번째 입력은 2×4 디코더에서 나옵니다. 디코더는
한 번에 오직 하나의 출력만 골라 내보내므로 AND 게이트 4개 중에서 하나만
1이 되고, 결국 레지스터 1개만 실제로 선택되어 입력이 가능해집니다. 디코더
로 들어가는 입력은 IR 코드의 6~7번 비트입니다. 6~7번 비트에 의해 선택된
어떤 레지스터는 'Reg B'라고 이름 붙인 전선의 상태가 1일 때 비로소 Reg B로
기능합니다. 그림 41-1에서 ALU 명령어를 나타내는 IR 코드를 설명했으니 지
금은 간단히 넘어가겠습니다. ALU 명령어 코드에서 6~7번 비트는 어떤 레지스
터를 Reg B로 사용하고 싶은지 지정하는 정보라는 사실만 기억하면 됩니다.

그림 41-2의 왼쪽의 장치 구조는 동일한 부품이 2개씩 있다는 점만 빼면 오
른쪽의 것과 매우 비슷합니다. ADD 같은 ALU 명령어들은 ALU로 들어가는 입
력이 2개이므로 한 번에 하나씩, 2개의 레지스터 출력을 활성화해야 함을 잊
지 마세요. IR 명령어의 6~7번 비트는 여기에서도 Reg B로 입력될 레지스터를
선택하는 정보로 사용합니다. 여기서 AND 게이트에 들어가는 입력 3개는 clk
e, Reg B 그리고 적당한 단계 동안만 활성화되는 디코더의 출력입니다. IR 명
령어의 4~5번 비트는 적당한 단계에서 Reg A로 사용될 레지스터를 선택합니
다. 물론 이렇게 되려면 별도 디코더의 출력과 'Reg A'라고 이름 붙인 전선의
상태가 모두 1이어야만 하지요. 이렇게 위의 AND 게이트 4개와 아래의 AND

게이트 4개에서 나오는 출력을 하나씩 순서대로 묶어 각각 OR 게이트의 입력으로 보내면 특정 레지스터를 특정 시점에 Reg A나 Reg B로 간주하고 출력을 유동적으로 제어할 수 있습니다.

여기서 OR 게이트를 이용한 이유는 Reg A와 Reg B를 동시에 선택하지 않기 때문입니다.

최상위 비트가 1로 시작하는 명령어 코드가 들어오면 무슨 일이 일어날까요? 이것은 가져온 명령어가 ALU 명령어 유형이라는 뜻입니다. ALU 명령어를 실행하려면 세 가지 작업을 해야 합니다. 첫째, Reg B에 있는 데이터를 TMP로 이동하기. 둘째, 어떤 연산을 할지 ALU에 말해 주고 Reg A를 버스에 출력하면, ALU가 연산을 실행하고 결과를 출력해서 ACC에 저장하기. 셋째, ACC에 들어 있는 연산 결과를 Reg B로 이동하기. IR 코드의 0번 비트는 명령어가 ALU 명령어 종류인지 다른 명령어 종류인지 결정하는 정보입니다. 0번 비트가 1이라면 스테퍼는 ALU 명령어를 처리하기 위해 연결된 배선을 통해 구동합니다.

그림 41-3에서 ALU 명령어를 가져와서 스텝 4~6을 진행하기 위해 제어 장치에 추가한 게이트 8개와 배선을 볼 수 있습니다.[1]

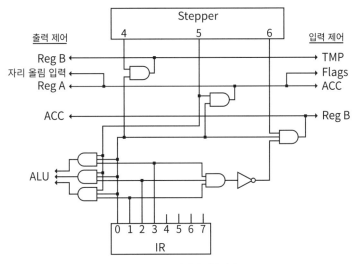

그림 41-3 ALU 명령어 실행 배선

1 (옮긴이) Reg A에 연결된 '자리 올림 입력'은 아직은 쓰이지 않습니다. 그러나 앞으로 컴퓨터에서 ALU 연산을 제대로 작동시키기 위해 필요합니다. 마찬가지로 ACC로 연결된 'Flags' 출력은 아직은 쓰이지 않습니다. 그러나 앞으로 '조건 분기 연산'을 제대로 작동시키기 위해 필요합니다.

그림 41-3에서 IR의 왼쪽 위에 있는 AND 게이트 3개를 볼 수 있습니다. 이것들은 어떤 연산을 수행할지 ALU에 알려 주는 용도로 사용합니다. AND 게이트는 모두 3입력입니다. 스테퍼가 스텝 4에 머무르는 동안 모든 AND 게이트 IR 코드의 0번 비트를 첫 번째 입력으로 취합니다. 스테퍼가 스텝 5에 이르면 두 번째 입력을 취합니다. 각 AND 게이트는 IR 코드의 1번, 2번, 3번 비트를 개별적으로 하나씩 입력받습니다.

따라서 ALU 코드는 IR 코드의 0번 비트가 1이 되는 스텝 5 시점만 빼고는 IR 코드에 들어 있는 1번, 2번, 3번 비트가 무시되어 항상 000이 됩니다.

IR 코드의 0번 비트를 연결한 전선을 따라 위로 올라가서 살짝 오른쪽으로 꺾으면 또 다른 AND 게이트 3개와 만나게 됩니다. 이 게이트들의 다른 입력은 각각 스텝 4, 스텝 5, 스텝 6과 연결되어 있습니다.

IR 코드의 0번 비트와 연결된 배선을 따라 위쪽으로 올라가서 살짝 오른쪽으로 꺾었을 때 만나게 되는 왼쪽에서 가장 첫 번째 게이트의 출력은 스텝 4 동안에 1이 됩니다. 출력은 두 지점으로 향하는데, 먼저 왼쪽에 있는 Reg B가 버스로 데이터를 출력하게 하고, 오른쪽에 있는 TMP가 데이터를 입력받게 합니다. 이번 단계는 SHL, SHR, NOT처럼 단일 입력 기반 명령어인 경우에는 크게 필요치 않습니다. 그렇다고 단일 입력 기반 명령어에 대해서만 이번 단계를 제거하자니 골치 아프고 복잡합니다. 어차피 이번 단계가 있다고 명령어가 오작동하는 것도 아니니 그냥 그대로 놔두겠습니다. 그게 간단하니까요.

IR 코드의 0번 비트와 연결된 배선을 따라 위쪽으로 올라가서 살짝 오른쪽으로 꺾었을 때 만나게 되는 왼쪽에서 두 번째 게이트는 스텝 5 동안에 1을 출력합니다. 그리고 먼저 왼쪽에 있는 Reg A가 데이터를 버스로 출력하게 만듭니다. ALU의 첫 번째 입력은 TMP에 이미 들어있고 ALU의 두 번째 입력인 Reg A는 현재 버스에 존재합니다. 두 입력이 완비되었습니다. 이때 3비트 'op' 전선으로 ALU의 연산 종류를 결정했다면, ALU 내에서 두 입력을 이용해 정해진 연산이 수행됩니다. 그리고 연산 결과가 버스를 통해 오른쪽에 있는 ACC에 저장됩니다.

IR 코드의 0번 비트와 연결된 배선을 따라 위쪽으로 올라가서 살짝 오른쪽으로 꺾었을 때 만나게 되는 왼쪽에서 세 번째 게이트는 스텝 6 동안에 1을 출력하는데, 버스를 타고 흘러 왼쪽에 있는 ACC의 출력을 활성화하여 결국 오른쪽에 있는 Reg B에 연산 결과를 최종 저장합니다.

특수한 상황이 발생하는 ALU 명령어가 하나 있습니다. 비교 연산을 수행하는 CMP로, 코드는 111입니다. CPM 연산의 결과는 바이트가 아니므로 Reg B에 저장하는 것이 적당하지 않습니다. 그림 아래쪽에서 보듯이, IR 코드의 1~3번 비트를 3입력 AND 게이트의 입력으로 받아서 출력을 NOT 게이트의 입력으로 연결하면, CMP를 가리키는 111이 되는 경우에 NOT 게이트 출력이 0이 됩니다. 그러면 NOT 게이트의 출력이 결국 스텝 6에서 Reg B의 입력을 차단하여 의미 없는 바이트를 저장하지 않도록 막습니다.

이것이 ALU 명령어를 처리하는 구조입니다. 스텝 7에 이르면 스테퍼가 초기화됩니다. 그리고 다른 명령어를 하나씩 순차적으로 가져오고 실행합니다.

여덟 자리 비트로 된 CPU 명령어를 계속 언급하는 대신 좀 더 편리한 표기법을 사용하겠습니다. 종이 위에 명령어 코드에 대응하는 명령어 단어를 적어 봅시다. 명령어 코드 1000 1011은 'R2를 R3에 더하라'는 뜻입니다. 그러나 사람이 비트 패턴을 읽고 어떤 연산을 할 것이며, 피연산자가 어디에 들어 있는지를 즉각적으로 떠올리긴 힘듭니다. 한마디로 실용적이지 않습니다. 코드를 기억할 필요 없이 명령어 코드를 표현할 수 있게 해 봅시다. 예를 들어, 여러분이 두 레지스터를 XOR하고 싶을 때 XOR 연산에 해당하는 명령어 코드를 직접 참조하는 대신에 종이 위에 XOR R1, R2과 같이 적어서 똑같은 명령어를 실행할 수 있다면 좀 더 직관적이고 편리할 것입니다.

명령어 코드를 이렇게 문자로 표현하는 것을 '컴퓨터 언어'라고 부릅니다. 명령어 코드를 발명하는 것과 더불어 우리는 명령어 코드를 표현하는 컴퓨터 언어도 같이 발명했습니다. 다음 표는 ALU 명령어 8개를 새로운 컴퓨터 언어 단어로 표기한 예시입니다.

언어		의미
ADD	RA, RB	RA와 RB를 더해서 RB에 연산 결과를 넣기
SHR	RA, RB	RA를 오른쪽 시프트한 후 결과를 RB에 넣기
SHL	RA, RB	RA를 왼쪽 방향으로 시프트하고 결과를 RB에 넣기
NOT	RA, RB	RA를 NOT 연산하고 결과를 RB에 넣기
AND	RA, RB	RA와 RB를 AND 연산하고 결과를 RB에 넣기
OR	RA, RB	RA와 RB를 OR 연산하고 결과를 RB에 넣기
XOR	RA, RB	RA와 RB를 XOR 연산하고 결과를 RB에 넣기
CMP	RA, RB	RA와 RB를 비교하고 결과를 RB에 넣기

표 41-1 ALU 명령어 단어

이후로 컴퓨터 프로그램을 작성하고 싶다면 명령어 코드 형태로 직접 작성하거나 컴퓨터 언어를 사용하면 됩니다. 물론 컴퓨터 언어로 된 프로그램을 사용할 때는 램에 로드해서 명령어를 실행하기 전에 반드시 기계어 코드로 번역해야 합니다.

로드/저장 명령어

로드 명령어와 저장 명령어는 꽤 간단합니다. 이 명령어들은 램과 레지스터 사이에서 바이트 데이터를 옮기는 데 사용합니다. 로드 명령어와 저장 명령어는 서로 비슷한 점이 많기 때문에 이번 장에서 함께 설명하겠습니다.

이 명령어들을 구현하기 전에 먼저 필요한 것이 있습니다. 명령어 레지스터에 로드 명령어나 저장 명령어가 들어 있을 때 그런 종류의 명령어를 식별할 줄 알아야 합니다. 앞 장에서 어떤 명령어가 ALU 명령어인지 판단하기 위해 IR 코드의 0번째 비트를 이용했습니다. ALU 명령어가 아닌 다른 명령어 종류들은 전부 IR 코드의 0번째 비트가 0입니다. IR 코드 0번 비트를 NOT 게이트의 입력으로 넣으면, ALU 명령어가 아닐 때 NOT 게이트 출력이 0이 됩니다. 이런 방법을 사용하면 현재 명령어가 ALU 유형이 아님을 식별할 수 있습니다. 그런데 이 컴퓨터 안에서 사용할 명령어 종류는 ALU 명령어 말고도 여덟 가지나 존재하므로 현재 명령어가 어떤 종류인지 정확히 말해 줄 수 있는, 좀 더 세밀한 방법이 필요합니다. 가장 간단한 방법은 IR 코드의 1~3번 비트를 추가적으로 이용해서 식별하는 것입니다.

ALU로 들어갔던 IR 코드 1~3번 비트는 제어 장치 안의 3×8 디코더에도 들어갑니다. 디코더는 언제나 한 번에 출력 1개를 내보내기 때문에 IR 코드가 ALU 명령어를 가져오면 AND 게이트가 디코더의 출력을 통과하지 못하게 막

아줘야 합니다. 하지만 ALU 명령어가 아닌 다른 종류의 명령어를 가져오면 디코더의 출력이 AND 게이트를 그대로 통과하고, 명령어에 알맞은 게이트와 배선에 연결되어 명령어가 실행됩니다.

그림 42-1에서 디코더는 IR 코드의 1~3번 비트를 입력받습니다. 디코더의 출력은 각각 8개의 다른 AND 게이트의 첫 번째 입력으로 사용됩니다. 그리고 IR 코드의 0번 비트는 NOT 게이트를 거쳐서 AND 게이트의 두 번째 입력으로 사용하지요. 이 3×8 디코더는 나머지 모든 명령어를 식별하는 데 앞으로도 계속 사용됩니다.

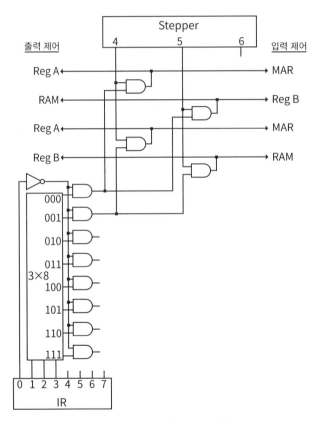

그림 42-1 로드/저장 명령어를 처리하기 위한 배선

이번 장에서는 IR 코드가 0000 또는 0001로 시작하는 디코더의 출력을 사용하는 명령어만 소개하겠습니다.

먼저 소개할 것은 로드 명령어(load instruction)입니다. 로드 명령어는 램에 들어 있는 바이트 데이터를 레지스터로 이동할 때 사용합니다. 하는 일은 같지만 반대로 작동하는 저장 명령어(store instruction)도 있습니다. 저장 명령어는 레지스터에 들어 있는 바이트 데이터를 램으로 이동할 때 사용합니다.

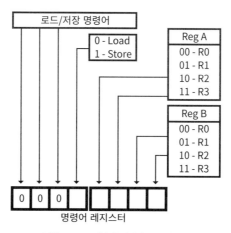

그림 42-2 로드/저장 명령어 코드의 구조

로드 명령어의 명령어 코드는 0000이고 저장 명령어의 코드는 0001입니다. 나머지 4비트는 ALU 명령어처럼 각각 2비트씩 레지스터 2개(Reg A, Reg B)를 지정하는 데 사용하지만 약간 다른 점이 있습니다. Reg A는 램의 특정한 주소를 선택하는 데 필요하고, Reg B는 그 레지스터의 내용을 선택된 램 주소에 로드하거나 그 램 주소에 들어 있는 내용을 레지스터에 저장할 때 필요합니다.

스텝 4는 모든 명령어에서 동일합니다. IR 코드의 4~5번 비트가 어떤 레지스터를 Reg A로 선택하면 선택한 레지스터가 버스에 데이터를 출력하고, 버스는 MAR에 데이터를 입력받습니다. 이때 MAR에 입력된 데이터는 램의 특정한 주소를 가리킵니다.

스텝 5에서 IR 코드의 6~7번 비트는 또 다른 레지스터를 Reg B로 선택합니다. 로드 명령어가 실행될 때는 램이 버스로 데이터를 출력하고 Reg B가 버스에 흐르는 데이터를 입력받습니다. 저장 명령어가 실행될 때는 레지스터 B가 버스로 데이터를 출력하고 램이 버스에 흐르는 데이터를 입력받습니다.

스텝 4와 5만 있으면 이 명령어 실행을 완료할 수 있습니다. 스텝 6에서는 아무 일도 할 필요가 없습니다.

표 42-1을 보면 우리의 컴퓨터 언어에 새로운 단어가 2개 추가된 것을 알 수 있습니다.

언어		의미
LD	RA, RB	RA가 가리키는 램의 주소에 들어 있는 데이터를 RB로 로드
ST	RA, RB	RB에 들어 있는 데이터를 RA가 가리키는 램의 주소에 저장

표 42-1 로드/저장 명령어 단어

데이터 명령어

재미있는 명령어를 하나 소개하겠습니다. 바로 '데이터 명령어(data instruction)'입니다. 이 명령어의 기능은 램의 어떤 주소에서 바이트 데이터를 하나 가져와서 레지스터에 로드하는 것입니다. 로드 명령어가 하는 일과 비슷합니다.

그런데 데이터 명령어에는 로드 명령어와 크게 다른 점이 있습니다. 데이터 명령어로 바이트 데이터를 가져오기 위해 지정하는 램의 주소는 로드 명령어에서 지정하는 주소와 다른 공간을 사용한다는 사실입니다.

데이터 명령어에서 데이터는 다음 수행될 명령어가 있어야 할 자리에서 가져옵니다. 따라서 데이터 명령어는 실제로 2바이트 크기입니다. 첫 번째 바이트는 명령어 자체를 가리키고 두 번째 바이트는 특정 레지스터에 저장될 데이터를 가리킵니다. 데이터 명령어를 위한 데이터는 쉽게 찾을 수 있습니다. IR 안에 데이터 명령어 코드가 들어갈 때쯤이면 IAR은 갱신되어 데이터 명령어의 두 번째 바이트인 데이터를 가리킬 테니까요.

그림 43-1은 데이터 명령어의 명령어 코드의 구조를 나타낸 것입니다. 코드의 상위 4비트는 0010입니다. 4~5번 비트는 사용하지 않습니다. 6~7번 비트는 데이터를 로드할 레지스터를 선택하는 데 사용합니다.

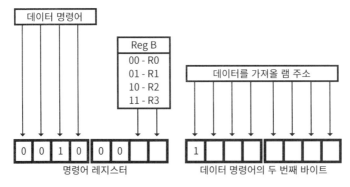

그림 43-1 데이터 명령어 코드의 구조

이 명령어를 실행하기 위해서는 스텝 4에서 IAR을 출력해서 MAR에 넣어 주고 스텝 5에서 램에 들어 있는 데이터를 알맞은 레지스터에 넣어 주기만 하면 됩니다.

하지만 명령어가 제대로 실행되기 위해 할 일이 아직 남아 있습니다.

데이터 명령어의 두 번째 바이트는 명령어가 아니라 데이터에 불과합니다. 따라서 두 번째 바이트를 명령어로 실행하면 안 되겠죠. 두 번째 바이트를 명령어 실행 단계에서 건너뛰려면 IAR에 1을 한 번 더 더해야 합니다. 데이터 명령어를 처리할 때 스텝 1~3까지는 기존 명령어와 같은 처리 과정을 거칩니다. 그러나 스텝 4에서 IAR 값을 MAR에 보낼 때, ALU가 IAR 값에 어떤 숫자를 더하는 연산을 동시에 수행하도록 합니다. 이때 'Bus 1'을 1로 설정하면 ALU는 IAR의 값에 1을 더하고 ACC에 결과를 저장할 겁니다. 스텝 5에서는 램에 들어 있는 데이터(두 번째 바이트)를 레지스터로 옮기고, 스텝 6에서는 ACC의 데이터를 IAR에 넣어서 IAR을 갱신하고 다음 명령어를 대비합니다.

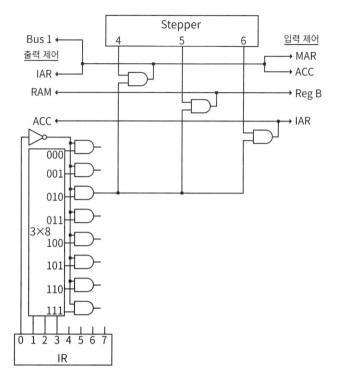

그림 43-2 데이터 명령어를 위한 제어 장치 배선

표 43-1에서 컴퓨터 언어에 새롭게 추가된 명령어를 볼 수 있습니다. 이제부터 우리는 'DATA' 키워드를 이용해 데이터 명령어를 실행할 수 있습니다.

언어	의미
DATA RB, xxxx xxxx	RB에 8비트 데이터 로드

표 43-1 데이터 명령어 단어

위대한 도약 2
: 분기 명령어

우리는 첫 도약으로 프로그램 가능한 컴퓨터를 만들었습니다. 이제 램에 들어 있는 일련의 명령어를 CPU가 순서대로 하나씩 실행할 수 있습니다. 그런데 문제가 하나 있습니다. 컴퓨터 속도에 비해 상대적으로 램 용량이 너무 작다는 것입니다. 따라서 램에 들어 있는 모든 명령어가 1초도 안 되는 시간에 전부 실행되면 더 이상 할 작업이 없습니다. 컴퓨터 속도가 빨라 프로그램이 금방 완료된다는 것이 도대체 왜 문제냐고요? 문제는 사실 컴퓨터 속도에 있는 것이 아니라 램 용량에 있기 때문입니다. 램 용량이 작으면 커다란 프로그램을 돌리지 못하고 시시한 작업만 할 수 있습니다. 예를 들어 1을 100만 번 더하는 프로그램을 램에 저장해야 한다면, 똑같은 명령어를 램의 주소 100만 개에 빼곡히 채워야 합니다. 이 프로그램이 제대로 실행되기 위해 필요한 램의 용량은 적어도 1MB(100만 바이트 단위)가 넘는데, 그 정도면 지금 우리가 만든 컴퓨터의 램 크기인 256바이트의 수천 배나 됩니다. 물론 우리가 일상생활에서 쓰는 컴퓨터의 램은 보통 몇 GB(10억 바이트 단위)라서 이와 같은 프로그램은 우습게 로드할 수 있습니다. 하지만 1을 100만 번 더하는 것이 아니라 수백억 ~수백조 번 더해야 한다면 사정은 똑같아집니다. 이런 식의 계산을 위해서는 단순히 램 용량을 늘리기보다 더 효율이 높은 연산 방법이 필요합니다.

우리가 이 문제의 답에 골몰할 필요는 없습니다. 다행히도 이미 누군가 반복 계산을 쉽게 프로그램할 수 있는 명령어를 만들어 놓았기 때문입니다. 이 명령어는 컴퓨터가 하는 일을 좀 더 완전하게 만들어주기 때문에 두 번째 도약이라는 딱지를 붙일 만큼 매우 중요합니다. 우리가 제작한 CPU와 제어 장치는 매우 유연한 배치를 가지고 있습니다. 그래서 이 명령어를 추가하기 위해 배선을 설계하는 일은 누워서 떡 먹기 수준입니다.

이 새로운 유형의 명령어를 '분기 명령어(jump instruction)'라고 부릅니다. 이전까지는 다음 명령어를 가져올 때 램 주소에 순차적으로 접근했습니다. 예를 들어, 현재 명령어가 램의 100번지에 있다면 다음 명령어는 램의 101번지에서 가져오는 방식입니다. 그런데 분기 명령어는 IAR의 내용을 직접 바꿀 수 있습니다. IAR에서 참조한 바뀐 램의 주소로 점프하듯 뛰어서 그 안에 있는 명령어를 가져올 수 있습니다.

분기 명령어 유형은 몇 가지가 있습니다. 앞에서 설명한 분기 명령어는 정확하게는 레지스터 분기 명령어(jump register instruction)입니다. 이 명령어는 레지스터 B에 들어 있는 내용을 IAR로 옮기는 역할을 합니다. 그림 44-1에서 이 명령어에 대한 코드가 어떻게 구성되어 있는지 볼 수 있습니다.

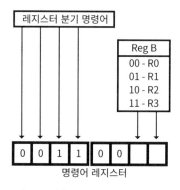

그림 44-1 레지스터 분기 명령어 코드의 구조

컴퓨터는 램에 있는 일련의 명령어를 하나씩 하나씩 실행하다가 분기 명령어가 나오면 갑자기 IAR의 내용을 바꿉니다. 그러면 어떻게 될까요? 다음 명령어를 가져올 주소는 더 이상 현재 명령어를 가져온 램 주소의 다음 번지가 아닙니다. 그 주소는 누군가가 적어놓은 램의 주소로 IAR에 로드되어 있습니다. 램 주소에서 다음 명령어를 꺼내서 실행한 후에는 또 다른 분기 명령어를 만

나기 전까지 램의 번지수는 1씩 증가하며 예전처럼 명령어를 순차대로 실행할 겁니다.

레지스터 분기 명령어를 배선하는 데는 단계 하나면 족합니다. 스텝 4에서 선택된 레지스터가 버스로 데이터를 출력하고 IAR에 데이터를 저장합니다. CPU 속도를 좀 올리려면 다음 명령어를 좀 더 빨리 가져오도록 스텝 5 부분에서 스테퍼를 리셋하면 됩니다. 하지만 다이어그램을 간단하게 유지하기 위해 이런 자잘한 튜닝은 생략하고, 스텝 5와 스텝 6은 아무 일도 하지 않도록 놔두겠습니다.

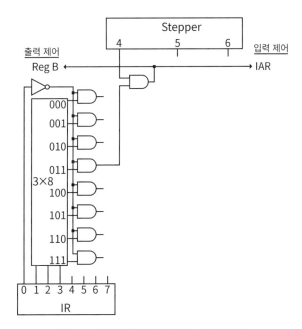

그림 44-2 레지스터 분기 명령어를 위한 제어 장치 배선

방금 우리는 레지스터 분기 명령어 단어를 컴퓨터 언어에 추가했습니다.

언어	의미
JMPR RB	RB에 들어 있는 램의 주소로 분기

표 44-1 분기 명령어 단어

직접 분기 명령어

다른 유형의 분기 명령어를 소개하겠습니다. 이 명령어는 데이터 명령어처럼 2바이트로 구성되어 있습니다. 이 명령어는 두 번째 바이트에다 램의 번지수를 적어줍니다. 이 명령어를 실행하면 (레지스터에 들어있던 주소를 이용하는 대신에) 이 명령어 뒤에 따르는 두 번째 바이트에 들어있는 RAM의 번지수를 이용해 IAR의 내용을 직접 변경하고 분기하여 다음 명령어를 가져올 수 있습니다. 그림 45-1에서 이 명령어의 코드가 어떻게 구성되어 있는지 확인할 수 있습니다. 첫 번째 바이트의 명령어 코드 중 하위 비트인 4~7번 비트는 사용되지 않습니다.

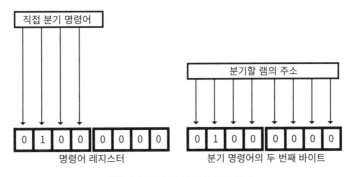

그림 45-1 직접 분기 명령어 코드의 구조

이런 유형의 분기 명령어는 '직접 분기 명령어(jump instruction)'라고 부릅니다. 어떤 명령어를 실행하고 싶을 때 그 명령어가 있는 램의 번지수를 알고 있다면 유용한 분기 명령이지요.

직접 분기 명령어로 할 수 있는 가장 대표적인 일은 여러 명령어의 조합을 반복해서 실행하는 일입니다. 램 안에 50개의 명령어가 나열되어 있을 때, 마지막 50번째 바이트에 첫 번째 명령어가 있는 램의 번지수로 분기하도록 직접 분기 명령어를 써 주면, 50개의 명령이 순차적으로 반복 실행됩니다.

직접 분기 명령어를 실행하면 데이터 명령어처럼 IAR을 갱신하고 두 번째 바이트를 가리킵니다. 그러나 데이터 명령어를 설계할 때처럼 IAR에 1을 또 더할 필요는 없습니다. IAR에 들어 있는 램 주소가 어쨌든 다른 주소로 교체되므로 신경 쓸 필요가 없습니다. 스텝 4에서는 IAR에 들어 있는 두 번째 바이트의 램 주소를 꺼내서 MAR에 넣어 줍니다. 스텝 5에서는 MAR이 선택한 램의 주소에 들어 있는 명령어 코드를 꺼내서 IAR에 넣어 줍니다. 그러면 분기된 주소에 저장된 명령어가 실행됩니다. 스텝 6에서는 딱히 아무런 일도 하지 않습니다.

직접 분기 명령어를 실행하기 위한 배선은 그림 45-2와 같습니다.

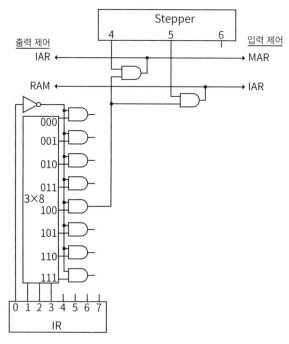

그림 45-2 직접 분기 명령어를 위한 제어 장치 배선

표 45-1과 같이 새로운 명령어가 추가되었습니다.

언어		의미
JMP	Addr	특정 램 주소로 직접 분기

표 45-1 직접 분기 명령어 단어

위대한 도약 3
: 조건 분기 명령어

이제 우리는 세 번째이자 마지막 도약을 실현하려고 합니다. 이번 장에서 만들 '조건 분기 명령어(jump if instruction)'는 컴퓨터를 진정한 컴퓨터로 만드는 열쇠입니다. 조건 분기 명령어는 상황에 따라서 분기하거나 분기하지 않을 수 있습니다. 이것이 보통의 분기 명령어와 다른 점입니다. 분기 여부를 결정하려면 1비트가 추가적으로 필요합니다. 명령어를 구현하기 위해 먼저 분기 조건을 판단하려면 1비트 정보를 어떻게 이용해야 하는지 살펴보아야 합니다.

자리 올림은 ALU에서 출력되지만 ALU로 입력되기도 합니다. 자리 올림은 가산기나 시프트 장치에서 출력됩니다. 숫자 2개를 더한 결과가 255보다 크다면 자리 올림 출력이 1이 됩니다. 최상위 비트가 1인 바이트 왼쪽 방향으로 시프트해도 자리 올림 출력이 1이 됩니다. 최하위 비트가 1인 바이트를 오른쪽 방향으로 시프트해도 마찬가지로 자리 올림 출력이 1이 됩니다. ALU는 이 세 가지 상황에서 모두 자리 올림 출력 비트를 1로 만듭니다.

ALU에는 들어온 입력 2개가 같은지 말해 주는 비트도 있고, 첫 번째 입력이 두 번째 입력보다 더 큰지 말해 주는 비트도 있습니다. ALU가 출력한 바이트가 모두 0인지 알려 주는 비트도 있습니다.

앞에서 열거한 비트 4개는 우리 컴퓨터에서 아직은 사용하지 않는 정보입니다. 이렇게 연산 결과의 속성을 나타내는 비트들을 '플래그(flag)' 비트라고 부릅니다. 플래그 비트는 앞으로 조건 분기 명령어가 분기할지 결정하기 위한 조건으로 사용할 겁니다. 조건 분기 명령어는 특정 플래그를 조사하여 분기할 조건을 만족하는지 판단한 후 조건을 만족하면 다른 주소로 건너뛰지만 조건을 만족하지 않으면 램의 다음 번지에 있는 명령을 순차적으로 실행합니다.

앞으로 우리는 컴퓨터가 ALU 명령어를 하나 실행한 후에 조건 분기 명령어를 몇 번 실행할 수 있도록 만들려고 합니다. ALU 명령어가 실행되는 동안에 어떤 일이 벌어지느냐에 따라 조건 분기를 할 때도 있고 하지 않을 때도 있습니다.

물론 조건 분기를 하는 시점이면 ALU 명령어가 출력한 플래그는 사라진 지 오래입니다. ALU 명령어가 실행되는 세부 사항을 잠깐 살펴봅시다. 스텝 5가 진행되고 있는 동안에만 올바른 입력이 ALU에 들어가고 올바른 연산 결과를 출력합니다. ACC가 결과를 입력받는 시점도 역시 스텝 5입니다. 마찬가지로 플래그 비트 4개 모두 ALU 명령어가 스텝 5를 수행할 때 값이 채워집니다. 나머지 단계에서 플래그 비트는 쓰레기 값으로 채워지므로 스텝 5가 끝나기 전에 플래그 비트들의 상태를 저장해야 합니다.

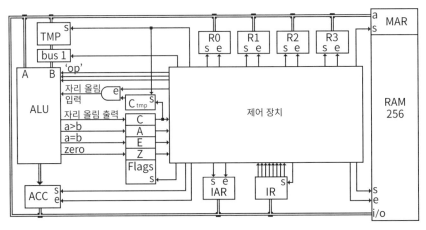

그림 46-1 조건 분기를 위한 제어 장치 구조

여기서 우리가 CPU 안에 추가해야 할 마지막 레지스터인 '플래그 레지스터(flag register)'를 소개하겠습니다(그림 46-1에는 'Flags'로 표시되어 있습니다). 범용 레지스터는 1바이트 크기로 되어 있지만 플래그 레지스터는 4비트 플래그만 저장하면 되므로 4비트 크기입니다.

ALU에서 나오는 플래그 비트들은 플래그 레지스터의 입력부와 연결되어 있습니다. 플래그 레지스터는 ACC처럼 ALU 명령어의 스텝 5 시점에 플래그를 입력받습니다. 게다가 다음 ALU 명령어가 실행될 때까지 플래그 레지스터는 현재 상태를 그대로 유지하므로 ALU 명령어 다음에 조건 분기 명령어를 실행하면 제어 장치가 플래그 레지스터 안에 들어 있는 플래그 비트들을 이용해 분기할 조건을 검사할 수 있습니다.

모든 명령어는 스텝 1에서 ALU를 사용합니다. 다음 명령어를 가져오기 위해서는 IAR에 1을 더하는 준비 작업이 필요하기 때문입니다 그러나 플래그를 설정할 수 있는 배선이 선택되는 시점은 ALU 명령어의 스텝 5뿐입니다.

플래그 비트들과 조건 분기 명령어 명령어를 조합하면 오늘날 우리가 아는 컴퓨터가 하는 모든 일을 할 수 있는 컴퓨터가 됩니다. 그것이 우리의 세 번째 위대한 도약입니다.

그림 46-2는 조건 분기 명령어 코드의 구조를 보여 줍니다. IR 코드의 하위 4비트는 CPU가 어떤 플래그를 검사해야 하는지 말해 줍니다. IR 코드의 하위 4비트는 어떤 플래그의 조건을 검사할지 지정하는 데 사용합니다. 분기할 조건을 검사하고 싶은 특정 플래그를 나타내는 비트를 각각 1로 설정합니다. 4개의 플래그 중 하나라도 1로 설정했다면 선택한 플래그 종류가 Flags에서 1일 때에만 분기합니다. 플래그가 4개이므로 분기를 만족하는 조합도 꽤 다양합니다. 분기 조건이 만족한다면 데이터 명령어나 직접 분기 명령어처럼 두 번째 바이트에 들어 있는 램 주소로 분기합니다.

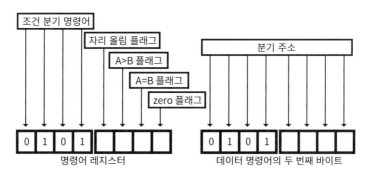

그림 46-2 조건 분기 명령어 코드의 구조

그림 46-3은 조건 분기 명령어를 실행하기 위해 제어 장치 안에 설치한 배선을 보여줍니다.

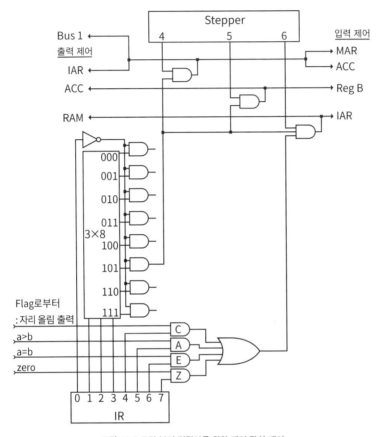

그림 46-3 조건 분기 명령어를 위한 제어 장치 배선

스텝 4에서는 IAR에서 주소를 꺼내서 MAR에 넣어 줍니다. 만약 분기한다면 MAR에 넣은 주소로 분기하여 명령을 실행합니다. 그러나 조건이 충족되지 않아 분기하지 않을 수도 있으므로 순차적으로 명령어를 실행해야 하는 상황을 대비하여 램의 현재 주소 바로 다음 번지수를 어딘가에 저장해 놓아야 합니다. 이를 위해 Bus 1을 1로 만들어 IAR과 더한 후 결과를 ACC에 임시로 저장합니다.

스텝 5에서는 분기하지 않는 상황을 처리합니다. 이를 위해 ACC에 있는 램의 주소를 IAR에 넣고 순차적으로 다음 명령어를 가져올 준비를 합니다.

잠깐 스텝 4와 스텝 5를 조금 더 자세히 살펴봅시다. 우리가 설계한 CPU에는 구조상 '자리 올림 입력'에 관한 두 가지 문제점이 있습니다. 자리 올림 입력은 Shift 명령어나 Add 명령어에서 추가적인 입력 비트로 사용됩니다. 이것은 덧셈 연산이 255보다 큰 결과를 나타낼 때 유용합니다.

첫 번째 문제는 모든 명령어가 가산기를 이용해서 IAR이 가진 데이터값에 1을 더해 주는 데서 생깁니다. 자리 올림 입력은 여기에서는 전혀 쓰이지 않습니다. 그러나 우리의 CPU는 자리 올림 플래그가 항상 연결되도록 설계되어 있습니다. 그래서 자리 올림 입력이 1이라면 IAR은 언제나 자신이 지닌 데이터값에 1이 아닌 2를 더해 버립니다.

이 문제를 해결하는 방법은 자리 올림 입력과 ALU 사이에 2입력 AND 게이트로 된 출력 제어기를 설치하는 것입니다. 이렇게 하면 자리 올림 입력은 ALU 명령어에서 스텝 5가 수행되는 동안에만 1이 되고 다른 경우에는 0이 됩니다.

두 번째 문제도 ALU 명령어에서 스텝 5가 수행되는 동안에 발생합니다. 스텝 5에서 자리 올림 플래그는 ALU에서 자리 올림 출력값을 입력받자마자 곧바로 현재 ALU 명령어의 입력으로 다시 사용됩니다. 만약 현재 연산으로 얻은 자리 올림값이 이전 연산으로 얻은 자리 올림값과 다르다면 계산 결과에 오류가 생깁니다. 이를 예방하기 위해 '자리 올림 임시 저장소(Carry Temp)'라는 새로운 메모리 비트를 추가했습니다. 그림 46-1에는 'C$_{tmp}$'라고 표기되어 있습니다. 자리 올림 임시 저장소는 자리 올림 플래그와 출력 제어기 사이에 위치해 있습니다. 이를 예방하기 위해 스텝 5가 수행되기 전에 자리 올림 플래그의 값을 자리 올림 저장소에 저장하고, 스텝 5가 수행되는 동안에 이용하는 것입니다. 이 부품을 설치한 후에는 스텝 4가 되면 자리 올림 임시 저장소가 자리 올림 플래그값을 입력받는 동시에 TMP 레지스터도 값을 입력받습니다. 따라서 ALU 명령어는 이제 더 이상 스텝 5 동안에 자리 올림 입력이 변하는 문제를 겪지 않습니다.

스텝 6에서는 플래그를 검사해서 분기할지를 결정합니다. 먼저 IR에 들어 있는 조건 분기 명령어 코드의 하위 4비트와 플래그 레지스터에 저장된 4비트를 같은 플래그 종류로 AND한 결과를 4입력 OR 게이트에 각각 입력으로 보냅니다. 이때 플래그 비트 4개 중에 1개라도 1이라면 4입력 OR 게이트가 1이 됩니다. 현재 명령어가 조건 분기 명령어이고 스텝 6이라면 그 앞의 3입력 AND 게이트도 1을 출력하여 IAR 앞에 있는 AND 게이트의 세 번째 입력이 1이 되고 버스에 연결된 램의 출력과 IAR의 입력이 모두 활성화됩니다. 이제 램에 있는 명령어의 주소를 버스에 출력하면 IAR가 입력받아서 프로그램이 분기합니다.

예를 들어, 조건 분기 명령어에서 플래그 검사 비트 'A=B'가 1이고, ALU 연산의 결과로 Flags에 저장된 'A=B' 플래그 비트도 1이라면, 조건이 만족하므로 분기합니다.

이제 우리는 컴퓨터 언어 목록에 많은 명령어를 추가할 수 있습니다. 명령어 단어를 구성하는 약어에서 'J'는 분기(Jump)를, 'C'는 올림(Carry)을, 'A'는 A가 더 큼을, 'E'는 A와 B가 같음을 그리고 'Z'는 연산 결과가 모두 0(zero)임을 뜻합니다. 표 46-1에 플래그 1개만 검사하고 조건 분기하는 명령어 단어를 정리했습니다.

언어		의미
JC	Addr	자리 올림이 발생하면 분기
JA	Addr	A>B이면 분기
JE	Addr	A=B이면 분기
JZ	Addr	결과가 0이면 분기

표 46-1 단일 조건 분기 명령어 단어

물론 명령 코드 하위 4비트에 2개 이상의 1을 넣으면 복수의 플래그 비트를 동시에 검사할 수 있습니다. 검사 비트의 수가 4개이므로 1을 채울 수 있는 조합은 16가지입니다. 하지만 0000처럼 모든 비트가 꺼진 조합에서는 분기가 실행되지 않으므로 이를 제외해야 합니다. 표 46-2와 같이 총 11개의 조건 분기 명령어 단어를 더 추가할 수 있습니다.

언어		의미
JCA	Addr	자리 올림 또는 A>B이면 분기
JCE	Addr	자리 올림 또는 A=B이면 분기
JCZ	Addr	자리 올림 또는 0이면 분기
JAE	Addr	A>B 또는 A=B이면 분기
JAZ	Addr	A>B 또는 0이면 분기
JEZ	Addr	A=B 또는 0이면 분기
JCAE	Addr	자리 올림 또는 A>B 또는 A=B이면 분기
JCAZ	Addr	자리 올림 또는 A>B 또는 0이면 분기
JCEZ	Addr	자리 올림 또는 A=B 또는 0이면 분기
JAEZ	Addr	A>B 또는 A=B 또는 0이면 분기
JCAEZ	Addr	자리 올림 또는 A>B 또는 A=B 또는 0이면 분기

표 46-2 복합 조건 분기 명령어 단어

플래그 레지스터 초기화 명령어

덧셈이나 시프트 연산을 할 때 자리 올림 플래그가 켜지는 상황이 종종 발생합니다. 이전 장에서 우리는 조건 분기 명령어를 만들어 사용했습니다. 그런데 조건 분기 명령어가 자리 올림 플래그를 1로 만들어버리면 다른 곳에서 성가신 문제가 생길 수 있습니다.

자리 올림 플래그는 덧셈이나 시프트 연산 과정에서 입력으로 사용됩니다. 좀 더 자세히 말하자면, 255보다 큰 숫자를 더해야 할 때 그리고 개별적인 레지스터 2개를 묶어 시프트 연산을 적용해야 할 때 자리 올림 플래그가 필요합니다.

1바이트 숫자를 2개 더할 때 지금까지는 어떤 명령어 때문에 생긴 자리 올림 비트를 신경 쓰지 않았습니다. 그런데 조건 분기 명령어를 사용한 후에는 문제가 생깁니다. 만약 좀 전에 조건 분기 명령어가 수행된 후 플래그 레지스터에 있는 자리 올림 플래그 비트가 1이 되어 지금까지 그대로 있다면? 이 상황에서 컴퓨터는 2+2를 계산한 후 정답으로 5를 내놓을 겁니다. 정말 이상한 일이죠.

우리가 일상적으로 사용하는 PC 안에는 이런 오작동을 방지할 수 있는 여러 대책이 마련되어 있으므로 걱정할 필요는 없습니다. 하지만 우리가 이 책에서 만드는 컴퓨터 안에는 그런 대책이 없으므로 직접 만들어야 합니다. 문제를 예방할 수 있는 가장 간단한 방법은 덧셈 또는 시프트 연산이 오작동하지 않도록 '플래그 레지스터 초기화 명령어(clear flags instruction)'를 추가해서 플래그 레지스터의 모든 비트를 0으로 초기화해 버리는 것입니다.

플래그 레지스터 명령어 코드의 구조는 그림 47-1과 같습니다. 플래그 레지스터 초기화 명령어의 코드는 4~7번 비트를 사용하지 않습니다.

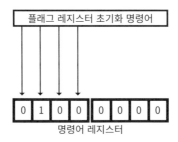

그림 47-1 플래그 레지스터 초기화 명령어 코드의 구조

이 명령어를 위해 배선을 연결하는 일은 간단합니다. 다만 약간 머리를 굴려야 합니다. 먼저 해야 할 일은 모든 출력을 차단하여 버스를 0000 0000으로 만드는 것입니다. 그래야 ALU의 첫 번째 입력 바이트가 0이 됩니다. 이 상태에서 Bus 1을 1로 설정하면 ALU의 두 번째 입력이 0000 0001이 됩니다. 현재는 ALU에 어떤 명령도 수행하지 않으므로 명령어 코드가 0000이고 이것은 ADD 연산을 암시합니다. ALU는 첫 번째 입력과 두 번째 입력을 더합니다. 자리 올림 입력이 없었으면 연산 결과가 0000 0001이 되고, 자리 올림 입력이 발생했으면 연산 결과가 0000 0010이 됩니다. 연산을 수행한 후 플래그 레지스터의 상태를 살펴봅시다. 첫째, 자리 올림 입력이 있든지 없든지 자리 올림 출력은 발생하지 않으므로 C 플래그는 0이 됩니다. 둘째, 출력이 전부 0으로 채워지지 않았으니 Z 플래그도 역시 0이 됩니다. 셋째, 첫 번째 입력이 두 번째 입력보다 작으므로 E 플래그와 A 플래그가 모두 0이 됩니다. 플래그 레지스터의 모든 비트가 0000으로 초기화되었습니다. 이것이 플래그 레지스터 초기화 명령어입니다.

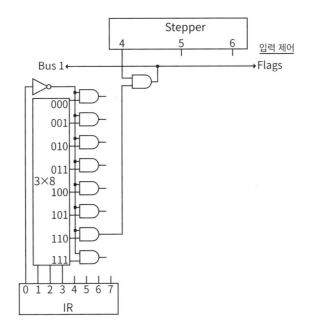

그림 **47-2** 플래그 레지스터 초기화 명령어를 위한 제어 장치 배선

플래그 초기화 명령어가 표 47-1과 같이 컴퓨터 언어에 추가되었습니다.

언어	의미
CLF	Flags의 모든 플래그 비트를 0으로 초기화

표 **47-1** 플래그 레지스터 초기화 명령어 단어

완성된 제어 장치

드디어 CPU의 제어 장치를 완성했습니다. 그 결과 램에다 일련의 명령어(프로그램)를 집어넣으면 제어 장치는 클록, 스테퍼, 명령어 레지스터 그리고 이것들을 서로 연결한 배선을 통해 명령어를 가져오고 실행할 수 있습니다. 완성된 제어 장치의 전체 모습은 그림 48-1과 같습니다.

다이어그램이 꽤 복잡합니다. 하지만 우리가 이미 다 살펴본 부분을 합쳐 놓은 것뿐입니다. 그림에서 우리가 처음 보는 부분은 '출력 제어' 단자와 '입력 제어' 단자에 다수의 연결선이 필요하기 때문에 OR 게이트를 몇 개 추가한 부분 정도입니다. 사실 제어 장치에는 램을 만들 때보다 훨씬 적은 개수의 부품이 들어갑니다. 단지 전선이 여기저기 반복적으로 늘어져 있어서 복잡해 보일 뿐이지요.

명령어 레지스터 안에 들어 있는 비트 패턴은 특정한 작업을 지시합니다. 명령어 레지스터의 비트 패턴은 특정한 작업 1개를 수행하도록 배선되어 있고, 코드가 바이트 크기이므로 총 256가지의 고유한 작업을 나타낼 수 있습니다.

이미 언급했던 것처럼 이 코드를 명령어 코드라고 부릅니다. 또 다른 말로는 '기계어'라고 부릅니다. 기계(컴퓨터)가 이해하는 유일한 언어(코드)가 바로 이런 비트 패턴입니다. 수행하고 싶은 주문을 목록에 적어서 컴퓨터에 입력하는 방법으로 컴퓨터와 소통할 수 있습니다. 물론 그 목록은 컴퓨터가 이해할 수 있는 기계어, 즉 바이트 크기의 on과 off로 된 패턴으로 건네야 합니

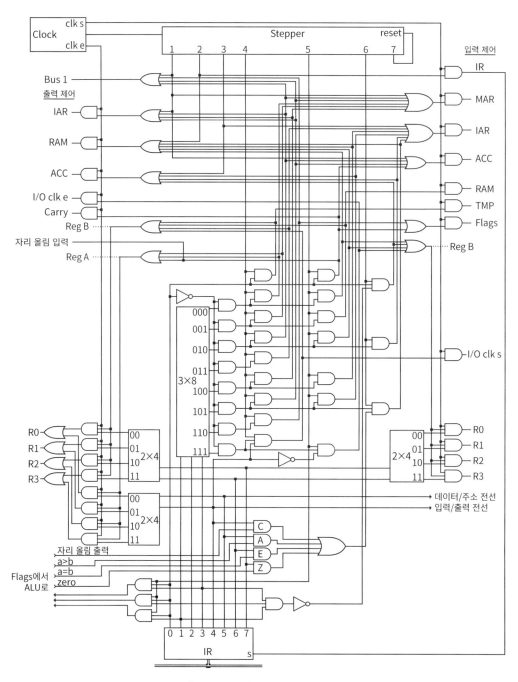

그림 48-1 완성된 제어 장치 다이어그램

다. 그래야만 컴퓨터는 비로소 우리에게 유용한 일을 해줄 수 있습니다.

명령어 코드에서 상위 4비트는 op 코드입니다. 우리는 op 코드로 명령어를 최대 16개까지 만들 수 있지만, 이 책에서는 15개의 명령어를 사용합니다. 표 48-1은 우리 컴퓨터에서 사용되는 모든 명령어와 명령 코드를 나타낸 목록입니다.

믿을지 모르겠지만 컴퓨터가 하는 모든 일은 이와 같은 명령어 15개를 이리 저리 조합해 수행하는 것입니다.

명령어 코드	언어		의미
1000 rarb	ADD	RA, RB	덧셈 연산
1001 rarb	SHR	RA, RB	오른쪽 시프트 연산
1010 rarb	SHL	RA, RB	왼쪽 시프트 연산
1011 rarb	NOT	RA, RB	NOT 연산
1100 rarb	AND	RA, RB	AND 연산
1101 rarb	OR	RA, RB	OR 연산
1110 rarb	XOR	RA, RB	XOR 연산
1111 rarb	CMP	RA, RB	비교 연산
0000 rarb	LD	RA, RB	RA가 가리키는 램 주소에 들어 있는 데이터를 RB로 로드
0001 rarb	ST	RA, RB	RB에 들어 있는 데이터를 RA가 가리키는 램 주소에 저장
0010 00rb	DATA	RB, Addr	RB에 8비트 데이터 로드
0011 00rb	JMPR	RB	RB에 들어 있는 램 주소로 분기
0100 0000	JMP	Addr	특정한 램 주소로 분기
0101 caez	JCAEZ	Addr	플래그를 검사하여 분기
0110 0000	CLF		Flags의 모든 플래그 비트를 0으로 초기화

표 48-1 명령어 전체 목록

기타 산술 연산

이번 주제에 많은 시간을 쏟고 싶지는 않습니다. 다만 이제까지 우리가 덧셈 연산 말고는 다른 산술 연산에 대해 살펴본 적이 없기 때문에 조금 더 언급할 것이 있습니다. 약간 더 복잡한 산술 연산은 어떻게 처리하는지 예를 들어 배워 보겠습니다. 컴퓨터가 복잡한 연산을 수행할 때 어떤 기계적인 절차를 따르는지 깊숙이 들어가지는 않고, 다만 우리 컴퓨터에서 이런 연산이 어떻게 가능한지 논리적으로 증명해 보겠습니다.

먼저 뺄셈 연산을 살펴봅시다. 뺄셈은 가산기와 NOT 게이트로 구현할 수 있습니다. R0에서 R1을 빼려면 우선 R1을 부정한 출력 결과를 다시 R1에 넣어야 합니다. 그 후 R1에 1을 더한 결과를 다시 R1에 넣습니다. 마지막으로 R0과 R1을 더하면 됩니다.

그림 49-1은 앞서 말한 방법으로 37에서 21을 빼는 예시입니다.

마지막 단계는 37과 245를 더하는 부분입니다. 이 값은 이진수로 1 0001 0000으로 272가 되어야 하지만 레지스터가 255 이상 담을 수 없으므로 올림 비트가 커지면서 9번 비트는 무시됩니다. 연산 결과는 9번 비트를 제외한 0001 0000으로, 십진수로 환산하면 16입니다. 37-26=16이니 정확한 결과입니다.

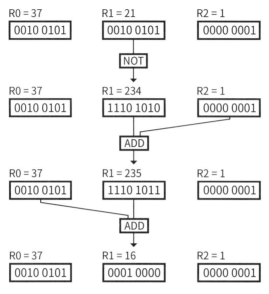

그림 49-1 뺄셈 연산의 원리

왜 어떤 숫자를 NOT하고 ADD한 후 덧셈을 하면 뺄셈이 되는 걸까요? NOT을 한 후 1을 더하는 이유는 무엇일까요? 왜 올림 비트는 무시해야 할까요? 이 책은 컴퓨터의 원리를 설명하는 책이지, 연산 원리를 밝히는 책은 아니므로 일단 지금은 이진수의 특성 때문에 이렇게 계산하는 것이 가능하다는 점과, 뺄셈 명령어가 없어도 덧셈 기능을 확장해서 뺄셈을 할 수 있다 정도만 알아 두세요. 그것만으로 충분합니다. 뺄셈 연산의 원리를 알아도 매번 덧셈을 이용해서 뺄셈을 하려면 효율이 좋지 않고 불편합니다. 그래서 엔지니어들이 우리가 사용하는 컴퓨터에 뺄셈 명령어를 이미 구비해 놓았습니다.

이제 곱셈을 하는 방법을 알아봅시다. 펜과 종이를 가지고 십진수로 곱셈을 할 때 여러분은 구구단을 1단부터 9단까지 모두 기억하고 있어야 합니다. 예를 들어, 3 곱하기 8은 24이고 6 곱하기 9는 54라는 사실을 알아야만 합니다.

이진수 곱셈은 십진수 곱셈보다 사실 훨씬 쉽습니다. 1 곱하기 1은 1이고 나머지 조합인 0 곱하기 1, 1 곱하기 0, 0 곱하기 0은 모두 0이니까요. 이보다 간단할 순 없습니다! 다음 그림은 이진수로 5 곱하기 5를 계산하는 예시입니다.

$$
\begin{array}{r}
0\,0\,0\,0\,0\,1\,0\,1 \\
\times\,0\,0\,0\,0\,0\,1\,0\,1 \\
\hline
0\,0\,0\,0\,0\,1\,0\,1 \\
0\,0\,0\,0\,0\,0\,0\,0 \\
0\,0\,0\,0\,0\,1\,0\,1 \\
0\,0\,0\,0\,0\,0\,0\,0 \\
0\,0\,0\,0\,0\,0\,0\,0 \\
0\,0\,0\,0\,0\,0\,0\,0 \\
0\,0\,0\,0\,0\,0\,0\,0 \\
0\,0\,0\,0\,0\,0\,0\,0 \\
\hline
0\,0\,0\,0\,0\,0\,0\,0\,0\,0\,0\,1\,1\,0\,0\,1
\end{array}
$$

그림 49-2 이진수 곱셈의 예시

여기에서 무슨 일이 벌어지고 있는지 살펴보면, 입력 B로 들어온 여덟 자리 숫자의 가장 하위 비트인 오른쪽 열에 있는 수가 1이므로 1번 행의 계산 결과는 입력 A인 00000101입니다. 2번 행의 계산 결과는 입력 B의 2번 비트가 0이므로 00000000이지만, 2번 비트이므로 왼쪽으로 한 번 시프트해 줍니다. 3번 행의 계산 결과는 입력 B의 3번 비트가 1이므로 00000101이지만, 3번 비트이므로 왼쪽으로 두 번 시프트해 줍니다. 이런 식으로 8번 행까지 행을 각자 계산한 후 모든 수를 더합니다.

곱셈에 필요한 연산은 덧셈과 시프트 연산뿐입니다. 우리는 이미 가산기와 시프트 장치를 구현했으니 곱셈은 매우 간단하게 구현할 수 있습니다. 이제 곱셈 프로그램을 작성해 봅시다.

R0에 입력 B로 사용할 숫자를 넣고 R1에는 입력 A로 사용할 숫자를 넣습니다. R2는 곱셈 결과를 저장할 때 사용합니다. R3는 프로그램 루프를 여덟 번 반복하기 위해 사용합니다.

램의 주소	명령어		설명
50	DATA	R3,0000 0001	R3에 1을 입력
52	XOR	R2, R2	R2에 0을 입력
53	CLF		Flags 초기화
54	SHR	R0	R0을 오른쪽으로 시프트
55	JC	59	ADD 명령 수행
57	JMP	61	ADD 명령 수행 건너뜀

59	CLF		Flags 초기화
60	ADD	R1, R2	현재 곱셈 결과 누적
61	CLF		Flags 초기화
62	SHL	R1	R1에 곱하기 2
63	SHL	R3	시프트 연산으로 루프 잔여 횟수 카운트
64	JC	68	루프가 8회 반복됐으면 종료
66	JMP	53	루프가 8회 미만이면 첫 줄로 분기
68	(프로그램에서 다음 명령어)		

표 49-1 곱셈 프로그램의 예시

이 프로그램이 처음 3번 반복되는 동안 레지스터들에 어떤 일이 생기는지 살펴봅시다.

	R0	R1	R2	R3
시작(52행 이후):				
	0000 0101	0000 0101	0000 0000	0000 0001
1회(63행 이후):				
	0000 0010	0000 1010	0000 0101	0000 0010
2회(63행 이후):				
	0000 0001	0001 0100	0000 0101	0000 0100
3회(63행 이후):				
	0000 0000	0010 1000	0001 1001	0000 1000

그림 49-3 곱셈 연산에서 레지스터 값 변화

여기에서 일어나는 중요한 사건은 R2에 R1을 두 번 더했다는 사실입니다. 루프를 1회 수행하면 R1은 0000 0101이 됩니다. 그리고 루프를 3회 반복하면 R1은 왼쪽 시프트를 두 번 적용했으므로 0010 1000이 됩니다.

루프를 3회 반복하면 R2에는 0001 1001이 저장되는데 이것은 십진수로 25입니다. 정확히 5 곱하기 5의 정답입니다. 이 루프는 R3 비트가 왼쪽으로 한 번씩 시프트해서 결국 자리 올림 플래그가 1이 될 때까지 다섯 번 더 반복됩니다. 하지만 곱셈 결과가 더 커지진 않습니다. R0이 현재 0이므로 루프를 반복해도 자리 올림 플래그는 계속 0이기 때문입니다. 플래그가 0이면 ADD 명령으로 분기할 조건을 만족하지 않으므로 곱셈 결과는 현재 결과 그대로입니다.

이 프로그램은 여덟 번 반복됩니다. 프로그램이 시작할 때 R3 안에는 0000 0001이 들어 있었습니다. 프로그램이 끝나기 직전 R3은 0000 0000이 됩니다.

루프가 처음 일곱 번 반복될 동안에 자리 올림 플래그는 0입니다. 따라서 프로그램은 JMP 53 명령에 따라 CLF 명령어의 위치로 분기합니다. 그리고 차례대로 명령어를 실행합니다. 루프가 일곱 번 반복이 끝나고 여덟 번째 시작할 때쯤 SHL 명령어가 수행되면서 R3는 0000 0000이 됩니다. 그리고 자리 올림 플래그가 1이 됩니다. 그 결과로 JC 명령어가 조건을 만족하면서 68번지로 분기하며, 더 이상 JMP 53이 실행되지 않고 프로그램이 종료합니다.

R0에 들어 있는 바이트 데이터는 어떤 비트에 1이 있는지 조사하기 위해 루프마다 한 번씩 오른쪽으로 시프트 연산을 수행합니다. 그리고 R1에 있는 바이트 데이터는 루프마다 한 번씩 2를 곱해 주기 위해 왼쪽으로 시프트 연산을 수행합니다. R0에서 1을 발견할 때마다 R2에 R1을 시프트한 후 더하는 겁니다. 이것이 곱셈의 전부입니다.

앞의 예제에서 다루지 않은 부분이 하나 있습니다. 곱셈 결과가 255보다 크다면 어떻게 될까요? 우리는 1바이트 숫자 2개를 곱하는 일을 하는 프로그램을 작성했습니다. 1바이트의 곱셈으로 가장 큰 수는 1111 1111 곱하기 1111 1111의 결과인 1111 1110 0000 0001이고 십진수로는 65025입니다. 두 수의 곱이 제대로 저장되려면 출력 바이트로 2바이트 크기를 표현할 수 있도록 설계해야 합니다. 그런데 우리가 가진 레지스터는 1바이트 크기라서 출력을 표현하기엔 부족합니다. 자리 올림 플래그와 몇 가지 조건 분기를 이용하면 1바이트 레지스터를 2개 연결해서 2바이트 이상의 숫자를 표현하고 계산할 수 있습니다.

머리만 아플 테니 더 자세한 내용은 다루지 않겠습니다.

프로그램을 독해하는 일은 지금까지 다이어그램이나 그래프를 독해하는 일과 전혀 다른 기술을 요구합니다. 저는 여러분이 프로그램을 한 줄 한 줄 잘 따라오길 바라고 있습니다. 그렇다고 여러분이 이 책을 한 번 훑어보고 프로그램을 잘 읽을 수 있으리라 기대하지는 않습니다.

우리가 만든 컴퓨터로 나눗셈도 얼마든지 할 수 있습니다. 나눗셈을 하는 방법은 매우 복잡한 방법부터 아주 쉬운 방법까지 여러 가지가 있지만, 가장 간단한 방법을 시도해서 나눗셈 계산이 가능함을 확인해봅시다. 예를 들어 설명해 보겠습니다. 여러분이 15 나누기 3을 계산한다고 생각해 보세요. 이때 컴퓨터로 계산을 하려면 어떤 과정을 거쳐야 할까요. 먼저 여러분은 15에서 3을 빼는 일을 반복해야 합니다. 그리고 15가 0이 될 때까지 뺄셈을 몇 번 반복했는지 횟수를 세야 합니다. 그러면 그 횟수가 바로 나눗셈의 결과입니다. 15에서 3을 빼서 0이 되려면 다음 과정을 거쳐야 합니다. ① 15-3=12, ② 12-3=9, ③ 9-3=6, ④ 6-3=3, ⑤ 3-3=0. 결과적으로 15 나누기 3의 정답은 5가 됨을 확인할 수 있습니다. 이런 방식의 나눗셈은 프로그램으로 쉽게 작성할 수 있습니다.

컴퓨터는 음수나 소수점이 있는 수도 여러 가지 방법을 통해 표현하고 계산할 수 있습니다. 그런 고급 기능을 들여다보는 일은 너무 복잡하고, 컴퓨터가 기본적으로 작동하는 원리를 이해하는 것과는 무관합니다. 어떤 복잡한 일이든 컴퓨터가 하는 일은 모두 NAND 게이트를 여러 개 이용해서 할 수 있습니다. 게다가 우리가 만든 간단한 컴퓨터는 별도 장치를 만들지 않아도 프로그램을 작성해서 앞서 말했던 고급 기능을 모두 수행할 수 있습니다.

장치 I/O

지금까지 우리가 살펴본 것이 컴퓨터의 '전체'입니다. 컴퓨터는 단지 램과 CPU라는 장치로 이루어져 있습니다. 그게 전부입니다. 복잡한 일을 수행하기 위해 컴퓨터가 가져야 할 능력은 다음과 같습니다. 첫째, 명령을 수행할 수 있는 능력. 둘째, ALU에 바이트 데이터를 입력하고 연산을 통해 결과를 출력하는 능력. 셋째, 프로그램의 다른 부분으로 분기하는 능력. 넷째, 계산 결과에 따라 조건적으로 분기하는 능력. 이 중에 가장 중요한 요소는 조건 분기 능력입니다. 복잡한 일을 수행하려면 조건 분기 능력이 반드시 필요합니다. 어쨌든 컴퓨터는 이렇게 간단한 작업만 할 수 있지만, 많은 작업을 빠른 속도로 처리할 수 있기 때문에 대단한 일을 해낼 수 있습니다.

CPU와 램만 갖추어도 컴퓨터라고 할 수 있습니다. 하지만 그런 컴퓨터가 할 수 있는 일이란 내부에서 프로그램을 하나 구동하고 램에 있는 어떤 데이터를 바꾸는 것뿐입니다. 컴퓨터 밖에서는 컴퓨터가 무슨 일을 하고 있는지 아무도 알 수가 없습니다. 좀 더 쓸모 있는 컴퓨터를 원한다면 컴퓨터가 외부 세계와 의사소통할 수 있도록 한 가지 요소를 추가해야 합니다.

컴퓨터가 외부 장치와 교류하는 행위를 '입/출력'(input/output) 또는 'I/O'라고 부릅니다. 여기서 말하는 '출력'은 컴퓨터 밖으로 나가는 데이터를 뜻합니다. '입력'은 컴퓨터로 들어오는 데이터를 뜻하고요. 키보드나 마우스 같은 장치는 입력만 가능합니다. 컴퓨터 모니터처럼 출력만 가능한 장치도 있습니다. 그에 반해 디스크 드라이브 같이 입력과 출력이 모두 가능한 장치도 있습니다.

전선 몇 개와 새로운 명령어 1개를 추가하면 I/O를 구동하여 컴퓨터가 외부 장치와 통신할 수 있습니다.

외부 장치와 통신하려면 우선 CPU 버스를 컴퓨터 밖으로 연장하고 전선 4개를 추가로 달아 주어야 합니다.

기존 버스를 구성하는 전선 8개와 추가된 I/O 전선 4개를 합친 전선 12개 뭉치를 I/O 버스라고 부릅니다. 이제 컴퓨터에 장치를 연결하려면 장치를 I/O 버스에 부착해야 합니다.

I/O 버스에 부착하는 장치를 '주변 장치(peripheral)'라고 부릅니다. 장치가 컴퓨터 내부에 있지 않고 외부에 있기 때문입니다.

I/O 버스에는 여러 장치를 부착할 수 있습니다. 하지만 컴퓨터는 I/O 버스를 통해 한 번에 장치 1개만 받아들이고 제어할 수 있습니다.

I/O 버스에 부착되는 장치는 각자 고유한 I/O 주소를 부여받습니다. 이 주소는 램의 주소와는 다릅니다. I/O 주소는 주변 장치가 버스에 접속될 때 어떤 장치가 부착되었는지 인식하기 위한 숫자 라벨 같은 겁니다.

그림 50-1의 오른쪽 아래에 I/O 버스가 표시되어 있는 걸 볼 수 있습니다.

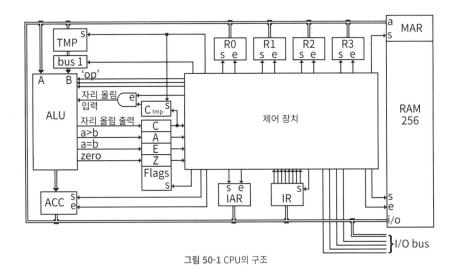

그림 50-1 CPU의 구조

그림 50-2는 I/O 버스 안에 들어 있는 전선들을 보여 줍니다. 여기서 CPU 버스는 지금까지 '버스'라는 명칭으로 사용했던 8개짜리 전선입니다. 데이터나 명령어가 여기를 통해 어디든 흘러갈 수 있습니다. 입력/출력 전선은 CPU 버스를 통해 주변 장치에서 입력을 받아들일 것인지, 아니면 주변 장치에 출력할 것인지 결정합니다. 데이터/주소 전선은 바이트 크기의 데이터를 전송할 것인지 또는 I/O 주소를 보내서 I/O 버스에 부착된 주변 장치 1개를 선택할 것인지 결정합니다. I/O clk e는 컴퓨터 레지스터에서 선택된 주변 장치로 데이터를 출력할 때 제어하기 위한 클록 비트입니다. 마지막으로 I/O clk s는 선택된 주변 장치에서 컴퓨터 레지스터로 데이터를 입력할 때 제어하기 위한 클록 비트입니다.

CPU 버스 ══════════════════
입력/출력 전선 ───────────────
데이터/주소 전선 ───────────────
I/O clk e ───────────────
I/O clk s ───────────────

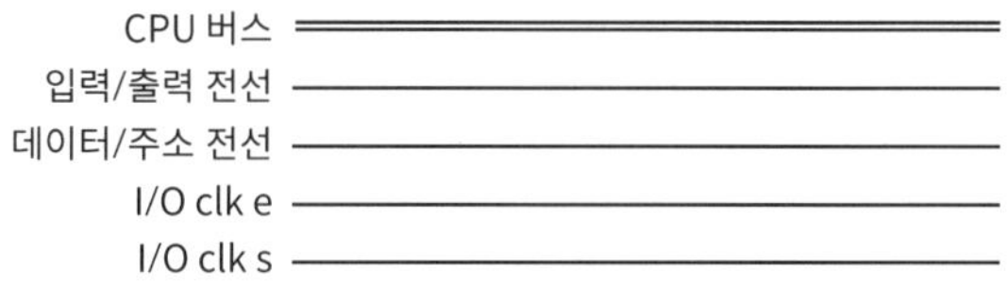

그림 50-2 I/O 버스 구성

그림 50-3은 I/O 버스를 제어하는 명령어의 제어 장치 배선을 보여줍니다. 그림의 오른쪽 아래 부분을 보면 I/O 버스에 포함된 4개의 새로운 전선이 어디서 출발하는지 확인할 수 있습니다. 제어 장치를 완전히 나타낸 다이어그램(그림 48-1)에도 I/O 버스가 그려져 있었습니다. 혼란스러울 수도 있지만 똑같은 다이어그램은 하나로 충분합니다.

　IR 코드의 4~5번 비트는 I/O 버스에 항상 로드됩니다. 어떤 장치와 컴퓨터 사이에 I/O 채널을 만들려면 스테퍼의 단계 하나만 거치면 됩니다. 스테퍼가 스텝 4를 처리하는 동안에는 장치에 데이터를 전송할 수 있습니다. Reg B의 출력 제어 비트를 1로 만들면 I/O clk s가 1이 되었다 0으로 바뀌는 순간 장치에 데이터 전송이 진행됩니다. 이때 스텝 5와 스텝 6에서는 아무런 일도 하지 않습니다. 스텝 5 동안에는 장치에서 데이터를 수신할 수 있습니다. Reg B의 입력 제어 비트를 1로 만들어 주면 I/O clk e가 1이 되는 순간 선택된 주변 장

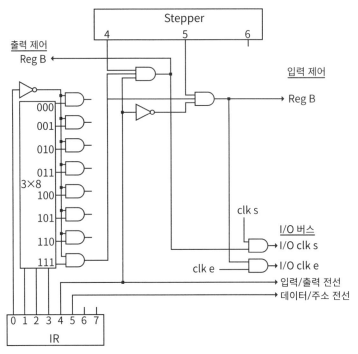

그림 50-3 I/O 처리를 위한 제어 장치 배선

치에서 데이터를 수신할 수 있습니다. 이때 스텝 4와 스텝 6에서는 아무런 일
도 하지 않습니다.

I/O 명령어의 명령 코드는 그림 50-4와 같습니다.

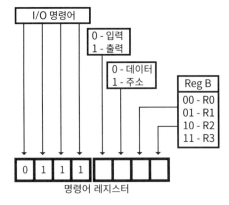

그림 50-4 I/O 명령어의 구조

이 명령어는 IR 코드의 4~5번 비트 패턴에 따라 네 가지 다른 모드로 작동합니다. 마찬가지로 컴퓨터 언어도 명령어 단어를 4개로 구분합니다.

언어		의미
IN	Data, RB	RB가 장치에서 I/O 데이터 수신
IN	Addr, RB	RB가 장치에서 I/O 주소 수신
OUT	Data, RB	RB에서 장치로 I/O 데이터 전송
OUT	Addr, RB	RB에서 장치로 I/O 주소 전송

표 50-1 I/O 명령어 단어

각 I/O 장치는 각자 고유한 특성이 있습니다. I/O 버스를 통해 장치를 연결하려면 장치마다 특수한 부품과 배선을 별도로 설치해야 합니다.

주변 장치를 버스에 연결할 때 필요한 부품과 배선을 한곳에 모은 것을 '장치 어댑터(device adapter)'라고 부릅니다. 장치 어댑터는 유형에 따라 '키보드 어댑터' 또는 '디스크 어댑터'처럼 특정한 이름이 붙습니다.

장치 어댑터는 현재 I/O 버스에서 그 주변 장치의 주소를 볼 수 있어야 작동합니다. 특정 장치의 주소가 보이면, 주변 장치는 장치 어댑터를 통해 컴퓨터가 보내는 명령에 응답할 수 있습니다.

'OUT Addr' 명령어를 사용하면 CPU는 데이터/주소 전선을 주소 전선으로 간주하고 CPU 버스를 통해 통신하려는 주변 장치의 주소를 넣어줄 수 있습니다. 그다음에는 선택된 주변 장치와 연결된 배선만 활성화하여 CPU와 장치가 통신할 준비가 완료됩니다. 주변 장치는 저마다 다른 주소를 부여받으므로 어떤 장치가 I/O 버스에 연결되어 통신 중이라면 나머지 장치는 연결이 불가능합니다.

I/O 시스템을 구성하는 게이트를 일일이 설명하지는 않겠습니다. 제어선 몇 개만으로도 버스를 통해 바이트 크기의 정보를 전송하거나 수신할 수 있다는 것만 기억해도 충분합니다. 이번 장의 핵심은 I/O 시스템의 구조가 굉장히 간단하다는 사실입니다. CPU와 램을 갖추면 컴퓨터가 됩니다. 디스크, 프린터, 키보드, 마우스, 디스플레이 모니터, 소리를 만드는 장치, 네트워킹·인터넷 장치 등은 모두 주변 장치입니다. 주변 장치는 컴퓨터에서 데이터를 수신

하거나 컴퓨터로 데이터를 전송하는 일을 합니다. 장치 어댑터는 저마다 가진 능력과 레지스터 수가 다릅니다. 게다가 주변 장치를 적절히 동작하게 하기 위해 CPU에서 프로그램이 실행해야 할 작업도 다 다릅니다. 하지만 컴퓨터에 데이터를 전송하고 수신하는 일 외에 다른 복잡한 일을 하지는 않습니다. 그 까닭에 컴퓨터는 몇 개 안 되는 간단한 I/O 명령어만 이용해서 주변 장치의 입출력 과정 전체를 제어할 수 있지요.

키보드

키보드는 I/O 버스에 연결할 수 있는 가장 간단한 주변 장치입니다. 키보드는
입력만 가능한 장치이고 한 번에 1바이트씩 CPU에 데이터를 보낼 수 있습니다.

　그림 51-1은 키보드의 다이어그램입니다. 키보드에는 전선이 8개 들어 있
습니다. 키를 누르면 일부 키보드 전선에 전류가 흘러서 누른 키에 해당하는
아스키코드를 생성합니다. 키보드 어댑터 부분에 '제어'라고 쓰인 작은 상자는

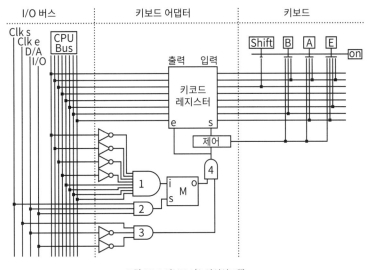

그림 51-1 키보드 I/O 다이어그램

키가 눌렸을 때 생성된 아스키코드를 '키코드 레지스터(keycode register)'에 입력할 것인지 결정하는 부분입니다.

키를 누른 후에 아스키코드는 키코드 레지스터 안에서 대기합니다. 이제 CPU가 어떻게 레지스터에 있는 코드를 가져오는지 살펴봅시다.

1번 AND 게이트는 CPU 버스에서 데이터의 하위 비트 4개를 직접 입력받고 상위 비트 4개를 부정하여 입력받습니다. 이렇게 하면 AND 게이트는 버스가 '0000 1111'로 채워진 상태에서만 1을 출력합니다. 이 숫자는 바로 키보드 어댑터의 I/O 주소입니다.

2번 AND 게이트는 OUT Addr 명령어를 실행하고 clk s 비트가 1이 될 때만 1을 출력합니다. 이때만 비트 메모리 M의 입력 제어 비트 s가 1이 됩니다. s가 1이 되면 M이 입력을 받아들입니다. 버스에 I/O 키보드 주소를 나타내는 0000 1111이 채워져 있다면 키보드 I/O가 선택되었다는 뜻이므로 입력 i가 1이 됩니다. M은 i를 곧바로 자신의 입력으로 받아들이고 M은 1로 채워집니다. M이 1이면 키보드 어댑터가 활성화되었다는 뜻입니다.

IN Data 명령어를 실행하면 clk e가 1일 때 3번 AND 게이트에서 1이 출력됩니다. 이때 키보드 어댑터가 이미 활성화된 상태라면 4번 AND 게이트가 1을 출력합니다. 그러면 키코드 레지스터의 출력 제어 비트가 1이 되어 키코드 레지스터에 들어 있는 아스키코드를 버스로 보내고 CPU의 RB는 아스키코드를 저장합니다.

I/O 버스에 부착하는 장치 어댑터에는 1번 게이트, 2번 게이트, 비트 메모리가 모두 들어 있습니다. 그런데 장치마다 다른 I/O 주소를 가지고 있어서 장치 어댑터의 1번 게이트의 출력을 1로 만드는 입력 조합도 제각각입니다. CPU는 이런 방법으로 통신할 주변 장치를 종류별로 선택할 수 있습니다.

표 51-1에서 현재 누른 키에 해당하는 아스키코드를 CPU의 3번 레지스터로 보내는 프로그램을 볼 수 있습다.

명령어		설명
Data	R2, 0000 1111	R2에 키보드 I/O 주소를 로드
OUT	Addr, R2	키보드 I/O 주소를 이용해서 장치 연결
IN	Data, R3	누른 키의 아스키코드 값 전달
XOR	R2, R2	R2 초기화
OUT	Addr, R2	키보드 장치 연결 해제

표 51-1 키보드에서 누른 키를 CPU에 알리는 프로그램

그림에서 아까 보았던 조그마한 '제어' 상자는 눌린 키를 CPU에 전송한 후에 키코드 레지스터를 0으로 초기화합니다.

CPU는 프로그램을 실행하며 키보드 어댑터를 주기적으로 검사하는데, CPU가 0을 수신하면 어떤 키도 누르지 않은 것으로 간주합니다. CPU가 0이 아닌 데이터를 수신하면 프로그램은 특정한 아스키코드 값에 따라 계획한 작업을 수행합니다.

CPU가 특정한 주변 장치의 I/O 주소를 선택하여 통신을 요청하면, 장치 어댑터는 앞서 묘사한 키보드 어댑터처럼 설계된 회로를 통해 응답하고, 바이트 단위로 정보를 주고받을 수 있습니다. 꽤 간단하지만 이것이 키보드를 포함한 모든 I/O 장치가 동작하는 원리입니다.

디스플레이 장치

TV와 컴퓨터 디스플레이 장치(컴퓨터 모니터)가 작동하는 방식은 비슷합니다. 이 두 가지의 가장 주요한 차이점은 화면에 출력하는 방식뿐입니다. 디스플레이 장치는 사실 컴퓨터 기술에 속하지는 않습니다. 디스플레이 장치가 없어도 컴퓨터는 여전히 컴퓨터입니다. 그렇지만 컴퓨터는 대개 디스플레이를 갖추고 있고, 화면에 어떤 내용을 나타내려고 많은 시간을 소비합니다. 따라서 TV나 컴퓨터 모니터 같은 디스플레이 장치가 어떤 식으로 작동하는지 조금은 알아야 합니다.

TV는 동영상과 소리를 같이 출력하는 것처럼 보이지만 영상과 소리는 사실 별도로 처리됩니다. 이번 장에서는 디스플레이 장치가 화면에 그림을 어떻게 출력하는지 그 원리에만 초점을 맞추겠습니다.

동영상은 움직이는 그림처럼 보이지만 실제로는 움직이는 그림이 아닙니다. 동영상은 정지된 그림을 매우 빠르게 연속적으로 넘기며 볼 때 생기는 착시 현상을 이용한 기술입니다. 이런 사실 정도는 여러분도 이미 알고 있을 것 같군요. 하지만 극장에서 영화가 어떤 식으로 상영되는지도 알고 있나요? 영화 필름이 어떻게 생겼는지 본 적이 있을 겁니다. 영화 필름은 정지된 그림이 1개씩 들어 있는 칸들이 연속으로 이어진 구조로 되어있습니다. 영화를 보는 방법은 다음과 같습니다. 필름을 영사기에 넣고 그림이 들어 있는 필름 칸에 빛을 투과하면 스크린에 커다란 영상이 나타납니다. 이제 영사기에서 필름을 재빨리 돌리면서 다음 영상이 나타나도록 합니다. 영사기는 1초에 필름 칸을 스물네 번이나 돌릴 수 있으니 관객에게 그림이 마치 살아 움직이는 것 같은 착시 효과를 주기에 충분합니다.

TV는 영사기보다 조금 더 빠릅니다. 그림을 1초에 30장씩 바꿔 가며 보여 줄 수 있습니다. 그러나 영화 필름과 TV 사이에는 훨씬 더 큰 차이가 있습니다. 영화 필름의 경우에는 24분의 1초마다 정지 화상 하나가 즉시 보이게 됩니다. 영사기가 필름에 빛을 쏘자마자 그림이 화면을 빈틈없이 완전히 채웁니다. 하지만 TV에는 그런 능력이 없습니다. 화면에 그림 한 장 전체를 즉시 보여 주지 못합니다. 영화 필름은 한 번에 카메라가 찍은 사진처럼 그림 전체를 즉시 보여 줄 수 있지만, TV는 그림을 점진적으로 조금씩 그릴 수 있을 뿐입니다.

TV가 한순간에 할 수 있는 일은 화면 위의 점 1개를 적당한 밝기로 빛나게 하는 것뿐입니다. 점 1개를 빛나게 한 후 다음 점 1개를 빛나게 합니다. TV가 그림 한 장 전체를 그리려면 화면에서 모든 점의 밝기를 하나씩 설정해 나가야 합니다. 이렇게 그림 한 장을 완성하는 데 30분의 1초가 걸립니다. 그리고 그 다음 30분의 1초 동안 화면에 다음 그림을 같은 방법으로 그립니다. 이렇게 쉬지 않고 1초에 30장의 그림을 그립니다. 화면 위에 있는 모든 점을 순회하며 점의 밝기를 설정하는 작업을 '스캔(scan)'이라고 합니다. 디스플레이 장치는 1초 동안 화면을 서른 번 스캔한다고 볼 수 있습니다.

디스플레이 장치가 화면을 스캔하는 순서는 다음과 같습니다. 왼쪽 최상단에 있는 점부터 시작해서 같은 행의 오른쪽 순방향으로 진행하며 점의 밝기를 하나씩 설정합니다. 이윽고 마지막 점에 이르면 두 번째 행으로 내려가 왼쪽 점부터 오른쪽 방향으로 진행합니다. 같은 행의 마지막 점에 이르면 세 번째 행으로 내려가 같은 작업을 진행합니다. 이렇게 마지막 행 가장 오른쪽 점까지 이르면 스캔을 1회 완료한 것입니다. 스캔 후에 점은 밝기가 제각각 다릅니다. 이것은 어쩌면 당연한 말입니다. 그림의 각 부분에 해당하는 점들의 밝기가 거의 차이가 없다면 화면에 출력되는 그림이 무엇인지 알아볼 수 없을 테니까요.

TV는 한 번에 점 하나씩 처리할 수 있습니다. 정리하면 TV는 두 가지 착시 효과를 이용하는 장치입니다. 정지된 화상을 연속적으로 보여 줄 때 생겨나는 운동의 착시 효과와 실제로는 점진적으로 채워지는 그림을 이미 완전한 화상으로 인식하는 착시 효과가 그것이죠. 두 번째 착시 효과는 어느 정도는 화면을 구성하는 소자 덕분입니다. 화면 위의 점은 아주 짧은 시간 동안만 빛을 내다가 금세 꺼집니다. 다행히도 화면이 어떤 발광 소자로 구성되어 있더라도 점은 적어도 30분의 1초 동안은 같은 색상의 빛을 유지합니다. 그 시간이 지나면 빛이 꺼지므로 다시 스캔해야 합니다.

여러분은 그저 화면에서 동영상을 보고 있다고 느낄 뿐이지만 디스플레이 장치는 사람이 그런 식으로 화면을 보도록 많은 요소를 고려한 장치입니다.

컴퓨터 디스플레이에서는 화면 위의 점 1개를 '화소(picture element)' 또는 '픽셀(pixel)'이라고 부릅니다.

컴퓨터 디스플레이 장치도 TV처럼 작동합니다. 디스플레이 장치도 픽셀을 밝혀서 영상이 나타나도록 하려면 화면 전체를 1초에 서른 번씩 스캔해야 합니다. 화면에 영상이 바뀌지 않더라도 컴퓨터는 여전히 초당 서른 번씩 같은 영상을 계속해서 그려야만(스캔해야만) 합니다. 스캔을 하지 않으면 화면은 꺼집니다. 이게 컴퓨터 디스플레이 장치가 작동하는 방식입니다.

우리는 여기서 컴퓨터 모니터를 통해 컴퓨터가 어떻게 영상을 출력하는지 살펴볼 것입니다. 물론 컴퓨터 모니터는 주변 장치에 불과하므로 컴퓨터를 구성하는 기본 요소인 CPU와 램을 들여다볼 때처럼 자세히 설명하지는 않겠습니다. 다만 컴퓨터가 어떻게 화면 위에 문자나 그림을 표시할 수 있는지 알고 싶다면, 컴퓨터 디스플레이의 기본적인 작동 원리 정도는 알 필요가 있습니다.

이번 장에서는 가장 간단한 종류의 컴퓨터 디스플레이 장치인 흑백 모니터로 화면을 출력하는 방법을 살펴보려고 합니다. 흑백 모니터는 픽셀 상태가 1 또는 0만 있습니다. 이런 모니터는 문자나 선 긋기에 필요한 그림 정도를 화면에 출력할 수 있을 뿐입니다. 걱정하지 마세요. 이 책의 후반부에서 현재 모니터에 몇 가지 변경 사항을 적용해서 컬러 사진 등을 출력할 방법을 설명하겠습니다.

컴퓨터 디스플레이는 장치 3개로 구성됩니다. 첫 번째 장치는 컴퓨터입니다. 우리는 이미 컴퓨터가 어떻게 작동하는지 알고 있습니다. 컴퓨터에는 I/O 버스가 달려 있어서 외부 장치와 데이터를 주고받을 수 있습니다. 두 번째 장치는 화면입니다. 화면은 그저 픽셀로 이루어진 가로세로의 커다란 픽셀 격자로 간주할 수 있습니다. 픽셀은 한 번에 하나씩 선택되며 선택된 픽셀은 흑백이므로 밝거나 어두운 상태만 가능합니다. 세 번째 장치는 '디스플레이 어댑터'입니다. 디스플레이 어댑터는 한쪽은 I/O 버스와 연결되고 다른 한쪽은 화면과 연결됩니다.

디스플레이 어댑터에서 가장 중요한 부분은 어댑터 안에 들어 있는 램입니다. 디스플레이 어댑터는 어떤 픽셀을 밝게 만들고 어떤 픽셀을 어둡게 만들어야 하는지 정보를 기억해야 하므로 자신만의 램이 필요합니다. 디스플레이가 흑백이라면 램의 크기가 픽셀 하나에 1비트만 할당할 수 있을 정도의 용량이면 족합니다.

디스플레이 어댑터는 매초 화면을 서른 번 스캔하기 위해 화면의 전체 픽셀 개수에 30을 곱한 만큼 셀 수 있는 클록이 필요합니다. 클록이 클록 비트를 한 번 째깍거릴 때마다 픽셀 1개가 선택되고 램을 참조하여 픽셀을 밝게 또는 어둡게 만듭니다.

지금은 쓰지 않는 오래된 저해상도 흑백 모니터를 가지고 스캔 과정을 설명하겠습니다. 이 모니터는 가로 320픽셀, 세로 200픽셀로 구성된 흑백 영상을 출력할 수 있습니다. 화면에 있는 픽셀의 전체 개수는 64,000개입니다. 각 픽셀의 좌표는 숫자 2개로 고유하게 나타낼 수 있습니다. 첫 번째 숫자는 왼쪽/오른쪽 또는 수평 위치를 가리키고, 두 번째 숫자는 위/아래 또는 수직 위치를 가리킵니다. 예를 들어, 모니터 화면의 좌측 최상단의 픽셀 주소는 (0, 0)이고 우측 최하단의 픽셀 주소는 (319, 199)입니다.

64,000개의 픽셀로 이루어진 영상을 30회 스캔해야 하므로 이를 위해 디스플레이 어댑터의 클록은 초당 192만 회를 째깍거려야 합니다. 64,000개 픽셀 각각이 켜졌는지 꺼졌는지 말해 주려면 디스플레이 램은 적어도 8,000바이트 이상은 되어야 합니다.

디스플레이 어댑터는 현재 픽셀의 수평 위치를 설정하는 수평 레지스터를 내장하고 있습니다. 클록이 한 번 째깍거릴 때마다 디스플레이 어댑터는 수평 레지스터의 값에 1을 더합니다. 수평 레지스터의 값은 0부터 시작해서 319까지 이른 후 다음 클록에 의해 다시 0으로 초기화됩니다.

그러니까 수평 레지스터의 값은 0부터 319를 계속해서 반복합니다. 현재 픽셀의 수직 위치를 설정하는 레지스터도 있습니다. 수평 레지스터가 0으로 리셋될 때마다 디스플레이 어댑터가 수직 레지스터의 값에 1을 더해 줍니다. 수직 레지스터의 값이 199가 되면 다음 클록이 째깍거릴 때 다시 0으로 초기화됩니다. 수직 레지스터의 값이 0에서 증가하여 199까지 이르면, 수평 레지스터의 값은 0에서 증가하여 319까지 이르기를 200번이나 반복합니다.

스캔할 현재 픽셀의 위치는 수평 레지스터와 수직 레지스터가 결정합니다. 수평 레지스터의 값이 0에서 319까지 증가하면서 현재 픽셀의 위치도 마찬가지로 0에서 319까지 바뀝니다. 그다음에는 수직 레지스터의 값에 1이 더해지고 현재 픽셀의 위치는 다음 행의 가장 처음 픽셀로 이동합니다.

클록과 수평 레지스터, 수직 레지스터를 이용해 화면의 같은 행의 가장 왼쪽에 있는 픽셀을 선택해서 오른쪽 끝까지 이른 후에, 다음 행으로 내려가서 오른쪽 방향으로 픽셀을 하나씩 선택합니다. 이렇게 화면에 있는 모든 픽셀을 한 번씩 선택하여 스캔이 완료되면, 다시 동일한 과정을 반복하며 모든 픽셀을 스캔합니다.

디스플레이 어댑터에는 디스플레이 램의 주소를 가리키는 '디스플레이 주소 레지스터'도 들어 있습니다. 디스플레이 주소 레지스터의 값도 픽셀 8개마다 1씩 증가됩니다. 디스플레이 램에서 연속된 픽셀 8개의 정보가 화면으로 보내져서 스캔된 후에 디스플레이 주소 레지스터의 값이 1 증가합니다. 화면 전체를 다 스캔한 시점이면 디스플레이 램도 참조를 끝낸 상태이고 화면에 그림 전체가 출력되었을 것입니다. 그리고 디스플레이 주소 레지스터의 값은 0으로 초기화됩니다.

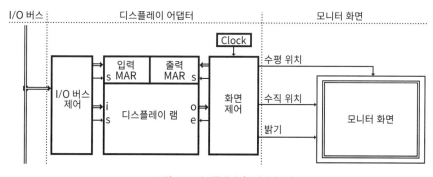

그림 52-1 디스플레이 I/O 다이어그램

디스플레이 어댑터는 화면을 칠하는 데 대부분의 시간을 소비하지만 할 수 있는 일이 한 가지 더 있습니다. 디스플레이 어댑터는 CPU 명령어를 통해 디스플레이 램의 내용을 변경할 수도 있습니다. 화면에 출력된 그림 전체나 일부를 변경하고 싶을 때, OUT 명령어를 사용해서 디스플레이 어댑터와 I/O 채널을 구성하고, 픽셀들의 새로운 밝기 데이터를 디스플레이 램에 보낼 수 있습니다. 그런데 디스플레이 어댑터 램의 내용이 갱신되었다고 해서 화면에 있는 그림이 바로 바뀌진 않습니다. 해당 픽셀이 새로 스캔되어야 화면에 표시되는 내용도 비로소 바뀝니다.

디스플레이 램은 컴퓨터의 주기억 장치 램과는 구조가 다릅니다. 디스플레이 램은 입력과 출력이 다른 버스를 이용하도록 분리되어 있습니다.

디스플레이 램의 입력은 입력 버스와 연결되고 디스플레이 램의 출력은 출력 버스와 연결됩니다. 입력 버스와 출력 버스는 서로 분리되어 있습니다. 그래서 MAR(메모리 주소 레지스터)도 2개가 필요합니다. 입력 MAR은 디스플레이 램의 어떤 주소에 픽셀 데이터를 저장할지 선택하는 목적으로만 사용합니다. 출력 MAR은 디스플레이 램의 어떤 주소에 들어 있는 바이트 데이터를 모니터에 출력할지 선택할 때만 사용합니다.

이와 같이 구성하면 출력 MAR과 출력 제어 비트만으로 화면과 디스플레이 램 모두 (CPU의 방해 없이) 계속 스캔할 수 있습니다. I/O 버스가 디스플레이 램에 쓰기를 시도할 때는 입력 MAR과 입력 제어 비트만 사용합니다.

이것이 디스플레이 어댑터가 화면에 영상을 표시하는 방법입니다. 디스플레이 램 주소와 픽셀은 흥미로운 대응 관계를 가집니다. 디스플레이 램은 주소마다 바이트 단위의 데이터를 저장하기 때문에 주소 하나에 픽셀 8개의 정보를 가지고 있는 셈입니다. 예를 들어, 디스플레이 램의 0번지에는 디스플레이 어댑터가 화면의 1행에서 픽셀 8개를 처음 스캔할 때 필요한 픽셀의 밝기 정보를 보관하고 있습니다. 그래서 다음 픽셀 8개를 스캔할 때는 램의 1번지를 참조합니다. 화면에 가로 320개의 픽셀이 들어 있으니 첫 번째 행을 완전히 그리려면 40바이트가 필요합니다. 같은 행에서 가장 마지막으로 스캔하는 픽셀 8개는 312~319번 픽셀이고, 이 정보는 디스플레이 램의 39번지에 들어 있습니다. 이어서 2행으로 내려가 처음 8개의 픽셀을 그릴 때는 디스플레이 램의 40번지를 참조합니다.

글자나 숫자를 화면에 쓰고 싶다면 어떻게 해야 할까요? 디스플레이 램에다 알파벳 'A'에 대응하는 아스키코드를 넣어 주면 될까요? 그리고 화면에 이것을 출력하면 다음 그림과 같이 픽셀 8개 중에 두 번째 픽셀과 여덟 번째 픽셀만 켜지고 나머지 픽셀은 꺼진 영상을 볼 수 있을 겁니다.

문제는 이 그림이 'A'라는 글자로 보이지 않는다는 것입니다. 다음 장에서 이 문제를 해결할 방법이 무엇인지 살펴보기로 합시다.

폰트

문자 언어를 화면에 표시하거나 아스키코드 같은 코드를 사람이 읽을 수 있는 문자로 나타낼 수 있어야 합니다. 아스키코드 표에서 알파벳 글자 'E'는 코드 '0100 0101'에 대응합니다. 하지만 어떻게 컴퓨터가 0100 0101이라는 코드를 사람이 읽을 수 있는 'E'라는 글자로 보여 줄 수 있는 걸까요?

컴퓨터는 디스플레이 장치의 화면에 글자를 나타낼 수 있습니다. 하지만 디스플레이 장치의 화면은 단지 픽셀이 빽빽이 들어찬 네모난 격자일 뿐입니다. 화면 안에 '사람이 읽을 수 있는 글자 E'가 들어 있지는 않습니다. 'E' 같은 글자를 화면에 나타내려면 알파벳 글자 모양의 그림을 그릴 수 있어야 합니다. 우리는 그렇게 완성된 그림을 보고 글자를 인식합니다.

그래서 코드가 하나 더 필요합니다. 이 코드는 픽셀 몇 개를 찍어 만든 작은 그림과 대응하는 코드입니다. 우선 코드를 만들기 전에 글자에 해당하는 작은 그림을 만들어야 합니다. 가로 8픽셀, 세로 8픽셀 격자 크기로 픽셀을 켜고 끄면 그림 53-1과 같이 화면에 알파벳 글자처럼 보이는 그림을 그릴 수 있습니다.

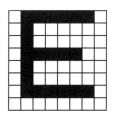

그림 53-1 8×8픽셀로 구성된 폰트

이 작은 그림 하나를 저장하는 데는 8바이트가 소요됩니다. 문자 100개를 화면에 출력하려면 그림도 100개가 필요하니 램이 최소한 800바이트는 되어야 합니다. 안타깝게도 우리가 만든 램은 고작 256바이트밖에 되지 않기 때문에 램의 용량을 늘리는 수밖에 없습니다.

앞에서 만든 800바이트로 된 그림 꾸러미는 일종의 코드입니다. 그림 하나마다 문자 하나에 대응하고 있기 때문입니다. 이런 그림 패키지를 '폰트(font)'라고 부릅니다.

디스플레이 장치 화면에 있는 특정 픽셀 좌표(가로 위치, 세로 위치)에 어떤 문자를 나타내고 싶다면 폰트에서 알맞은 그림을 선택한 후, I/O 명령어를 사용해서 디스플레이 어댑터 램에 그 8바이트짜리 그림을 복사해야 합니다.

폰트에 들어 있는 그림을 아스키코드 표에 있는 글자와 같은 순서로 배열하면, 아스키코드의 순서를 참조하여 폰트에 해당되는 그림을 손쉽게 찾을 수 있습니다. 알파벳 'E'에 해당하는 아스키코드는 0100 0101입니다. 이 코드를 십진수로 읽으면 69이므로 아스키코드 표에서 69번째 코드입니다. 글자와 그림을 같은 순서로 배열하기 위해서는 'E'를 나타내는 그림도 69번째 위치에 저장해야 합니다. 그림 하나가 8바이트를 차지하므로 폰트에서 'E'를 나타내는 그림은 552번지에서 시작된다는 것을 알 수 있습니다.

이제 화면 가장 좌측 상단에 'E'를 출력해 봅시다. 디스플레이 램의 어떤 위치에 폰트를 입력해야 화면에 제대로 출력할 수 있을까요? 이 질문은, 디스플레이 램의 어떤 주소에 폰트를 입력해야 원하는 화면 위치에 글자를 구성하는 픽셀을 켤 수 있을까 하는 질문과 동일합니다. 화면의 첫 행을 출력하는 것은 쉽습니다. 디스플레이 램의 0번지는 화면 첫 줄의 최상단 왼쪽 8픽셀을 출력하는 데 사용됩니다. 현재 우리가 원하는 'E' 글자를 나타내는 그림의 1행은 컴퓨터 램의 552번지에 들어 있습니다. 폰트 데이터를 디스플레이 램의 0번지로 옮기기 위해서는 OUT 명령어를 여러 번 실행해야 합니다. 전송이 끝난 후 화면이 다시 스캔되면 디스플레이 장치 화면의 최상단 왼쪽 8픽셀이 원하는 밝기로 갱신됩니다. 그런데 화면의 2행을 출력하기 위해서는 디스플레이 램의 어떤 주소를 사용해야 할까요? 디스플레이 어댑터는 2행으로 내려가기 전에 1행 전체를 모두 스캔하여 그림 한 줄을 완성합니다. 320픽셀짜리 행 하나를 표시하는 데 40바이트가 필요하므로 최상단 행은 디스플레이 램에서 0~39번지를 사용하는 것과 같습니다. 이걸 잘 따져보면 주기억 장치 램 553번지에 들어 있는 'E' 그림의 두 번째 데이터를 복사해야 하는 위치는 화면에서 2행이 시작하는 위치인 디스플레이 램의 40번지입니다. 세 번째 데이터부터 여덟 번째 데이터는 각각 주기억 장치 램의 554번지, 555번지, 556번지, 557번지, 558번지, 559번지에 대응합니다. 이것을 디스플레이 램의 80번지, 120번지, 160번지, 200번지, 240번지, 280번지에 각각 복사해야 합니다. 이렇게 8바이트 복사가 모두 완료되면 온전한 'E'를 화면에 출력할 수 있습니다.

컴퓨터 램 주소	바이트 데이터	디스플레이 램 주소	화면 픽셀(일부)	화면
552	01111110	000		E
553	01000000	040		
554	01000000	080		
555	01111100	120		
556	01000000	160		
557	01000000	200		
558	01111110	240		
559	00000000	280		

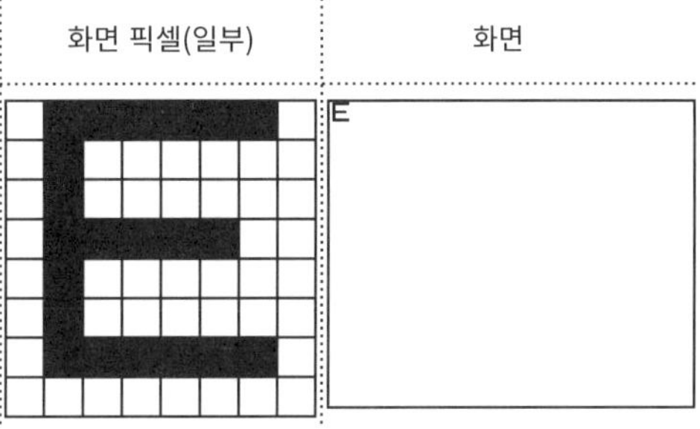

그림 53-2 폰트를 이용한 디스플레이 출력

물론 화면에 글자 하나 표시하는 것치곤 작업량이 많아 보이지요. 이것을 프로그램으로 나타내 보겠습니다. 이 프로그램은 두 부분으로 된 반복 루프로 구성됩니다. 먼저 처음 부분에서 '출발지' 램의 주소와 데이터를 복사할 '목적지' 디스플레이 램의 주소를 계산합니다. 나머지 부분에서는 OUT 명령어를 실행하여 계산된 주소로 바이트 데이터(그림의 일부)를 복사합니다. 이 루프는 출발지 주소와 목적지 주소를 갱신하면서 8바이트가 완벽히 복사될 때까지 여덟 번 반복합니다. 이 프로그램을 직접 작성하지는 않겠지만 대강 50줄(명령어 50개) 정도면 이 프로그램의 루프를 완성할 수 있을 겁니다. 화면에 고작 글씨 하나 그리는 프로그램을 실행하는 데 명령어 사이클이 400회나 필요합니다. 글자 1000개를 화면에 출력한다고 상상해 보세요. 자그마치 40만 명령어 사이클이나 필요합니다. 우리의 작은 컴퓨터를 이용해서 (물론 충분한 주기억 장치 램이 있다는 가정 하에) 이 프로그램을 돌려 보면 얼마나 걸릴까요? 사실 우리 컴퓨터로 글자 1000개를 화면에 그리는 데 걸리는 시간은 0.25초밖에 안 됩니다.

컴퓨터는 복잡한 일을 작고 단순한 일로 쪼개서 처리합니다. 화면에 글자를 출력하는 일도 이런 절차를 거칩니다. 컴퓨터가 느리면 화면에 글자를 자연스럽게 출력해서 보여주기가 어렵습니다. 이것보다 복잡한 일은 더 말할 것도 없습니다. 일이 복잡하면 복잡할수록 작업을 더 잘게 쪼개야 하고, 그에 따라 명령 사이클 횟수도 훨씬 많이 증가하기 때문입니다. 어떤 일을 자연스럽고 매끄럽게 처리해야 한다면 컴퓨터는 반드시 엄청나게 빨라야 합니다. 무조건 빠르면 빠를수록 좋습니다.

코드의 실체

우리는 그동안 컴퓨터에서 몇 가지 코드를 사용해 봤습니다. 코드는 저마다 특정한 '목적'을 달성하기 위해 설계되었습니다. 어떤 메시지를 코드로 만들어 바이트 데이터 형태로 컴퓨터에 넣어 주면, 컴퓨터는 그 코드가 어떤 의미인지 해석하고 그에 맞는 일을 수행합니다.

그런데 바이트 데이터가 자신을 구성하는 8개의 비트를 아무리 살펴본다 한들 자신이 어떤 코드인지는 알 수가 없습니다. 바이트 안에는 그 코드가 어떤 '목적'으로 사용되는 코드인지 말해줄 증거가 없기 때문입니다.

컴퓨터의 특정한 부품이나 장치는 그 안에서 어떤 특정한 코드를 사용한다는 전제 아래 만들어집니다. ALU 안에 들어 있는 가산기와 비교기는 입력으로 들어오는 바이트값을 이진수 코드로 간주합니다. 메모리 주소 레지스터(MAR)나 명령어 주소 레지스터(IAR)도 마찬가지입니다.

명령어 레지스터는 입력으로 들어오는 바이트 데이터를 명령 코드로 간주하도록 만들어져 있습니다.

디스플레이 어댑터는 내장된 디스플레이 램에 저장되는 데이터를 개별 픽셀을 켜거나 끄는 비트로 간주합니다. 그림이나 폰트는 사람이 알아볼 수 있는 출력물과 연결되는 격자 형태의 바이트 묶음으로 볼 수 있습니다. 그림이나 폰트는 일종의 특별한 코드라고도 생각할 수 있습니다. 그림이나 폰트를 디스플레이 램에 보내면 디스플레이 어댑터와 디스플레이 장치 화면의 배선을 통해 픽셀 밝기가 설정되어 사람이 알아볼 수 있는 그림이나 글자를 만들어 낼 수 있습니다.

컴퓨터 안에는 아스키코드 표 같은 것은 들어 있지 않습니다. 알파벳 글자나 한글을 표현하려면 코드 같은 것을 발명해서 사용하는 방법밖에 없습니다.

아스키코드가 문자와 그 문자에 대응하는 코드로 변환되는 유일한 곳이 바로 주변 장치 내부입니다. 키보드에서 'E' 키를 누르면 키보드 어댑터는 I/O 버스를 통해 글자 'E'에 해당하는 아스키코드를 보냅니다. 프린터로 글자 'E'에 해당하는 아스키코드를 보내면 프린터 어댑터는 I/O 버스를 통해 그 코드를 받아 글자 'E'를 인쇄합니다. 이런 주변 장치를 만들기 위해선 아스키코드 표가 꼭 필요했습니다. 키보드를 예로 들어 자세히 살펴보겠습니다. 어떤 사람들이 만든 어떤 키보드는 'E' 키의 버튼이 두 번째 행에서 네 번째 열에 위치한다고 가정합시다. 'E' 키의 버튼 아래에는 스위치가 놓여 있고 스위치에는 두 가지 일을 할 수 있는 배선이 짜여 있습니다. 스위치를 눌렀을 때 키보드 어댑터는 아스키코드 표에서 'E'에 대응하는 코드 '0100 0101'을 생성합니다. 그리고 버스를 통해 그 코드를 컴퓨터로 전송합니다. 키보드에서 모든 키 아래에 놓인 스위치는 모두 다른 아스키코드를 생성하도록 배선이 짜여 있습니다. 이런 방식으로 우리는 키보드로 글자를 입력할 수 있는 겁니다.

그렇다면 'E'는 무엇일까요? 이것은 알파벳에 들어 있는 다섯 번째 글자입니다. 알파벳은 무엇일까요? 알파벳은 사람들이 말로 하는 언어를 글로 옮길 때 소리와 단어를 표현하기 위해 고안된 코드 체계입니다. 컴퓨터에서 'E'는 키보드에서 입력되거나 디스플레이 화면에 표시될 때만 존재합니다. 컴퓨터 안에서 버스로 이동하는 데이터 'E'는 그저 아스키코드 표의 'E'에 대응하는 코드에 불과합니다. 컴퓨터 안에 물리적인 글자 'E'를 넣는 것은 불가능하지요. 컴퓨터 안에 'E'와 비슷한 형태의 그림을 넣어 줄 수 있어도 화면에 그림이 출력되기 전까지는 전류에 불과할 뿐 실체적인 'E'는 아닙니다.

사람이 디스플레이 장치 화면에 출력된 'E'의 그림을 볼 때 비로소 'E'라고 말할 수 있습니다.

바이트는 아무것도 모릅니다. 바이트 안에는 0과 1의 비트 패턴만 있을 뿐입니다. 어떤 바이트가 0100 0101이라는 패턴일 때 이것을 프린터에 전송하면 프린터는 'E'를 인쇄합니다. 그런데 이 바이트를 명령어 레지스터에 보내면 컴퓨터는 분기 명령어를 실행합니다. 메모리 주소 레지스터에 동일한 바이트를 보내면, 램의 69번째 주소를 선택해서 그 안에 들어 있는 바이트를 보여줍니다. 가산기에 들어가는 한쪽 입력으로 이 바이트를 보내면, 가산기는 69에 어떤 레지스터에 들어있는 값을 더해 결과를 산출합니다. 이 바이트를 디스플레이 장치 화면에 보내면 이어진 8개 픽셀 중에서 3개는 흰색(on), 5개는 검은색(off)으로 출력합니다.

컴퓨터를 구성하는 모든 부분은 특정한 목적에 맞는 코드를 사용하도록 설계되어 있습니다. 하지만 일단 모든 부분을 완성했다면 원래 목적들은 물론이고 코드도 잊어버리는 게 좋습니다. 컴퓨터는 그저 설계한 대로 작동할 뿐이니까요.

어떤 코드든 제한 없이 발명하고 컴퓨터에 사용할 수 있습니다. 프로그래머들은 언제나 새로운 코드를 발명합니다. 전에 이야기했던 패스트푸드점 계산대 코드를 다시 예로 들면, 코드에서 비트 1개를 감자튀김을 추가하라는 뜻으로 사용할 수 있다는 것입니다.

디스크

대부분의 컴퓨터에는 디스크가 장착되어 있습니다. 디스크도 I/O 버스에 장착할 수 있는 주변 장치입니다. 디스크에는 매우 간단한 두 가지 쓰임새가 있습니다. 컴퓨터에서 보내는 바이트들을 저장하는 데 사용하거나 디스크에 전에 저장해 두었던 바이트들을 어딘가로 로드할 때 사용할 수 있습니다.

대부분의 컴퓨터에서 디스크를 사용하는 이유는 두 가지 때문입니다. 디스크가 컴퓨터 램보다 훨씬 큰 용량을 가지고 있다는 점이 첫 번째 이유입니다. CPU는 컴퓨터 램에 로드된 프로그램만 실행할 수 있고 램에 로드된 데이터만 조작할 수 있습니다. 우리 컴퓨터로 구동하고 싶은 모든 프로그램과 조작하고 싶은 모든 데이터를 전부 저장하기에는 램 용량이 턱없이 부족합니다. 그래서 디스크에다 일단 프로그램과 모든 데이터를 저장해 놓고, 램에 로드해서 사용하는 게 일반적입니다.

그다음에 다른 액티비티(activity)를 실행하고 싶다면 디스크에 들어 있는 프로그램과 데이터를 현재의 액티비티를 위해 할당된 램 공간에 그대로 복사해 주면 됩니다.[1]

---

[1] (옮긴이) '액티비티'는 프로그램과 그 프로그램에 관련된 데이터가 램에 적재되어 동적으로 실행 중인 작업을 뜻합니다. 이를테면, 사용자가 액티비티 #1(예를 들어, 카드 게임)을 한 다음에 액티비티 #2(이메일 확인)를 했다고 가정합시다. 운영체제는 디스크에서 파일을 램으로 복사한 후 프로그램을 실행해야 합니다. 프로그램이 실행되는 동안에 프로그램에 관련된 데이터를 읽거나 쓰기 위해 램을 여러 번 읽어야 하기 때문이지요. 하지만 프로그램을 종료할 때 운영체제는 그 액티비티에 할당된 램의 전부를 메모리에서 해제합니다. 그리고 다른 액티비티를 시작할 때, 운영체제는 이전에 실행한 액

컴퓨터에 디스크를 사용하는 두 번째 이유는 전원을 꺼도 디스크에 저장된 바이트 정보가 소실되지 않는 장점 때문입니다.

램은 컴퓨터 전원을 내리면 그 안에 있는 모든 정보가 소실됩니다. 그리고 다시 전원을 켜면 모든 바이트의 내용은 0000 0000으로 초기화될 겁니다. 이에 반해서 디스크는 그 안에 쓴 모든 내용이 그대로 유지됩니다.

컴퓨터 비트는 전류가 흐르거나 흐르지 않는 장소라고 정의할 수도 있지만, 두 가지 가능한 상태 중 한 가지 상태를 취하는 장소라고 간주할 수도 있습니다. 디스크는 자화된(자석의 성질을 띠는) 디스크 표면에서 두 방향의 자기력을 이용해서 비트를 표현할 수 있습니다. 자석에는 N극과 S극이 있는데 디스크 표면의 한 지점은 위쪽이 N극이고 아래쪽이 S극인 방향을 갖거나 위쪽이 S극이고 아래쪽이 N극인 방향을 가집니다. 한 방향이 비트의 0을 가리키고 반대 방향이 1을 가리킵니다. 디스크 한 지점이 어떤 방향으로 자화되면 다른 방향으로 자화되기 전까지는 계속 그 상태를 유지합니다. 전원을 끄는 것은 자화된 지점에 아무 영향도 끼치지 못합니다.

디스크는 이름이 암시하듯 둥근 물체입니다. 중심을 축으로 매우 빠르게 회전하지요. 디스크 겉면은 쉽게 자화되도록 특수한 재질로 코팅되어 있습니다. 앞에서 얘기한 전보 기계 기억하시나요? 전보를 받는 쪽의 기계에는 전선을 감아 놓은 금속 봉이 달린 부분이 있었습니다. 그 금속 봉은 전류가 전선을 빠르게 통과할 때 자석으로 변합니다. 이런 것을 전자석이라고 부릅니다. 디스크는 '헤드(head)'라는 매우 작은 전자석이 암(arm)에 고정된 채 들어 있습니다. 암은 빠르게 회전하는 디스크 표면 아주 가까이에 있는 헤드를 떠받치고 있으며, 앞뒤로 왔다 갔다 이동할 수 있기 때문에 헤드는 디스크 표면 어디라도 닿을 수 있습니다. 헤드를 통해 전류를 흘리면 디스크 표면이 자화됩니다. 반대로 헤드가 자화된 구역을 건너뛰면 헤드 장치 주변에 감아 놓은 전선에서 전류가 발생합니다. 그 결과로 헤드는 디스크에 새로운 정보를 쓸 수도 있고, 디스크에 이미 기록되어 있는 데이터를 읽을 수도 있습니다. 디스크에 쓰기

티비티와 같은 램 주소를 새로운 액티비티에 그대로 할당해 줍니다. 물론 그러기 위해서는 이메일 프로그램을 실행하기 전에 먼저 카드 게임을 종료해야만 합니다. 사용자가 두 프로그램을 동시에 실행했다면, 두 액티비티가 같은 램 주소에 할당될 수 없습니다.

작업을 할 때는 비트 하나씩 순차적으로 디스크 표면 위에 기록합니다.

헤드가 가리키는 특정한 디스크는 '트랙(track)'이라는 여러 개의 공간으로 구획됩니다. 트랙은 서로 가까이 붙어 있는 고리 모양의 공간으로, 안에 있는 트랙일수록 고리의 지름이 작습니다. '헤드 포지셔너(head positioner)'는 디스크 표면을 가로질러 움직이다가 어떤 트랙 위에서 멈출 수 있습니다. 원형으로 된 각 트랙은 또다시 '섹터(sector)'라는 작은 조각들로 구획됩니다. 디스크는 양면을 다 사용하기 때문에 보통 양면 모두 자성 물질로 코팅한 후 헤드를 양면 모두에 설치합니다.

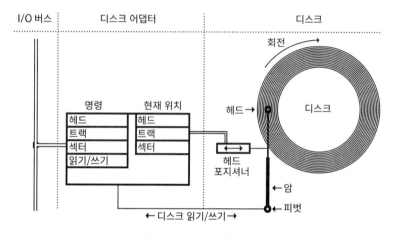

그림 55-1 디스크 I/O 다이어그램

램에 들어 있는 모든 데이터는 특정 주소에 저장되어 있습니다. 마찬가지로 디스크도 데이터를 할당할 때 주소를 지정합니다. 그러나 주소를 지정하는 방식은 매우 다릅니다. 디스크에서 어떤 데이터를 읽거나 쓰려면, '어떤 헤드에 있는 어떤 트랙에 속한 어떤 섹터'의 주소로 접근해야 할지 일러줘야 합니다. 예를 들어 헤드 포지셔너에 0번 헤드, 57번 트랙, 15번 섹터 주소로 접근하라고 알려줄 수 있습니다. 이 주소가 가리키는 데이터는 그저 1바이트가 아니라 보통 수천 바이트(또는 몇 킬로바이트) 단위의 덩어리입니다. 그래서 이런 데이터를 '바이트 블록'이라고 부릅니다. 우리 컴퓨터는 램 크기가 매우 작으므로 바이트 블록 크기를 보통 사용하는 크기보다 작은 100바이트로 가정하겠습니다. 바이트 블록이 작으면 디스크 안에 있는 데이터를 램에 쉽게 로드할 수 있습니다.

　디스크를 읽거나 쓸 때 바이트 블록에서 특정한 데이터에만 접근하는 방법은 없습니다. 블록 단위로 통째로 접근해야 합니다. 특정한 헤드 번호, 트랙 번호, 섹터 번호를 주면 디스크 암이 피벗을 중심으로 디스크 위를 움직여 표면의 한 점 위에 멈춥니다. 그리고 헤드 포지셔너가 바이트 블록을 통째로 읽어서 램으로 전송하면, CPU는 램에 있는 데이터를 이용해서 작업할 수 있습니다. 디스크에 쓸 때도 마찬가지입니다. 특정한 헤드 번호, 트랙 번호, 섹터 번호를 지정해서 디스크 표면 위의 한 점에 헤드 포지셔너를 이동하여 램에 있는 바이트 블록에서 비트 1개씩 순서대로 섹터에 기록합니다.

　디스크는 무더운 여름날 방 안에 틀어 놓은 선풍기에 달린 날개보다 훨씬 빠르게 회전합니다. 대중적으로 많이 쓰는 디스크의 회전 속도는 보통 분당 7200회입니다. 초당 120회나 회전할 정도로 굉장한 속도입니다. 하지만 CPU가 동작하는 속도에 비하면 여전히 미미한 수준입니다. 디스크가 한 번 회전할 때마다 CPU는 클록 비트를 800만 번이나 만들어낼 수 있는데, 이는 100만 개가 넘는 명령어를 충분히 실행할 수 있는 시간입니다. 디스크도 다른 주변장치처럼 자신만의 어댑터를 필요로 합니다. 디스크 어댑터가 있어야 I/O 버스에서 고유한 주소를 부여받아 컴퓨터와 통신할 수 있기 때문입니다. 디스크 어댑터는 몇 가지 일을 할 수 있습니다. 첫째, 헤드를 선택하는 명령어, 트랙을 선택하는 명령어, 섹터를 선택하는 명령어가 실행되면 기계를 작동시켜 헤드 장치를 원하는 지점으로 움직일 수 있습니다. 둘째, 디스크 읽기 명령어와 디스크 쓰기 명령어가 실행되면 현재 가리키는 헤드·트랙·섹터에 해당하는 블록을 읽거나 쓸 수 있습니다. 그저 현재 디스크와 암의 위치를 파악하고 CPU에 알려줄 수도 있습니다.

　헤드를 선택하는 명령은 즉시 완료할 수 있습니다. 그저 특정한 디스크를 고르기만 하면 되니까요. 그러나 트랙을 선택하는 명령이 완료되려면 (명령 사이클 기준으로) 시간이 더 오래 걸립니다. 트랙을 선택하는 명령이 실행되면 헤드 포지셔너가 원하는 트랙이 있는 위치로 이동할 때까지 기다려야 하기 때문입니다. 섹터를 선택하는 명령도 마찬가지로 완료되기까지 많은 시간이 소요됩니다. 헤드 포지셔너가 있는 위치에 원하는 섹터가 놓일 때까지 디스크를 회전하고 멈춰야 하기 때문입니다. 헤드 포지셔너가 원하는 트랙과 섹터에 도착했다고 판단하면, CPU는 I/O 명령어들을 실행하고 I/O 버스를 통해 한 번에 1바이트씩 전송하거나 수신합니다. 바이트 블록을 전송, 수신하는 프로그램은 바이트 블록 전체의 전송이 완료될 때까지 1바이트 이동 명령을 반복 실행합니다. 이 간단한 I/O 시스템은 오직 디스크와 CPU 레지스터 사이에서만 데이터를 주고받을 수 있습니다. 따라서 디스크에서 컴퓨터로 데이터를 전송한 후에는 CPU 레지스터로 전송된 바이트를 다시 램에 옮겨 주어야 합니다. 컴퓨터에서 디스크로 데이터를 전송하는 경우에는 데이터를 전송하기 전에 램에 있는 데이터를 미리 CPU 레지스터에 옮겨 놓아야 합니다. 이런 추가적인 작업들은 프로그램으로 작성해서 실행할 수 있습니다.

디스크가 하는 일은 이것뿐입니다. 우리는 평소에 컴퓨터 디스크에 영화 파일이나 게임 또는 MP3 음악 파일을 저장하고 로드하고 삭제하기만 했지, 디스크가 물리적으로 어떤 구조로 되어 있고 어떻게 작동하는지는 몰랐습니다. 물론 일반 사용자 수준에서 헤드, 트랙, 섹터라는 단어가 무엇을 뜻하는지 알 필요는 없습니다. 하지만 디스크의 물리적 구조와 디스크 I/O의 기계적인 동작 원리를 이해하면 컴퓨터를 이해하는 데 좀 더 도움이 됩니다. 디스크가 저수준에서 어떤 식으로 동작하는지는 이 정도의 지식이면 충분하니, 이제는 좀 더 실용적인 수준에서 논의를 진행할 필요가 있습니다. 이 책의 후반부에서는 디스크의 논리적인 구조와 더불어 고수준의 동작 원리를 살펴보겠습니다.

언어적 용법에 관해 참고해 두면 좋은 내용이 있습니다. 실제로는 동일한 '행동'이지만 그 '행동'을 특정한 장치에서만 일어나는 일로 국한시키고자 할 때 군이 다른 단어를 사용해서 표현하는 경우가 있습니다. '쓰기'와 '읽기'도 장치마다 비슷하지만 다른 단어들로 표현할 수 있습니다.

어떤 사람에게 편지를 보내려면 먼저 종이 위에 메시지를 써야 합니다. 그리고 수신자가 편지를 받으면 편지를 읽을 수 있습니다.

테이프 레코더가 사용되던 시절에는 공테이프로 쓰기 작업을 했습니다. 테이프에 음악을 '녹음'하고 음악을 읽어 들으려면, 다시 말해 음악을 들으려면 테이프를 '재생'했습니다.

컴퓨터 디스크는 어떤 용어를 사용할까요. 디스크에 데이터를 넣는 행위를 '쓰기'라고 부르고 디스크에서 데이터를 꺼내는 행위를 '읽기'라고 부릅니다. 편지에서 사용하는 용어와 같습니다.

램에다 데이터를 넣는 행위는 '쓰기' 또는 '저장'이라고 부릅니다. 램에서 데이터를 꺼내는 행위는 '읽기' 또는 '검색'이라고 부릅니다.

CPU 레지스터에 데이터를 넣는 행위는 보통 '로드'라고 표현합니다.

디스크에 음악을 넣는 행위는 '녹음' 또는 '굽기'라고 부릅니다. 디스크로 음악을 듣는 것을 보통 '재생'이라고 말하지만, 컴퓨터로 이 음악을 복사하는 행위는 음악을 '리핑(ripping)'한다고 표현합니다.

쓰기, 녹음, 저장, 로드, 굽기는 뜻이 거의 비슷합니다. 읽기, 검색, 재생, 리핑도 뜻이 서로 매우 비슷합니다. 같은 행동을 나타내지만 단어의 쓰임새가 미묘하게 다를 뿐입니다.

인터럽트

대부분의 컴퓨터 I/O 시스템 내부에는 '인터럽트(interrupt)'라는 부분이 들어 있습니다. 하지만 컴퓨터를 컴퓨터라고 부르기 위해 인터럽트가 꼭 필요한 건 아닙니다. 그래서 I/O 시스템 안에 인터럽트를 어떻게 구현하는지 전부를 설명하지는 않겠지만, 기본적으로 인터럽트가 어떻게 동작하는지 간단히 살펴보겠습니다.

비유를 들어보겠습니다. 어느 날 엄마가 부엌에서 수프를 끓이고 있을 때 아들이 달려옵니다. "우유 한잔 주세요." 엄마는 스푼을 싱크대에 내려놓고 찬장 위에 손을 얹어 유리컵을 하나 꺼냅니다. 그리고 냉장고 앞으로 가서 문을 열고 우유 팩을 꺼내 유리컵에 붓고 아들에게 건네줍니다. 그리고 엄마는 다시 가스레인지 앞으로 가서 스푼으로 수프를 다시 저어 줍니다. 우유 한잔을 가져다주는 행동을 하느라 수프 젓기가 중단되었습니다. 아들에게 우유를 따라 준 후에야 수프 젓기가 재개되었습니다.

엄마와 아들의 이야기에서처럼 다른 일 때문에 현재 하던 일을 중지하고, 다른 일이 끝난 후에 원래 하던 일을 재개하는 것이 인터럽트입니다. 대부분의 컴퓨터는 인터럽트 개념을 사용해서 유동적으로 여러 가지 일을 처리합니다.

I/O 버스에 전선 1개만 추가하면 인터럽트를 수행할 수 있습니다. 장치 어댑터는 이 전선을 통해 I/O 작업을 하기 좋은 시점이라는 것을 CPU에 알려 줄 수 있습니다. 예를 들어, 컴퓨터가 어떤 작업을 수행하고 있었는데 키보드로

어떤 키를 입력하면, 컴퓨터는 잠시 현재 작업을 중단하고 어떤 키가 입력되었는지 검사한 다음 입력값을 특정한 방식으로 처리합니다. 장치 어댑터가 인터럽트 비트를 켜면 그다음에 스테퍼가 스텝 1로 되돌아가지만 다음 명령어 사이클은 평상시처럼 명령어를 가져와서 실행하지 않습니다. 대신에 다음과 같이 다른 일을 하게 됩니다.

1단계	램의 현재 주소에 0 입력
2단계	램의 현재 주소에 IAR 데이터 입력
3단계	램의 현재 주소에 1 입력
4단계	램의 현재 주소에 Flags 데이터 입력
5단계	램의 현재 주소에 2 입력
6단계	IAR에 램의 현재 주소에 위치한 데이터 입력
7단계	램의 현재 주소에 3 입력
8단계	플래그 레지스터에 램의 현재 주소에 위치한 데이터 입력

앞에서 본 작업을 순차적으로 하면 결과적으로 현재 IAR은 램의 0번지에 저장되고, 현재 플래그 레지스터의 내용은 램의 1번지에 저장됩니다. 이후에 IAR은 램의 2번지에 들어 있는 데이터로 교체되고, 플래그 레지스터는 램의 3번지에 들어 있는 데이터로 교체됩니다. 그다음에 CPU는 평상시처럼 명령어 가져오기와 실행하기 작업을 실시합니다. 하지만 IAR의 내용이 교체되었으므로 다음 명령어는 램 2번지에 들어 있는 주소에서 가져옵니다.

다시 말해, CPU가 해오던 일을 저장하고 CPU에 다른 일을 맡기는 것입니다. 이 새로운 활동이 종료될 때쯤 프로그램은 램의 0번지에 저장했던 원래 수행하던 명령어와 1번지에 저장했던 그 명령어의 플래그 상태를 가져와서 인터럽트가 발생하기 직전에 실행이 멈춘 정확한 위치부터 작업을 재개합니다.

인터럽트를 갖춘 시스템은 I/O 작업을 능숙하게 처리할 수 있습니다. 인터럽트가 없다면 CPU에서 구동하는 프로그램은 I/O 버스에 물려있는 모든 장치에서 어떤 메시지를 보내는지 주기적으로 검사해야 합니다. 인터럽트가 있으면 프로그램은 계획된 일을 무엇이든 그대로 수행할 수 있고, 인터럽트 시스템은 키보드 입력 같은 인터럽트를 처리하는 프로그램을 자동으로 호출할 수 있습니다.

우리 CPU에는 인터럽트를 포함시키지 않았습니다. 인터럽트 기능을 넣으려면 제어 장치가 너무 비대해져서 다이어그램이 복잡해지는 문제가 있기 때문입니다. 하지만 다음처럼 몇 가지만 추가하면 인터럽트 기능을 언제든 활성화할 수 있습니다: ① 스테퍼를 9단계로 확장, ② 스테퍼에서 인터럽트 처리 8단계를 기존 명령 사이클 대신 수행하도록 배선 짜넣기, ③ 플래그 레지스터의 내용을 가져오거나 버스로 보낼 수 있는 경로 추가, ④ MAR에 이진수 00, 01, 10, 11을 보내는 방법 추가, ⑤ RAM의 0번지와 1번지 주소에 있는 내용으로 IAR과 플래그 레지스터를 복원하는 명령어 추가.

이것이 인터럽트 시스템입니다. 컴퓨터 설계자들은 기존에 있는 동사 'interrupt'를 재활용해서 새로운 의미를 부여했습니다. 이 용어는 세 가지 언어적 성분으로 사용됩니다. 첫째, "키보드가 프로그램을 인터럽트했다"처럼 동사로 사용할 수 있습니다. 둘째, "이것은 인터럽트 시스템이다"처럼 형용사로 사용할 수도 있습니다. 셋째, "CPU가 인터럽트를 실행했다"처럼 명사로 사용하기도 합니다.

컴퓨터 완성

이제 컴퓨터에 대한 설명이 완전히 끝났습니다. 이게 전부입니다. 컴퓨터는 ADD, NOT, 시프트, AND, OR, XOR, 저장, 로드, 분기, I/O 명령처럼 아주 단순한 작업을 길게 연결한 프로그램을 사용합니다. 프로그램은 명령 코드 형태로 램에 적재됩니다. 컴퓨터는 램에서 명령 코드를 하나씩 가져와서 프로그램을 실행하는 방식을 사용해서 모든 일을 할 수 있습니다. 이게 컴퓨터의 전부이며 컴퓨터가 보유한 지능의 총합입니다. 컴퓨터가 사고할 수 있는 한계도 여기까지입니다. 컴퓨터는 설계된 대로 정확히 작업을 수행하는 기계일 뿐이며 그 이상은 아닙니다. 못질을 하기 위해 망치를 만들어낸 것처럼 컴퓨터는 인간이 원하는 작업을 수행하기 위해 인간 스스로 만들어낸 도구입니다. 그러나 분별없이 사용한다면 언제든 망치처럼 예측 불가능하고 파괴적인 무기로 돌변할 수도 있는 도구이기도 합니다.

컴퓨터가 할 수 있는 일은 무궁무진합니다. 오로지 프로그램을 만들고 실행하는 사람들의 상상력과 프로그래밍 솜씨에 제한을 받을 뿐입니다. 컴퓨터를 만드는 사람들은 계속 더 빠르고, 더 작고, 더 저렴하고, 더 믿을 만한 컴퓨터를 만들어 내기 위해 노력하지요.

'컴퓨터'라고 하면 보통은 아마 책상 위에 놓인 상자 그리고 거기에 연결된 키보드, 마우스, 모니터, 프린터를 떠올릴 겁니다. 하지만 우리는 컴퓨터를 많은 곳에서 사용합니다. 자동차 내부에도 엔진을 제어하는 컴퓨터가 장착되어 있습니다. 스마트폰도 사실은 컴퓨터고요. 케이블 TV나 위성 TV를 보기 위해 설치하는 셋톱박스도 컴퓨터입니다. 이 장비들 안에는 모두 CPU와 램이 공통적으로 들어 있기 때문이지요. 이것들이 가진 차이점은 거기에 연결되는 주변 장치뿐입니다. 스마트폰에는 작은 터치스크린과 마이크, 스피커, 무선 헤드셋을 연결할 수 있는 블루투스 어댑터 등이 들어갑니다. 자동차 안에는 여러 가지 감지기와 엔진 제어 장치 등이 달려 있고, 그런 주변 장치들의 상태를 볼 수 있는 계기판이 대시보드에 위치하고 있습니다. 패스트푸드점 계산대에는 우스꽝스러운 키보드와 작은 화면, 영수증을 출력하는 작은 프린터가 달려 있습니다. 교통 신호등 안에 내장된 컴퓨터는 도로변에 설치한 감지기를 이용해서 시간대와 교통량에 맞추어 신호등을 점멸합니다. 이처럼 주변 장치는 많이 다를 수 있습니다. 그래도 CPU와 램만 갖추면 모두 '컴퓨터'입니다.

이 책의 나머지 부분에서는 컴퓨터를 운용하는 방법과 컴퓨터에 관련된 몇 가지 새로운 용어를 알아보겠습니다. 또한 컴퓨터의 취약점이나 미진한 부분에 관해서도 조금 살펴보겠습니다.

하드웨어와 소프트웨어

'하드웨어(hardware)'라는 단어를 들어 보지 않은 사람은 드뭅니다. 하드웨어는 우리에게 그만큼 익숙한 용어가 되었습니다. 서양에서는 오래전부터 이 단어를 많이 사용했고, 하드웨어를 파는 상점도 동네마다 있었습니다.

하드웨어 상점은 솥과 냄비, 스크루 드라이버, 삽, 망치, 쇠못, 쟁기 등을 파는 곳이었습니다. 그러니까 하드웨어는 원래 쇠로 만든 딱딱한 물건을 뜻했던 겁니다. 그런데 요즘 하드웨어 상점에 가면 솥이나 냄비 같은 물건을 구경하기 힘듭니다. 대신에 볼트와 너트, 잔디 깎는 기계를 살 수 있습니다. 게다가 온갖 잡동사니와 카펫, 벽지, 페인트같이 딱딱하지 않고 부드러운 물건도 구할 수 있습니다. 참고로 부드러운 물건이라고 '소프트웨어(software)'가 되는 건 아닙니다.

컴퓨터 그 자체와 컴퓨터 소프트웨어는 다른 것입니다. 따라서 컴퓨터 산업이 태동하던 즈음에 컴퓨터 안에 들어 있는 특정한 비트 상태를 꼭 집어 지칭할 목적으로 '소프트웨어'라고 부르기 시작했습니다. 소프트웨어는 컴퓨터 자체와는 상관없이 비트들을 0 또는 1로 만드는 방법을 뜻합니다. 이미 살펴본 것처럼 비트는 0과 1 둘 중 하나의 상태가 될 수 있습니다. 비트는 공간에서 특정한 위치에 표시됩니다. 즉, 비트는 어떤 것으로 만들어질 수 있으며, 공간에 존재한다고 볼 수도 있는 존재입니다. 그런 비트는 하드웨어입니다. 비트를 0 또는 1로 만들 수 있느냐가 하드웨어와 소프트웨어를 구분하는 열쇠는 아닙니다. 컴퓨터에 고정된 별도의 부분도 아니고 손으로 만질 수도 없지만 자신(비트)의 상태를 바꿀 수 있거나 만들 수 있다면, 그런 비트는 소프트웨어입니다.

비디오테이프를 예로 들어 보겠습니다. 옛날에는 CD나 DVD 대신에 비디오테이프에 영화를 녹화했습니다. 공비디오테이프와 영화가 들어 있는 비디오테이프의 차이는 뭘까요? 둘은 육안으로 봐도 비슷한 데다 무게도 같습니다. 테이프 표면만 보고는 차이를 발견하기 어려울 겁니다. 테이프 표면에는 자석처럼 자력을 가진 미세한 입자들이 코팅되어 있습니다. 공테이프에 코팅된 각 입자들의 자력 방향은 중구난방입니다. 그런데 공테이프에 영화를 녹화하고 나면, 입자들의 자력 방향이 특정한 방향으로 정렬됩니다. 비디오테이프에서 영화를 녹화하려고 안에 뭘 더하지도 않고, 영화를 삭제하기 위해 뭘 빼지도 않습니다. 그저 자화된 입자가 어떤 방향으로 정렬되는지에 따라 영상이 결정되는 겁니다. VCR에 비디오테이프를 넣으면, VCR 헤더가 자석의 방향을 읽고 영화의 영상을 재생합니다. 테이프는 하드웨어입니다. 테이프 위에 자력 방향 패턴은 바로 소프트웨어이고요.

컴퓨터에는 비트가 굉장히 많이 들어 있습니다. 컴퓨터로 쓸 만한 일을 하려면 이미 알고 있는 것처럼 많은 비트를 특정한 방식으로 설정해 주어야 합니다. 컴퓨터 안에 있는 비트는 늘 그 자리에 있습니다. 컴퓨터로 특정한 일을 수행하려면, 컴퓨터가 알아들을 수 있는 말로 명령해야 합니다. 컴퓨터에는 작은 작업에 해당하는 비트 패턴이 정해져 있으므로 원하는 작은 작업을 처리하도록 해당하는 비트 패턴과 같게 비트를 넣어 주면 됩니다. 어떤 일을 수행할 때는 작은 작업을 몇 번 조합해야 하고, 정말 쓸모 있는 일을 하려면 이런 작업을 꽤 많이 조합해야 합니다. 즉, 쓸모 있는 일을 하려면 어떤 작업에 해당하는 비트 패턴 여러 가지를 참조해서 수많은 비트를 넣어 주어야 한다는 뜻입니다. 그런 비트 패턴을 많이 모아 놓은 꾸러미가 소프트웨어입니다. 비트 패턴이 물체가 아니듯이 소프트웨어도 물체가 아닙니다. 소프트웨어는 비트 패턴의 꾸러미입니다.

그러니까 하드웨어와 소프트웨어의 차이는 재질이 금속인지 또는 고무인지와 상관이 없습니다. 쇠붙이도 고무도 컴퓨터 용어 정의로는 모두 하드웨어입니다. 하드웨어는 손으로 잡고 보고 다룰 수 있는 물건이지만, 소프트웨어는 하드웨어를 설정하는 방법입니다. 소프트웨어가 CD나 USB 디스크에 들어 있다고 소프트웨어와 하드웨어가 같은 것은 아닙니다. 디스크는 하드웨어지만 디스크 안에 기록된 특정 비트 패턴은 소프트웨어입니다. 디스크는 모두 같아 보여도 안에 들어 있는 소프트웨어는 천차만별입니다.

하드웨어와 소프트웨어의 두 번째 차이점은 배송의 용이함에 달려 있습니다. 소프트웨어를 배송하는 일은 하드웨어를 배송하는 일보다 훨씬 간편하고 빠릅니다. 서울에 사는 여러분이 부산에 사는 고모에게 꽃병을 생일 선물로 보낸다고 생각해 보세요. 우선 여러분은 종이 상자에 꽃병을 안 깨지게 포장해서 넣고 택배 기사에게 전달해야 합니다. 그다음에 택배 기사는 상자를 싣고 서울에서 부산에 있는 고모 집까지 운반해야 합니다. 하지만 고모에게 선물로 어떤 뮤지션의 음악을 선물한다면 어떨까요. 음반 가게에서 CD를 사서 우편으로 부쳐도 되지만, 인터넷에서 기프티콘을 구매해서 고모의 이메일로 보낼 수도 있겠지요. 고모는 상품권에 적힌 일련번호를 넣고 음악을 다운로드해서 들을 수 있습니다. 후자를 선택하면 음악은 트럭 없이도 집까지 곧장 배송됩니다. 고모 집에 인터넷만 연결되면 음악은 (비트도 전기니까) 전기 패턴만으로 완벽히 전송할 수 있습니다.

하드웨어와 소프트웨어의 세 번째 차이점은 '원본을 얼마나 쉽게 복사할 수 있느냐'입니다. 예를 들어, 잔디 깎는 기계를 하나 더 갖고 싶어도 그 기계를 원본과 똑같이 복제하는 건 불가능합니다. 카메라로 잔디 깎는 기계를 찍을 수는 있겠지만 그건 어디까지나 납작한 사진에 불과합니다. 사진으로 잔디를 손질할 수는 없습니다. 진짜 두 번째 잔디 깎는 기계를 얻으려면, 공장으로 가서 똑같은 걸 만들어 달라고 요청해야 합니다. 공장에서는 주문을 받으면 잔디 깎는 기계 도면대로 쇠붙이와 플라스틱, 고무벨트와 기타 부속을 조립해서 두 번째 기계를 만들어 주겠지요. 이건 하드웨어입니다. 소프트웨어는 기계로 쉽게 복제할 수 있어요. 디스크나 기타 저장 매체를 읽는 장치만 있다면 새 디스크나 저장 매체에 똑같은 걸 복사할 수 있습니다. 복제된 소프트웨어는 원본과 100% 똑같은 일을 합니다. 원본 매체에 여러분이 제일 좋아하는 영화가 담겨 있었다면, 복제된 매체에도 똑같은 영화가 들어 있을 겁니다. 원본 매체에 세무 자료를 입력하는 프로그램이 들어 있었다면, 복제된 매체도 똑같은 프로그램이 들어 있을 테고요.

다시 말하지만 소프트웨어는 물체가 아닙니다. 물체를 설정하는 방식입니다.

소프트웨어를 일종의 명령어 코드 패키지라고 지칭할 수도 있습니다. 이것은 현재까지 나온 소프트웨어의 정의 중에 가장 공통적으로 사용되는 정의입니다. 컴퓨터는 일단 완성되기만 하면 다양한 일을 할 수 있는 잠재력이 있습니다. 그런데 명령어를 넣어 주지 않으면 컴퓨터는 아무런 일도 하지 못합니다. 명령 코드 패키지라고 말하는 이유는 이런 연유에서입니다. 소프트웨어는 컴퓨터가 작업을 수행하기 위해 반드시 필요한 부분입니다. 소프트웨어는 컴퓨터라는 전체에서 필수적인 역할을 하기 때문에, 빠져도 큰 문제가 생기지 않는 다른 부분과는 차원이 다릅니다. 소프트웨어는 무게나 크기를 잴 수도 없고 펜치로 집어들 수도 없습니다. 실체가 있으니 '웨어'는 분명하지만 하드웨어는 아닙니다. 그러니 이것을 '소프트웨어'라고 부르는 수밖에 없습니다.

프로그램

램에 들어 있는 일련의 명령어가 '프로그램(program)'이라는 것은 이제는 다들 알고 있을 겁니다.

프로그램은 크기가 천차만별입니다. 일반적으로, 프로그램은 특정한 작업을 수행하는 하나의 소프트웨어를 뜻합니다. 커다란 소프트웨어 안에는 프로그램이 여러 개 들어 있습니다. 프로그램은 여러 개의 '루틴(routine)'으로 구성됩니다. 루틴은 다시 여러 개의 '서브루틴(subroutine)'으로 구성되지요.

시스템, 프로그램, 루틴, 서브루틴은 의미가 비슷해서 단어의 정의를 통해 정확히 구별하기가 어렵습니다. 이것들을 그냥 프로그램이라고 불러도 무방합니다. 프로그램의 크기와 사용하는 방식만 다르니까요.

프로그램의 크기 말고 다른 기준으로 분류할 수도 있습니다. 가정이나 직장에서 사용하는 컴퓨터에는 수많은 프로그램이 설치되어 있습니다. 사용자는 이 프로그램들을 이용해서 다양한 작업을 처리할 수 있습니다.

이것을 '응용 프로그램(application program)'이라고 부르는데 사용자가 풀어야 하는 문제에 프로그램을 적용해야 하기 때문입니다.

거의 모든 컴퓨터에는 응용 프로그램이 아닌 프로그램이 하나 있습니다. 컴퓨터 하드웨어 명령을 직접 관장할 뿐 아니라 응용 프로그램을 실행하는 일을 하는 프로그램입니다. 이 프로그램을 운영체제(operating system)라고 부릅니다. 이제 운영체제에 대해 살펴보겠습니다.

운영체제

컴퓨터 하드웨어 명령을 직접 관장할 뿐 아니라 응용 프로그램을 실행하기 위해 반드시 필요한 프로그램을 '운영체제(operating system)' 또는 줄여서 'OS'라고 부릅니다. 운영체제는 여러 부문으로 이루어진 프로그램으로 몇 가지 임무를 수행합니다.

운영체제가 하는 가장 첫 번째 일은 컴퓨터 전원 버튼을 눌렀을 때 컴퓨터가 잠에서 깨어나 작동 준비를 하게 하는 것입니다.

운영체제는 응용 프로그램을 시작하고 끝낼 뿐 아니라 각 응용 프로그램이 실행될 시간을 관리합니다. 컴퓨터에 설치된 다른 모든 프로그램을 지휘하는 대장인 셈이지요. 램에 프로그램이 2개 이상 로드되면, 운영체제는 이것들을 번갈아 가며 실행합니다. 어떤 프로그램을 아주 잠깐 구동하고 이어서 다른 프로그램을 아주 잠깐 실행하는 방식입니다. 램에 로드한 프로그램 개수가 10개이고, 각 프로그램이 100분의 1초마다 전환된다고 합시다. 프로그램은 100분의 1초라는 짧은 시간에 명령어 수백만 개를 처리합니다. 1초 동안에 각 프로그램이 실행될 기회는 열 번입니다. 프로그램 1개는 1초에 명령어 수천만 개를 처리할 기회가 있는 겁니다. 컴퓨터의 빠른 계산 능력과 운영체제의 부드러운 스위칭 능력 덕분에 사람 눈에는 프로그램 10개 모두가 마치 동시에 실행되고 있는 듯이 보입니다.

운영체제는 응용 프로그램이 컴퓨터의 장치나 자원을 손쉽게 사용하는 데 필요한 서비스도 제공합니다. 응용 프로그램이 디스크를 읽거나 디스크에 써야 하거나 화면에 글자를 출력해야 할 때 운영체제를 이용하면 앞 장에서 언급한 복잡한 I/O 명령어 처리 단계를 줄줄이 거치지 않아도 됩니다. 운영체제가 실행되면 복잡한 I/O 명령을 묶어 처리하게 만든 루틴이나 그밖에 다양한 루틴을 램에 복사해 놓습니다. 운영체제 루틴을 사용하면 장치나 자원을 편리하게 사용할 수 있습니다.

레지스터에 어떤 정보를 넣은 후 원하는 운영체제 루틴 주소로 분기하는 방법으로 응용 프로그램 내에서 루틴을 사용할 수 있습니다. 예를 하나 들어 보겠습니다. 화면에 문자 하나를 출력해 봅시다. 이를 위해 R0 레지스터에 원하는 문자에 대응하는 아스키코드를 넣어 줍니다. R1 레지스터와 R2 레지스터에는 화면의 수직 위치와 수평 위치를 각각 넣습니다. 그리고 이제부터 약간 어려운 부분입니다. 응용 프로그램이 실행할 다음 명령어의 주소를 R3 레지스터에 넣습니다. 이제 운영체제 루틴으로 분기합니다. 이 루틴은 화면에 문자를 그릴 때 필요한 세부적인 작업을 모두 수행합니다. 화면에 문자를 출력한 후 루틴에서 마지막 명령어인 'JMPR R3'를 실행합니다. 그리고 나서 응용 프로그램의 다음 명령어로 분기합니다. 운영체제 루틴 호출이 완료되면 이렇게 원래 응용 프로그램으로 복귀하는 겁니다.

운영체제가 I/O 처리에 관련된 모든 기능을 맡는 데에는 몇 가지 이유가 있습니다. 첫째, 운영체제는 프로그래머가 응용 프로그램을 작성하기 쉬운 환경을 만들어 줍니다. 특정 주변 장치가 실제로 어떤 과정을 거쳐 컴퓨터와 통신하는지 몰라도 프로그래밍에 전혀 지장이 없기 때문입니다. 둘째, 운영체제는 응용 프로그램 크기를 줄일 수 있게 해 줍니다. 만약 응용 프로그램마다 I/O 루틴을 자체적으로 처리하려면 응용 프로그램의 크기가 커지고, 램에 I/O 명령까지 복사해야 하므로 램의 많은 공간을 낭비하게 됩니다. 셋째, 운영체제는 어떤 프로그램이 컴퓨터 자원에 접근할 때 확인해 보고 이를 허가하거나 기다리게 할 수 있습니다. 부하를 통솔하는 대장 역할을 하는 겁니다. 이것이 운영체제를 사용하는 가장 중요한 이유입니다.

운영체제는 기본적으로 다음과 같은 세 가지를 묻는 명령어 루프입니다. "무언가 입력된 것이 있는가?" "무언가 출력할 것이 있는가?" "어떤 프로그램의 실행을 허가할 수 있는가?" 운영체제는 세 질문에 대해 답한 후 다시 똑같은 질문을 하고 답하기를 반복합니다. 세 질문에 대한 답이 모두 "아니요"라고 해도 CPU는 1초에 수백만 번 똑같은 질문을 반복할 뿐입니다. 그러나 "예"가 하나라도 발견되면 루프의 주소를 저장한 후 I/O 작업이나 프로그램을 실행하기 위한 주소로 분기합니다. 작업이 끝나면 다시 루프로 돌아와서 세 질문을 반복하며 '대기'합니다. 운영체제는 절대 쉬지 않습니다.

그림 60-1은 램에 들어 있는 프로그램의 사용 영역을 나타낸 다이어그램입니다. 램에는 운영체제와 여러 가지 프로그램이 로드됩니다.

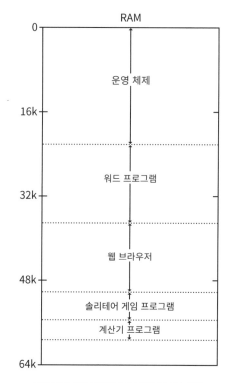

그림 60-1 램에 로드된 프로그램들의 주소 영역

램에 로드된 프로그램은 프로그램을 실행할 수 있는 명령어 코드로 가득 차 있습니다. 램에 로드된 각 프로그램은 메인 루프 구역과 루틴 구역으로 이루어져 있습니다. '메인 루프(main loop)'는 운영체제가 직접 접근하여 순차적으로 루프 안에 있는 명령어를 실행할 수 있는 구역이며 프로그램에 1개만 존재합니다. '루틴 구역'은 메인 루프가 할당되지 않은 나머지 모든 구역으로, 메인 루프가 다양한 작업을 처리할 때 호출하는 루틴 여러 개가 들어 있습니다. 앞서 말했듯이 운영체제 안에도 메인 루프처럼 다른 프로그램들이 호출할 수 있는 루틴이 여러 개 들어 있습니다.

램에 프로그램이 로드될 때 프로그램의 본래 크기보다 더 넉넉한 '주소 공간(address space)'이 램에 할당됩니다. 프로그램을 구동하는 데 필요한 데이터를 입력받거나 출력할 수 있어야 하기 때문입니다. 사용자가 입력한 숫자를 저장하려면 몇 바이트가 필요합니다. 윈도우 운영체제에는 '솔리테어(Solitaire)'라는 카드 게임이 기본으로 깔려 있습니다. 솔리테어 게임에서 어떤 카드가 어떤 위치에 있는지 지정하기 위해서 몇 바이트가 필요합니다. 워드 프로세서 프로그램은 아스키코드로 된 문서를 임시로 저장할 램 공간이 필요합니다. 운영체제는 폰트를 저장하고, 실행 중인 응용 프로그램이 어떤 상태인지 추적하고, 디스크에서 데이터를 읽어 저장하는 등 여러 목적으로 램을 사용합니다.

이게 평균적인 컴퓨터 안에서 벌어지는 일입니다. 램에는 프로그램 영역과 데이터 영역이 여러 개 들어 있습니다. 운영체제는 프로그램으로 분기하고, 프로그램은 루틴으로 분기하고, 루틴은 서브루틴으로 분기합니다. 프로그램 각각은 자신의 데이터 영역에 있는 데이터를 이용해 작업하거나 연산을 수행하거나 I/O 명령을 실행합니다. 프로그램이 끝나면 프로그램을 호출했던 원래 주소로 분기합니다. CPU는 프로그램 1개에서 명령어 1개씩 실행하고 다음 프로그램으로 넘어갑니다. 프로그램이 제대로 작성되었다면 실행 중인 모든 프로그램은 서로 충돌하지 않고 조금씩 작업을 완료합니다.

우리가 일반적으로 사용하는 컴퓨터에는 '인터럽트 시스템(interrupt system)'이 포함되어 있습니다. 키보드에서 키를 누르거나 마우스를 움직일 때마다 운영체제에서 인터럽트가 발생합니다. 인터럽트가 발생하면 운영체제는 어떤 I/O 장치에 인터럽트가 발생했는지 확인한 후 그에 맞는 I/O 처리를 하는 루틴을 호출합니다. I/O 처리가 끝나면 CPU는 인터럽트가 일어났을 때 구동되고 있던 프로그램으로 아무 일 없던 것처럼 돌아가 다음 명령을 실행합니다.

실제 소프트웨어가 어떻게 구동하는지 자세히 들여다보는 일은 꽤 복잡합니다. 소프트웨어를 구동하면 눈 깜짝할 사이에 명령어가 수백만 개에서 수십억 개나 실행되기 때문입니다. 소프트웨어가 어떻게 구동하는지 일목요연하게 이해하려면 프로그램들을 구조화하는 방법과 가독성 높은 프로그램을 작성하는 방법을 알아야 합니다. 이 작은 책 한 권으로 컴퓨터 하드웨어의 동작 원리를 간단히 설명할 수 있듯이, 비슷한 방법으로 컴퓨터 소프트웨어의 동작 원리를 간단히 설명할 수 있습니다. 당연히 소프트웨어의 동작 원리는 별도의 책으로 다뤄야 할 만큼 커다란 주제입니다.

프로그래밍 언어

0과 1을 반복해 가며 프로그램을 작성하는 일은 무척 고되지만 CPU가 '이해하는' 코드가 그것뿐이니 어쩔 수 없습니다.

그런데 언어는 무엇일까요? 소리 언어는 사물과 행동 그리고 생각을 소리로 표현하는 방법입니다. 문자 언어는 소리 언어에서 사용하는 소리를 어떤 기호에 대응해서 종이에 적는 방법입니다. 이렇게 보면 언어는 일종의 코드와 같아 보입니다. 코드를 표현하는 코드 말입니다. 어쨌든 현대인은 언어 없이는 살 수 없습니다.

CPU 명령 코드와 제어 장치에 연결한 전선이 무슨 일을 하는지 살펴보는 과정에서 간단한 약어를 사용했었습니다. 기억하나요? 단순히 이 책에서만 코드를 쉽게 부르려고 붙인 별명쯤으로 생각하면 안 됩니다. 그것은 엄연히 프로그래밍 언어입니다.

프로그래밍 언어는 우리가 지금까지 만든 언어처럼 다음과 같이 만들 수도 있습니다.

명령어 코드		언어	의미
1000	rarb	ADD RA, RB	덧셈
1001	rarb	SHR RA, RB	오른쪽 시프트
1010	rarb	SHL RA, RB	왼쪽 시프트
1011	rarb	NOT RA, RB	부정

표 61-1 컴퓨터 명령어 예시

프로그래밍 언어는 명령어 코드를 표현하는 수단입니다. 프로그래밍 언어가 있으면 프로그램을 쉽게 작성할 수 있습니다.

프로그래밍 언어를 사용하는 방법은 다음과 같습니다. 먼저 아스키 문자로 프로그램을 작성한 다음 파일로 저장합니다. 그리고 '컴파일러(compiler)'라는 특별한 프로그램을 램에 로드해서 컴파일러의 첫 번째 명령어로 분기합니다. 컴파일러는 아스키 파일을 한 줄씩 읽어서 그에 상응하는 명령어 코드로 번역합니다. 이렇게 아스키 파일의 가장 마지막 줄까지 읽어서 번역한 모든 명령어 코드를 바이트 단위로 다른 파일에 저장합니다.[1] 바이너리 파일을 램에 로드해서 CPU가 첫 번째 명령어가 있는 곳으로 분기하면 프로그램이 실행됩니다. 그리고 문제가 없다면 컴퓨터는 여러분이 애초에 아스키 문자로 적은 모든 작업을 그대로 수행할 겁니다.

물론 컴퓨터가 발명된 초창기에는 모든 프로그램을 0과 1로만 코딩해야 했습니다. 이런 식으로 프로그래밍하기가 너무 따분하다고 생각한, 똑똑하지만 게으른 사람들은 곧 컴파일러를 발명했습니다. 그때부터 프로그래머는 컴파일러를 이용해 명령 코드로 번역할 수 있는 쉬운 프로그래밍 언어로 프로그램을 작성하기 시작했습니다. 만들어 놓은 컴파일러가 하나 있으면 더 나은 성능의 컴파일러를 제작할 수도 있으니 금상첨화였습니다.

프로그래밍 언어가 존재하려면 두 가지 요소가 필요합니다. 하나는 문자 언어를 구성할 단어의 집합(코드에 대한 코드)이고, 다른 하나는 문자 언어를 컴퓨터 명령 코드로 번역해 줄 컴파일러입니다(문자 언어를 명령 코드로 번역하는 행위를 '컴파일한다'고 말합니다).

이 책에서 프로그래밍 언어 안에 등장한 단어는 기껏해야 20개 남짓입니다. 단어 각각은 컴퓨터가 알아들을 수 있는 명령어에 직접 일대일로 대응합니다.[2] 어셈블리어로 쓴 한 줄은 곧 컴퓨터 명령어 코드 하나로 번역할 수 있습니다. 어셈블리어로 87줄을 적어 컴파일하면 명령어 코드 87개가 들어 있는 바이너리 파일이 생성됩니다.[3]

---

1 (옮긴이) 이 파일을 '바이너리 파일(binary file)'이라고 합니다.
2 (옮긴이) 이렇게 기계어에 직접 대응하는 언어를 '어셈블리어(assembly language)'라고 합니다.
3 (옮긴이) 정확히는 '어셈블한다'고 볼 수 있습니다. 기계어나 어셈블리어 같은 것을 '저급 언어(low-level language)'라고 부릅니다.

이후에 코드 한 줄로 훨씬 많은 명령어의 조합을 표현할 수 있는 '고급 언어(high-level language)'가 개발되면서 사용자 편의성이 대폭 향상되었습니다.

예를 들어, 우리가 만든 컴퓨터에는 뺄셈을 하는 명령어가 없습니다. 하지만 컴파일러를 살짝 뜯어고쳐서 'SUB RA, RB' 같은 새로운 단어를 인식하게 할 수 있습니다. 물론 이렇게 뺄셈이 실제 작동하려면 여러 개의 기계 명령어를 조합해서 만들어줘야 합니다. 우리가 만든 47개 명령어를 특정한 순서대로 조합해서 어떤 복잡한 일을 할 수 있다면 그 명령어의 조합도 프로그래밍 언어에서 새로운 단어로 정의할 수 있습니다.

이것보다 훨씬 고급 언어를 발명한다면 그 언어는 육안으로는 더 이상 CPU가 실제 수행하는 명령어와 아무런 연관성이 없어 보일 겁니다. 대신에 컴파일러는 예전보다 훨씬 더 많은 일을 해야 합니다. 그러나 컴파일러는 여전히 기계어 코드를 쏟아냅니다. 저급에서 고급 언어로 갈수록 입력하는 단어 수에 비해 출력하는 기계어 코드 수가 훨씬 많아진다는 게 유일한 차이점입니다. 고급 언어로 적은 프로그램 몇 줄을 보면 다음과 비슷합니다.

잔액＝2,500,000
이자율＝0.02
이자＝잔액×이자율
print "안녕하세요, 조 고객님, 금년 이자는 \$이자\$입니다."

이 네 줄 남짓한 프로그램을 컴파일러에 넣으면 수백 바이트짜리 코드 파일이 생성됩니다. 이 파일을 램에 로드하고 실행하면 다음과 같은 결과를 출력합니다.

안녕하세요, 조 고객님, 금년 이자는 50,000원입니다.

고급 언어로 갈수록 소프트웨어를 작성하는 데 훨씬 짧은 시간이 걸리고, 프로그래머는 더 이상 컴퓨터가 실제로 어떻게 작동하는지 정확히 알 필요도 없어집니다.

지금까지 고급 언어는 매우 다양하게 개발되었습니다. 어떤 언어는 과학적인 계산에 초점이 맞추어져 있고, 어떤 언어는 사무적인 일에 더 적합합니다. 모든 목적으로 두루 쓸 수 있는 언어도 많습니다. 하지만 특수한 상황에는 저급 언어도 여전히 좋습니다.

파일 시스템

앞서 살펴봤지만 디스크가 기계적으로 읽고 쓰는 방식은 컴퓨터를 사용하는 사람들에게는 매우 생소합니다.

좀 더 편하게 디스크를 사용하기 위해 발명한 것이 바로 '파일(file)'입니다. 파일은 사무실에서 문서를 모아놓을 때 사용하는 서류철과 비슷한 역할을 합니다. 서류철은 겉에 딱딱한 마분지가 가로로 반 접혀 있고, 그 안에 종이에 구멍을 뚫고 끼워 넣을 수 있는 고정대가 들어 있습니다. 서류를 서류철에 집어 넣고 다시 캐비닛에 차곡차곡 넣어 보관할 수 있습니다. 캐비닛은 '폴더'라는 개념과 비슷합니다. 폴더 안에 파일을 여러 개 집어넣고 거기에 이름을 붙일 수 있습니다.

컴퓨터 파일 하나의 크기는 1바이트부터 디스크 공간만 충분하다면 디스크 전체 크기까지 할당하는 것도 가능합니다. 파일에도 이름이 있습니다. 그러니까 디스크에는 이름이 붙은 파일이 여러 개 들어 있는 셈이지요.

물론 지금까지 설명한 파일은 그저 개념에 불과합니다. 실제로 파일 시스템이 동작하려면 사용자가 디스크를 더 이상 헤드, 트랙, 섹터, 바이트 블록으로 된 기계 장치로 대하는 게 아니라 파일 캐비닛을 대하는 것처럼 만들어야 합니다. 운영체제가 그 역할을 합니다.

파일 시스템은 응용 프로그램이 디스크를 쉽게 사용할 수 있게 해 주는 방법입니다. 응용 프로그램은 파일을 생성하고 읽고 쓰고 지우도록 운영체제에

요청할 수 있습니다. 파일 이름만 알고 있으면 이 모든 일을 할 수 있습니다. 파일을 열고 파일에 쓰거나 파일 내용을 어딘가로 보낼 수 있습니다. 파일 크기를 늘리거나 줄일 수 있으며 파일을 닫을 수도 있습니다.

운영체제는 파일 이름 목록을 디스크 일부분에 기록해 둡니다. 목록 안에는 파일 크기와 파일이 저장된 디스크의 첫 번째 섹터 주소(헤드, 트랙, 섹터)가 함께 들어 있습니다. 파일 크기가 섹터 하나의 크기보다 작으면 이게 끝입니다. 하지만 파일 크기가 섹터 하나보다 크면 새로운 목록을 추가하고 파일이 이어지는 디스크 섹터 주소를 넣어 줍니다. 보통 파일 크기가 커질수록 목록 개수도 많아집니다.

워드 프로세서 응용 프로그램이 생성할 파일의 이름을 물어봅니다. 조는 파일 이름을 '제인에게 보내는 편지'라고 입력합니다. 그러고 나서 편지 내용을 입력하고 저장합니다. 워드 프로세서는 운영체제에 편지가 램 어디에 있고 편지가 몇 줄이나 되는지 알려 줍니다. 그러면 운영체제는 디스크에 있는 적당한 빈 섹터를 찾아서 파일을 저장하고, 파일 크기와 파일을 가리키는 섹터 주소의 목록을 갱신합니다.

응용 프로그램이 파일 시스템을 사용하려면 몇 가지 규칙을 따라야 합니다. 디스크에 데이터를 쓰려면 운영체제에 파일 이름이 무엇인지, 램의 어떤 주소에 쓸 데이터가 들어 있는지, 데이터 크기가 몇 바이트인지 알려 주어야 합니다. 이런 정보는 보통 램에 연속으로 집어넣고, CPU 레지스터에 이 정보가 시작하는 램 주소를 기억하게 합니다. 이후 레지스터에 들어 있는 주소로 분기 명령을 실행하면 운영체제 안에 들어 있는 루틴이 파일을 디스크에 씁니다. 모든 세부 작업은 운영체제에서 I/O를 담당하는 루틴이 알아서 진행합니다.

운영체제에 디스크 현황을 요청하면 디스크에 있는 모든 파일 이름의 목록을 출력해 줍니다. 여기에는 파일 크기, 생성된 날짜, 마지막으로 변경된 날짜도 함께 들어 있습니다.

어떤 종류의 데이터든 파일에 저장할 수 있습니다. 파일 이름은 'xxxx.yyy'처럼 점으로 분리되는 두 부분으로 이루어집니다. 점 앞에 있는 부분은 '제인에게보내는편지'와 같이 이름을 나타내고, 점 뒤에 있는 부분은 확장자(extension)라고 부릅니다. 확장자는 데이터의 유형을 나타내는 식별자입니다. 예를 들어, 확장자가 'doc'라고 되어 있으면 문서 파일입니다. 다시 말해 파일이 어떤 코드를 사용하는지 암시하는 부분입니다.

파일의 확장자는 사용자뿐 아니라 운영체제에도 그 파일에 들어 있는 데이터가 어떤 코드를 사용하는지 알려줍니다. 보통 사람들이 많이 사용하는 운영체제에서 '.txt' 확장자는 아스키코드를 포함하는 텍스트 문서 파일을 뜻합니다. '.bmp' 확장자는 그림이나 사진을 담은 비트맵 파일을 뜻합니다. '.exe'는 실행 프로그램을 나타내는 확장자로 명령 코드를 담은 파일입니다.

운영체제에 어떤 프로그램이 실행 가능한지 물어보면 '.exe' 확장자로 끝나는 파일 목록을 보여줄 겁니다. 그리고 어떤 그림을 볼 수 있는지 물어보면 '.bmp' 등의 확장자로 끝나는 파일 목록을 보여줄 것입니다.

파일 유형은 원하는 대로 확장할 수 있습니다. 특정 프로그램 안에서만 통하는 파일 유형을 만들 수도 있습니다. 코드를 만드는 방법은 수없이 많고 이미 있는 코드를 조합해서 새로운 코드를 만들 수도 있으니까요.

오류와 버그

컴퓨터는 단순한 작업을 하나씩 연이어 매우 빠르게 수행하는 꽤 복잡한 기계입니다. 그런데 그 과정에서 문제가 가끔 생깁니다.

컴퓨터가 그리 흔하지 않았던 초창기에는 컴퓨터 안에 들어가는 게이트를 만드는 비용이 비쌌습니다. 그때 쓰던 게이트는 전기를 연결하거나 끊을 때 기계적으로 움직이는 부품을 사용했습니다. 움직이는 부품에는 위와 아래에 금속판이 각각 달려 있어서 게이트 위에 달린 금속판과 아래에 달린 금속판을 붙여 주면 전기가 원하는 목적지로 흐르고 금속판이 떨어지면 전기가 차단됩니다. 때때로 컴퓨터는 정상적으로 작동하지 않았고, 수리공은 어디서 문제가 생겼는지 알아내기 위해 기계 안으로 들어가서 살펴봐야만 했습니다. 수리공은 기계 안에서 기어 다니는 거미 한 마리를 찾을 수 있었는데, 거미가 움직이는 부품의 두 금속판 틈 사이에 끼여서 꼼짝달싹 못하고 있는 경우도 있었지요. 원래는 두 금속판이 서로 닿아야 했는데 거미 때문에 닿지 못해서 전기 연결이 끊어졌고, 전기가 그다음 장소로 흐르지 않아서 결국 기계가 오작동한 겁니다. 수리공은 거미를 끄집어내고 접촉 부위를 털어 낸 뒤 "컴퓨터 안에 버그(bug)가 있었어요"라고 보고합니다. 농담이 아니고 오작동의 원인이 정말 살아 있는 벌레, 즉 버그였던 겁니다.

시간이 흘러 요즘 사람들이 컴퓨터가 비정상적으로 작동하는 걸 보면 컴퓨터에 버그가 있다고 말할 겁니다. 버그는 크게 두 종류로 나뉩니다. 하나는 '하드웨어 버그'이고 다른 하나는 '소프트웨어 버그'입니다.

하드웨어 버그는 컴퓨터가 물리적으로 망가진 것을 뜻합니다. 램에 있는 어떤 바이트 구역이 망가져 비트 하나가 항상 off 상태가 되는 문제도 하드웨어 버그이고, 컴퓨터를 켜면 화재가 일어날 정도로 심각한 문제도 하드웨어 버그입니다.

램에 들어 있는 비트 메모리 하나가 망가져서 상태가 바뀌지 않는다면 어떻게 될까요? 때에 따라 문제가 될 수도 있지만 문제가 되지 않을 수도 있습니다. 망가진 비트가 속한 바이트 구역이 전혀 사용되지 않는다면 컴퓨터는 문제없이 잘 동작할 겁니다. 망가진 바이트 구역에 이름을 저장하고 있었다면, 이름이 '철수'에서 '철이'로 바뀔지도 모릅니다. 망가진 바이트 구역에 프로그램 명령어가 들어 있었다면 문제가 훨씬 심각해집니다. 예를 들어, XOR 명령어가 JMP 명령어로 바뀌는 것 같은 문제가 생길 수 있습니다. 이 경우 프로그램에서 XOR 명령어가 실행되어야 하는 시점에 JMP 명령이 실행되어 엉뚱한 주소로 분기하게 됩니다. 그리고 분기한 주소에 들어 있는 바이트 데이터를 명령어로 간주하고 실행하기 시작하겠지요. 해당 바이트에 들어 있는 내용은 다음에 어떤 작업을 처리할지 결정합니다. 하지만 프로그램은 마치 기차가 탈선해서 전복되는 것처럼 확실히 잘못된 결과를 낼 겁니다.

스테퍼에 들어 있는 어떤 게이트가 망가지면 어떻게 될까요. 게이트가 스텝 4에 연결되어 있었다면 스텝 4는 결코 수행되지 않을 겁니다. 컴퓨터는 이제 아무 작업도 완료하지 못할 겁니다. 물론 가져오기 단계에 포함된 스텝 1~3은 여전히 할 수 있겠지만 실행하기 단계에 포함된 스텝을 제대로 진행할 수 없기 때문에 어떤 명령어도 제대로 실행할 수 없습니다.

프로그램에 들어 있는 처음 명령어 몇 개만 실행하면 컴퓨터는 엉망진창이 될 게 확실합니다.

소프트웨어 버그에는 많은 유형이 있지만 궁극적으로는 모두 프로그래머의 실수에서 비롯됩니다. 프로그램을 올바르게 작성하는 방법보다 프로그램을 망치는 방법이 훨씬 많지요. 어떤 오류는 단지 잘못된 결과만 만들어낼 뿐이지만, 어떤 오류는 컴퓨터를 완전히 뻗어 버리게 하는 '크래시(crash)' 현상

을 일으킵니다.[1]

프로그래머 사이에서 회자하는 바보 같은 일화가 있습니다. 어떤 남자가 은행 신용 대출로 자동차를 샀습니다. 남자는 대출할 때 은행으로부터 납부 영수증 책을 하나 받았지요. 대출금을 낼 때는 회차마다 갚아야 할 금액이 다릅니다. 그 남자는 각 회차에 맞는 납부 영수증을 뜯어서 정보를 기재하고 알맞은 금액을 내야 했습니다. 그런데 남자가 대출금을 갚는 첫 달에 실수로 맨 앞에 있는 영수증이 아닌 책 맨 뒤에 있는 영수증을 뜯어서 썼습니다. 몇 주가 지나서 남자는 은행에서 온 이메일을 확인했습니다. 메일에는 다음과 같은 메시지가 적혀 있었습니다. "대출금을 모두 내 주셔서 감사합니다. 다음에도 저희 상품을 애용해 주시길 바랍니다." 왜 이런 일이 생겼을까요? 분명 프로그램은 납부 영수증에 기록된 일련번호가 대출 마지막 회차 영수증에 있는 일련번호와 같으므로 대출을 모두 상환했을 때 수행할 루틴으로 분기했던 겁니다. 대출이 완전히 상환되었다고 판단하기 전에 대출 미수금 잔액만 확인했어도 이런 일은 생기지 않았을 겁니다. 이런 오류는 눈에 잘 띄지 않는다는 게 문제입니다. 은행도 몇 달 후에 장부를 손으로 일일이 감사할 때까지는 이 문제를 발견하기 어려웠을 겁니다. 컴퓨터는 절차대로 프로그램을 실행했고 대부분은 적절했습니다. 그 프로그램은 안타깝게도 현실에서 벌어지는 모든 일을 예측할 수 있도록 작성되지 않았을 뿐입니다.

소프트웨어 버그 중 최악은 무한 루프에 갇히는 현상입니다. 프로그램은 명령어들을 순차적으로 실행하다가 어떤 조건을 만족하면 다시 처음으로 돌아가 같은 명령어들을 순차적으로 실행하길 반복합니다. 물론 루프는 프로그램을 작성할 때 늘 사용할 정도로 유용한 명령입니다. 하지만 유한한 횟수만큼만 사용하는 것이 보통입니다. 예를 들어, 50바이트가 대상에 복사될 때까지만 반복하거나 사용자가 키보드를 누를 때까지만 대기하는 겁니다. 그 후 컴퓨터는 루프를 빠져나와 다음 작업을 계속합니다. 프로그램에 루프가 종료되지 않는 오류가 있으면, 컴퓨터는 꼼짝달싹 못 하고 그 상태로 갇혀 버립니다. 우리는 이 상태를 '컴퓨터가 다운되었다'고 표현합니다. 컴퓨터가 다운되었을

---

1 (옮긴이) '컴퓨터가 다운되었다'는 말과 동일합니다.

때 루프에서 빠져나와 정상적으로 컴퓨터를 작동시킬 유일한 해결책은 전원을 껐다 켜는 것뿐입니다.

CPU가 명령 코드가 아닌 다른 것을 실행하게 프로그램을 작성할 때도 오류가 생깁니다. 프로그램이 램의 10번지에서 150번지 사이에 상주하고 있고, 이름이나 전화번호 같은 아스키 데이터가 151번지에서 210번지 사이에 상주해 있다고 가정해 봅시다. 이때 프로그램을 잘못 짜서 어떤 조건을 만났을 때 180번지로 분기합니다. 180번지부터 189번지까지는 '철수'의 신상 정보가 채워져 있었다면 어떻게 될까요. 프로그램은 이제 완전히 의미 없는 작업을 수행하게 될 겁니다. 지금 실행하는 게 명령 코드가 아니라 텍스트 정보니까요.

프로그램은 루프에 갇히거나 엉뚱한 어딘가로 훌쩍 분기하거나 디스크 드라이브를 지우는 명령을 실행할 수도 있습니다. 그리고 이 쓰레기 같은 일을 여느 때와 같이 엄청난 속도로 해낼 겁니다. 바이트에 들어 있는 패턴이 서로 같아도 때에 따라서는 전혀 다른 의미로 쓰입니다. 예를 들어, 180번지에 들어 있던 '철수'라는 이름이 전혀 다른 의미로 해석될 수 있는 겁니다. 어쨌든 코드가 원래 계획한 의미로 사용되지 않으면 컴퓨터 전원을 내려서 프로그램을 완전히 멈추기 전까지 메모리는 점점 쓰레기로 가득 찰 겁니다.

또 다른 유형의 오류도 있습니다. 예를 들어, 폰트가 저장되어야 할 구역에 어떤 프로그래머가 실수로 'John Smith'라는 이름을 쓰는 프로그램을 만들었습니다. 이 상황에서 화면에 글자 'E'를 출력해야 할 모든 곳은 다음과 같이 보일 겁니다.

컴퓨터는 매초 명령어 수억 개를 실행하는데 잘못된 명령어 단 1개를 실행하는 것만으로도 프로그램 전체가 끼익! 하고 멈춰 버릴 수 있습니다. 완벽히 '버그가 없는' 컴퓨터 프로그램을 작성하는 기술을 연구하고 개발하는 분야가 많은 주목을 받습니다. 대부분 프로그램은 기계어나 어셈블리어가 아닌 고급 컴퓨터 언어로 작성하기 때문에 컴파일러를 잘 설계해야 버그를 피할 수 있습니다. 훌륭한 컴파일러는 심각한 종류의 오류를 피할 수 있는 명령어 코드를 생성할 뿐 아니라 프로그래머가 어떤 프로그램 작성 규칙을 위반했는지 경고해 줍니다. 컴파일러는 많은 발전을 거듭해 왔지만 오류에서 완전히 벗어나기란 쉽지 않습니다. 게다가 앞에서 본 예처럼 자동차 대출금을 실수로(?) 상환하는 오류를 집어내는 것은 아무리 컴파일러가 완벽해진다고 해도 불가능합니다.

이번 장에서 알 수 있듯이 컴퓨터와 소프트웨어는 매우 섬세하고 연약합니다. 게이트는 매 순간 잘 작동해야 하고, 실행되는 명령어는 매 순간 정확해야 합니다. 앞서 말한 하드웨어 버그와 소프트웨어 버그 그리고 이 모든 종류의 오류를 생각한다면, 컴퓨터가 평상시에 문제없이 아주 잘 돌아가고 있다는 사실 자체가 오히려 놀라운 일이 아닐까요?

컴퓨터 바이러스

인간이 지닌 특성을 컴퓨터에도 대입하는 경우가 가끔 있는데, 컴퓨터 바이러스라 부르는 어떤 것도 그런 경우입니다. 컴퓨터 바이러스란 말을 들으면 컴퓨터도 병에 걸리고 아플 수 있다는 것처럼 들립니다. 컴퓨터도 기침하고 재채기를 할까요? 감기나 수두에 걸릴까요? 도대체 컴퓨터 바이러스는 무엇일까요?

컴퓨터 바이러스는 누군가가 여러분이 사용하는 컴퓨터에 나쁜 짓을 하려고 작성한 프로그램입니다. 컴퓨터 바이러스가 실행되면 컴퓨터에 해를 끼칠 수 있습니다. 사람들이 바이러스 프로그램을 짜는 동기는 무엇일까요? 그저 바이러스가 가진 한계를 확인하려는 단순한 동기부터 세계 경제를 파멸시키려는 동기까지 다양합니다. 동기가 무엇이든 이런 프로그램을 짜는 사람들의 마음속엔 여러분을 위한 선의는 없는 것 같습니다.

그렇다면 컴퓨터는 어떻게 바이러스에 걸리는 걸까요? 바이러스는 일단 램에 상주하고 있다가 컴퓨터가 바이러스 프로그램으로 분기할 때까지 기다립니다. 일단 분기하면 바이러스 프로그램이 실행되어 하드 디스크에 이미 있는, 컴퓨터에서 주기적으로 자주 실행되는 실행 파일을 하나 찾아냅니다. 바이러스 프로그램이 그런 실행 파일을 찾아낸 후에 파일 끝부분에 자신을 복사하고 파일 앞부분에 바이러스 프로그램이 있는 곳으로 분기하는 명령어를 삽입합니다. 이제 컴퓨터가 바이러스에 걸렸습니다.

바이러스에 걸린 컴퓨터가 구동하고 있을 때 컴퓨터는 모든 일을 평소처럼 하지만 바이러스가 주입된 프로그램을 실행할 때마다 파일 앞에 삽입된 분기 명령어가 바이러스 프로그램을 대신 실행합니다. 어떤 바이러스는 미리 설정한 날짜에 악성 명령을 실행하기 위해 현재 날짜와 비교합니다. 두 날짜가 같지 않으면 감염된 파일 앞쪽으로 분기해서 감염되기 전에 파일이 수행했던 일을 그대로 하게 합니다.

완전히 보통 상태처럼 보일 겁니다. 평소 하는 작업 이외에 몇 가지 명령어가 추가로 실행되었을 뿐이니까요. 바이러스는 이 시점에서는 자는 상태입니다. 하지만 날짜가 되면 바이러스는 파일에 심어 놓은 프로그램이 무엇이든 그 일을 수행할 겁니다. 바이러스 프로그램이 가동되면 바이러스 프로그램을 만든 사람이 떠올릴 수 있는 모든 악행을 다 할 수 있습니다. 디스크에 있는 파일을 지워 버리거나 인터넷을 통해 어떤 파일이든 복사해 갈 수 있습니다. 악의 없이 익살스러운 바이러스도 있습니다. 예를 들어, 어떤 바이러스는 화면에 있는 글자들을 흔들어 화면 아래로 우수수 떨어지는 것처럼 연출하기도 합니다.

바이러스는 애초에 어떻게 감염되는 걸까요? 이건 예를 들어 설명하는 게 편리합니다. 인터넷에서 웃긴 동영상을 찾아보는 친구가 있다고 합시다. 친구는 동영상을 보고 너무 웃긴 나머지 여러분도 같이 보면 좋겠다는 마음에 이메일로 동영상 파일을 보내 줍니다. 첨부된 동영상 파일을 받아 재생하면 웃긴 영상을 여러분도 재미있게 시청할 수 있습니다.

여기서 두 가지 일이 일어날 수 있습니다. 먼저 친구가 'funny.mov'라는 파일을 보내 주었고 운영체제에 '.mov' 확장자로 된 파일을 재생하는 동영상 재생기가 설치되어 있는 경우입니다. 이때 파일을 실행하면 동영상 재생기가 구동되어 램에 로드되고 프로그램이 'funny.mov'를 읽어 화면에 영상을 띄워 줄 겁니다. 이 과정에는 아무 문제가 없습니다. 방금 실행된 프로그램은 예전부터 컴퓨터에 설치되어 있던 프로그램이고, 'funny.mov'에는 그저 화면에 연속해서 출력되는 사진이 저장되어 있을 뿐이니까요.

그런데 친구가 'funny.exe'라는 파일을 보내서 여러분이 이 파일을 영상처럼 재생하고자 시도하면, 'funny.exe' 파일이 곧바로 램에 로드되어 첫 번째 명령어로 분기할 겁니다. 이제 컴퓨터에는 수상한 곳에서 온 프로그램이 구동하고 있습니다. 이 파일이 바이러스 프로그램이라는 것을 알아차리는 일은 생각보다 쉽지 않습니다. 여러분이 의심하지 않도록 웃긴 동영상을 재생하여 이 파일이 감염되지 않은 것처럼 위장할 수 있으니까요. 그러나 여러분이 영상을 감상하는 동안에 바이러스는 디스크에 있는 파일에 어떤 짓이든 할 수 있습니다. 파일에 자신을 복제하고 며칠 또는 몇 주일 동안 잠복할 수도 있습니다. 그러면 여러분은 컴퓨터가 바이러스에 '감염'되었는지 전혀 알 수 없습니다. 그러다 정해진 날짜가 되면 갑자기 살아나서 원래 의도대로 여러분의 파일이나 운영체제를 망가뜨릴 겁니다.

이런 악의적인 프로그램을 바이러스라고 부릅니다. 진짜 바이러스가 생물을 감염시키는 방법과 비슷하기 때문입니다. 진짜 바이러스는 단세포 세포보다 훨씬 작은 물체로, 스스로 번식하지 못하기 때문에 살아 있는 생물이라고 말하기 애매합니다. 바이러스가 번식하려면 살아 있는 생물의 세포에 침입해서 자신을 심어 두는 수밖에 없습니다. 세포가 복제할 때 바이러스도 같이 복제되는 방법을 이용하는 겁니다. 이렇게 복제된 바이러스는 계속해서 다른 세포를 감염시킵니다.

컴퓨터 바이러스는 스스로를 복제하지 못합니다. 컴퓨터 안으로 들어온 바이러스 프로그램을 CPU가 한 번은 실행해야 바이러스가 복제됩니다. 이렇게 바이러스 프로그램이 한 번이라도 실행된 후에는 운영체제 안에 숨어서 주기적으로 자신을 실행함으로써 자신을 복제할 수 있습니다.

바이러스 프로그램이 실행되어 컴퓨터에 내리는 명령어들은 계획한 대로 컴퓨터를 망가뜨릴 뿐 아니라 바이러스를 다른 컴퓨터에 퍼뜨리기도 합니다.

펌웨어

램은 컴퓨터에서 필수적인 부분입니다. 램이 완전히 작동하려면 바이트를 램에 쓰고 램에 쓴 바이트를 다시 읽어낼 수 있어야 합니다.

하지만 어떤 컴퓨터에 들어 있는 램은 특별히 구획된 부분이 있습니다. 이 특별한 기억 장치는 컴퓨터가 켜지는 시점에만 기록할 수 있고, 컴퓨터가 완전히 켜져서 프로그램을 실행하는 등 정상적으로 동작하고 있을 때는 내용을 변경할 수 없습니다. 전원이 켜졌을 때 똑같은 프로그램을 항상 실행하는 컴퓨터에 달려 있는 램에는 모두 이런 구역이 있습니다.

램의 절반은 프로그램을 로드하는 데 사용하고, 나머지 절반은 프로그램에 입력할 데이터를 로드하는 데 사용합니다. 프로그램을 실행하려면 어느 시점에는 램의 절반 구역에 프로그램을 로드해야 합니다. 그 후에 CPU가 램에서 명령어를 하나씩 가져오고 실행해야만 프로그램을 구동할 수 있습니다. 조금 더 자세히 말하자면, 우선 CPU 제어 장치가 램에 들어 있는 명령어 코드를 일일이 하나씩 스테퍼로 가져와야 합니다. 그리고 그 안에 여기저기 설치되어 있는 NAND 게이트를 거쳐야만 명령어의 비트 패턴을 해독해서 적절한 동작을 실행할 수 있습니다.

매번 이런 방식으로 프로그램을 실행하는 것은 귀찮은 일입니다. 따라서 일단 (데이터를 위해 할당된) 램의 절반 구역은 앞에서 설명한 것처럼 만들어야 하지만 (프로그램을 위해 할당된) 램의 나머지 절반 구역은 NAND 게이트를 모두 건너뛰고 만들 수도 있습니다. 램의 각 비트를 프로그램에 들어 있는 비트 패턴과 대응하도록 직접 전선으로 연결해서 말이지요.

이렇게 미리 배선된 램은 쓰기가 불가능하지만 읽는 데는 아무 문제가 없습니다. 이런 유형의 램은 '읽기 전용 메모리(Read Only Memory)'라고 부릅니다. 줄여서 '롬(ROM)'이라고도 합니다. 롬을 사용하는 방법은 램을 사용하는 방법과 동일하지만, 쓸 수는 없고 읽을 수만 있다는 차이가 있습니다.

롬에는 두 가지 장점이 있습니다. 첫째, 롬이 램보다 훨씬 저렴합니다. 특히 컴퓨터 초창기 시절 램은 무척 비쌌습니다. 그래서 롬을 램 대용으로 쓰는 사람들도 있었습니다.

둘째, 롬에 프로그램을 집어넣으면 램과 달리 컴퓨터를 켤 때마다 매번 프로그램을 다시 로드할 필요가 없습니다. 컴퓨터가 꺼져도 내용이 지워지지 않기 때문입니다.

이제 새로운 단어가 등장할 차례입니다. 소프트웨어에서 '소프트'는 비트를 바꿀 수 있는 성질을 뜻합니다. 롬에는 비트 패턴이 들어 있긴 하지만 더 이상 소프트하다고 말할 수는 없습니다. 롬에 있는 비트를 바꿀 수 없기 때문입니다. 그래서 이런 종류의 메모리를 '펌웨어(firmware)'라고 부르게 되었습니다. 펌웨어는 하드웨어처럼 영구적으로 고정된 비트로 된 소프트웨어라고 볼 수 있습니다.

하지만 이게 이야기의 끝은 아닙니다. 롬은 보통 공장에서 이런 식으로 만들어졌습니다. 시간이 흘러 롬이 가진 단점을 개량해서 좀 더 편리하게 사용할 수 있는 방법이 고안되었습니다.

공장에서 롬에 특정한 프로그램을 넣어서 보내긴 하지만, 사용자가 롬에 달려 있는 개별 입력 단자에 큰 전력을 입력해서 연결 부위를 '굽는' 방법으로 비트의 상태를 마음대로 1 또는 0으로 바꿀 수 있는 방법을 개발했습니다.

이 방식을 사용해서 공장을 떠난 후에도 롬에 다시 프로그래밍할 수 있었습니다. 이런 종류의 롬을 '프로그래밍 가능한 롬(Programmable ROM)' 또는 'P롬(PROM)'이라고 합니다.

누군가 P롬을 자외선에 30분 정도 노출하면 끊어진 연결선을 모두 복구할 수 있는 방법을 알아냈습니다. 이런 방법으로 롬에 프로그램을 자유자재로 여러 번 쓰고 지울 수 있게 된 겁니다. 이것을 '삭제 가능한 P롬(Erasable PROM)' 또는 'EP롬(EPROM)'이라고 부릅니다. 그러다가 누군가 EP롬 위에 장착된 특별한 와이어에 전기를 가해서 EP롬을 삭제할 수 있는 방법을 알아냈습니다. 이것을 '전기적으로 삭제 가능한 PROM(Electrically Erasable PROM)' 또는 'EEP롬(EEPROM)'이라고 부릅니다. EEP롬은 자외선이 아니라 전기를 사용해서 쓰고 지울 수 있기 때문에 EP롬보다 훨씬 간편하다는 장점이 있습니다. 우리가 흔히 쓰는 '플래시 메모리(flash memory)'도 특수한 유형의 EEP롬입니다.

지금까지 램, 롬, P롬, EP롬, EEP롬, 플래시 메모리를 모두 소개했습니다. 컴퓨터 내부에서 사용하는 기억 장치는 이것들이 전부입니다. 이것들은 모두 램처럼 무작위 접근 방식을 이용합니다. 다시 말해, 기억 장치의 특정한 주소에 접근하고 그 안에 들어 있는 바이트 데이터를 읽어들일 때, 모두 램과 같은 방식으로 작동한다는 뜻입니다. 그러나 램은 롬, P롬, EP롬, EEP롬과 달리 전원이 꺼질 때 설정된 비트가 모두 지워집니다. 이것이 가장 큰 차이점입니다. 전원을 다시 켜도 램에 있는 모든 바이트는 이미 0으로 초기화된 상태입니다.

"컴퓨터에서는 왜 주기억 장치로 EEP롬을 안 쓰고 구태여 램을 쓰는 거죠? EEP롬은 컴퓨터 전원이 꺼져도 프로그램이 그대로 유지되잖아요. 쓰고 지우기도 편리할 텐데…"라고 물어보는 사람이 분명 있겠지요. 그러나 EEP롬은 쓰기 속도가 램에 비해 너무 느리다는 문제가 있습니다. 그래서 주기억 장치로 EEP롬을 사용하면 (컴퓨터의 다른 부분이 번개 같아도 결국은 EEP롬의 쓰기 속도에 맞춰지므로) 컴퓨터의 작동은 전체적으로 매우 느려질 수밖에 없습니다. 너무 실망하지는 마세요. 누군가 언젠가는 램처럼 빠른 데다가 저렴하고 램보다 전력도 덜 쓰는 EEP롬을 발명할 수도 있으니까요.

내부 저장 장치 말고도 영구적으로 읽기만 가능한 외부 저장 매체를 가리킬 때도 롬이라는 단어를 종종 사용합니다. 예를 들어, 한 번 쓴 후에 더 이상 지우거나 쓰지 못하고 읽기만 가능한 CD를 '시디롬(CD-ROM)'이라고 부릅니다. 사실 롬이라는 단어는 램처럼 무작위 접근 방식으로 동작하는 기억 장치에나 붙일 수 있는 말입니다. 하지만 현재는 좀 더 일반적인 정의로 저장 장치 전반에 걸쳐 넓게 사용하고 있습니다.

부팅

이번 장에서 다룰 주제는 부팅입니다. 부팅은 부츠(boot)에서 비롯된 용어입니다. 부츠는 목이 긴 신발을 말합니다. 목이 긴 신발과 컴퓨터 용어가 무슨 관계가 있냐고요? 영어 농담에 "부츠 끈(bootstrap, 부트스트랩)을 잡아당겨서 몸을 띄워라"는 말이 있습니다. 말 그대로 부츠에 꿰어 놓은 끈을 힘껏 잡아당겨서 두 발을 지면에서 떨어지게 하라는 말입니다.

여러분이 부츠를 신고 있을 때 사다리나 밧줄 없이 지면에서 두 발을 떼려면, 부츠 끈을 손으로 힘껏 잡아당기면 됩니다. 물론 만화에서나 가능한, 말도 안 되는 일입니다. 현재는 어떤 일을 할 마땅한 방법이나 그 일을 할 때 필요한 도구 또는 도와줄 사람이 없을 때에도 어떻게든 그 일을 완수하는 행위를 뜻하는 관용구로 사용됩니다.

마찬가지로 컴퓨터에도 아무런 도구 없이 두 발을 지면에서 띄워야 하는 것과 비슷한 문제가 발생합니다.

컴퓨터가 운용되고 있을 때 램에는 다수의 응용 프로그램이 가득 차서 어떤 일을 하고 있을 겁니다. 이때 사용자가 새로운 프로그램을 하나 더 실행하려고 명령어를 입력할 때, 운영체제는 디스크에서 프로그램이 있는 위치를 찾아내서 램에 로드하고, 프로그램의 첫 번째 명령어로 분기합니다. 이제 새로운 프로그램이 돌아가기 시작했습니다.

그런데 컴퓨터가 켜져서 시동되는 순간에 컴퓨터는 운영체제를 어떻게 램에 올리는 걸까요? 운영체제를 가동하기 위해서는 먼저 어떤 식으로든 디스크 드라이브의 특정 구역에 접근하고 복사하는 명령어 코드 묶음이 램에 로드되어 있어야 합니다. 그래야 디스크에 있는 운영체제를 가져와서 램의 적당한 구역에 복사할 수 있습니다. 그다음에 운영체제가 있는 램의 구역에서 가장 처음 명령어 코드로 분기하면 비로소 운영체제가 구동됩니다. 그런데 컴퓨터를 켜면 램 안에 있는 모든 바이트는 0으로 채워진 상태입니다. 다시 말해, 램 안에는 실행할 수 있는 명령어나 프로그램이 아무것도 없다는 거지요. 이제 마법 상자는 불가능한 일을 수행해야 할 차례입니다. 램에다 운영체제를 넣으려면 램에다 운영체제 비슷한 걸 먼저 넣어야 합니다. 그런데 컴퓨터에는 그런 프로그램이 들어 있지 않습니다. 컴퓨터가 제대로 동작하려면 부트스트랩으로 사람을 들어 올리듯 애초에 무언가 불가능해 보이는 일을 수행해야 한다는 말입니다.

초창기 시절 컴퓨터에는 본체 앞에 스위치와 누름 버튼이 여러 개 달려 있었습니다. 사용자는 스위치와 누름 버튼을 켜고 끄면서 레지스터에 바이트 데이터를 직접 넣을 수도 있었고, 레지스터의 내용을 램에 복사할 수도 있었습니다. 이런 식으로 짧은 프로그램을 작성해서 컴퓨터가 시동할 때 실행할 수 있었습니다. 이런 프로그램을 '부트스트랩 로더(bootstrap loader)'라고 부릅니다. 부트스트랩 로더는 컴퓨터가 주변 장치에서 바이트 데이터를 읽고 램에 저장한 다음 프로그램에 들어 있는 첫 번째 명령어로 분기하도록 지시하는 가장 작은 프로그램입니다. 부트스트랩 로더를 실행하면 운영체제 코드의 앞부분처럼 훨씬 커다란 프로그램도 램에 로드할 수 있습니다. 부트스트랩 로더가 운영체제를 로드한 뒤 운영체제가 구동되면, 그때부터 컴퓨터를 제대로 사용할 수 있게 됩니다.

오늘날은 컴퓨터에 부트스트랩 로더를 훨씬 편하게 로드할 수 있습니다. 스위치나 버튼을 수동 조작해서 로더를 작성할 필요 없이 컴퓨터를 켜자마자 즉시 운영체제가 구동되도록 설계되어 있습니다. 다만 부트스트랩 로더를 로드하고 실행하는 것은 운영체제를 구동하기 전에 반드시 필요하지만 자동으로 진행되기 때문에 확인할 수 없을 뿐입니다. 이렇게 숨겨진 부트스트랩 과정을 '부팅(booting)' 또는 '부트 업(booting up)'이라고 부릅니다. 부팅은 램에 최소

한의 프로그램이 올라가서 다른 프로그램을 실행할 수 있는 상태로 만드는 과정입니다.

우리가 만든 컴퓨터가 부팅이 되게 만들려면 IAR을 살짝 변경해야 합니다. 새로운 IAR은 전원이 켜질 때 모든 데이터를 0으로 초기화하는 대신에 마지막 비트만 0으로 두고 나머지 비트가 1로 초기화되도록 설계됩니다. 부팅을 하는 방법은 세 부분으로 구성됩니다. 첫째, 디스크 첫 번째 섹터(헤드 0번, 트랙 0번, 섹터 0번)에 부트 로더 프로그램을 저장해 놓습니다. 디스크 첫 번째 섹터를 '부트 레코드(boot record)'라고 합니다. 부트 레코드 안에 부트 로더 프로그램이 없다면 다음 과정이 아무 의미가 없습니다. 둘째, 이제 컴퓨터를 켜면 변경된 IAR이 첫 번째 명령어를 램의 1111 1110번지에서 가져옵니다. 셋째, 램에서 마지막 32바이트가 들어 있는 235~256번지는 전선을 연결해서 간단한 프로그램을 실행하도록 구성합니다. 이 구역은 내용을 변경하거나 지울 수 없기 때문에 롬입니다. 롬 구역에 배선한 프로그램은 디스크 드라이브에 접근하고 디스크의 첫 번째 섹터를 선택하는 일을 합니다. 또한 그 프로그램은 디스크의 부트 레코드에 들어 있는 모든 바이트 블록을 롬에 복사하고 가장 처음 명령어로 분기합니다. 그러면 컴퓨터가 부팅됩니다.

'부트'라는 단어를 동사로 쓸 수도 있습니다. 이때 부트의 의미는 "아무 프로그램도 없는 램에다 어떤 프로그램을 로드하다"라는 뜻입니다.

어떤 사람들은 부트를 그저 "램에 프로그램을 로드한다"라는 뜻으로 쓰는데, 정확히 말하자면 "비어 있는 램에 최초의 프로그램을 로드한다"라는 뜻입니다.

디지털과 아날로그

'디지털(digital)'이나 '아날로그(analog)' 같은 용어들은 요즘 사람들 입에 흔하게 오르내립니다. 컴퓨터는 디지털과 관련된 유일한 기계이며 나머지는 모두 아날로그와 관련된 것으로 곧잘 생각합니다. 하지만 이런 의견은 진실과는 거리가 멉니다.

디지털과 아날로그는 꽤 간단하게 정의할 수 있습니다. 하지만 이 단어들이 어디서 유래했는지 그리고 생활 속에서 사람들이 어떤 용법으로 받아들여 사용하고 있는지를 생각해 보면 두 단어를 설명하는 일이 그리 만만한 일이 아닙니다.

'디지털'은 숫자를 의미하는 'digit'에서 파생된 말입니다. digit은 꽤 옛날에 쓰던 서양 언어인 라틴어에서 손가락과 발가락을 뜻하는 말입니다. 이 단어를 보면 사람들이 오래전부터 손가락이나 발가락을 사용해서 숫자를 셌다는 걸 알 수 있습니다. 오늘날은 숫자를 기록할 때 0, 1, 2, 3 같은 개별 기호를 사용하는데 이런 기호를 '숫자' 또는 'digit'라고 합니다. 컴퓨터에서는 수를 비트와 바이트로 표시합니다. 비트와 바이트에는 본질적으로 명쾌하고 분명한 특징이 있습니다. 비트는 0과 1만 오갈 수 있지만 0과 1의 중간 상태는 불가능합니다. 바이트는 언제나 256가지 상태만 가능하고 이 중에 한 가지 상태를 선택할 수 있습니다. 바이트도 비트처럼 중간 상태에 놓일 수 없습니다. 예를 들어, 123번째 상태와 124번째 상태의 중간 상태는 불가능합니다. 비트나 바이트는 상태가 계단처럼 고정된 크기만큼씩만 변할 수 있습니다. 이런 식으로 계단처럼 변하는 수를 디지털이라고 합니다.

아날로그는 영어로 비유를 뜻하는 'analogy'와 비슷함을 뜻하는 'analogous' 같은 단어와 어원이 같습니다. 즉 '아날로그'는 현실에 존재하는 사물이나 현상과 비슷한 것을 뜻합니다. 현실에서 사물은 계단식으로 끊어지며 변화하지 않고 대부분 점진적으로 그리고 끊임없이 변화합니다. 예로 들어, 귓가에 대고 속삭이는 소리에서 고막이 울릴 정도로 목청껏 내는 소리까지 목소리 크기를 키워 보세요. 두 목소리 크기 사이에 존재하는 목소리 크기는 세는 것이 불가능하고 끊임없이 부드럽게 이어지는 크기입니다. 전화기는 목소리를 소리에 따라서 다양한 비트 패턴을 생성하는 전기 신호 형태로 변환한 뒤, 실시간으로 받는 쪽의 전화기까지 전선에 실어 보냅니다. 소리와 전기는 전혀 다른 매체지만 전기를 이용해서도 목소리를 복제할 수 있습니다. 소리와 전기같이 전혀 다른 매체도 비슷한 부분이 있다는 뜻입니다. 소리와 전기가 서로 비슷하기 때문에 '아날로그'로 된 소리를 전기 패턴으로 코드화할 수 있습니다. 비록 '아날로그'의 원래 뜻은 '비슷함'이지만, 현대인에게는 '끊임없이 연속해서 변하는 사물을 비슷하게 모방한 무엇'이라는 뜻이 훨씬 친숙합니다. 비슷하다는 뜻보다는 끊임없이 이어져 있다는 뜻을 강조하는 겁니다. '끊임없이 변하는 무엇'은 여러분이 디지털과 아날로그를 비교할 때 아날로그를 정의하는 특성이 됩니다. 아날로그로 된 사물이 어떤 범위 내에 있다고 생각해 보세요. 이때 아날로그는 단지 특정한 위치에만 존재하는 게 아니라 범위 내의 모든 곳에 존재합니다.

디지털은 계단처럼 변하는 것, 아날로그는 부드럽고 연속적으로 변하는 것을 뜻합니다. 달리 설명하면, 디지털로 된 어떤 것은 개별적인 원소를 선택해서 한정된 횟수만큼만 붙이면 전체를 구성할 수 있다는 뜻인 반면에 아날로그로 된 어떤 것은 딱히 개별적인 원소도 없이 무한정 작은 어떤 것을 무한대로 많은 횟수만큼 붙여야 전체를 구성할 수 있다는 뜻입니다. 컴퓨터와 관련이 없는 예시를 드는 게 개념을 명료하게 하는 데 도움이 될 것 같습니다.

높이 2미터의 강단을 올라가야 한다면 계단을 여러 개 쌓아서 한 발짝씩 올라가거나 경사대를 만들어 걸어 올라갈 수 있습니다. 경사대를 둔다면 바닥에서 강단 위까지 높이가 얼마든 적당히 기울이면 자유자재로 올라갈 수 있습니다. 반면에 계단을 이용해 특정한 높이까지 올라가려면 계단을 이루는 층을 하나씩 높이거나 내려줘야 합니다. 경사대는 아날로그이고 계단은 디지털인 셈입니다.

여러분이 정원 중간에 사람이 걸어 다니기 편리하게 보행로를 만들고 싶다고 가정합시다. 보행로는 콘크리트 반죽으로도 만들 수 있고 벽돌을 하나씩 붙여서 만들 수도 있습니다. 우선 벽돌로 보행로를 만든다고 합시다. 이때 사용하는 벽돌이 가로세로 모두 6센티미터인 정사각형 형태라면 보행로의 폭은 60센티미터나 66센티미터는 될 수 있지만, 62센티미터나 64.5센티미터는 될 수 없습니다. 반면에 콘크리트 반죽을 붓는 방식을 이용하면 보행로의 폭을 자유자재로 조절할 수 있습니다. 벽돌은 디지털이고 콘크리트는 아날로그라고 볼 수 있습니다.

여러분이 오래된 책 한 권과 오래된 유화 한 점을 소장하고 있는데, 이것들은 귀중하기 때문에 더 낡아 없어지기 전에 꼭 복제하고 싶다고 상상해 봅시다. 먼저 책을 복제하는 것은 꽤 쉬운 일입니다. 책장을 넘겨 보니 페이지가 누렇게 변색되었고 책 귀퉁이는 심하게 접혀 있고 먼지와 얼룩은 물론 벌레 먹은 구멍도 꽤 있습니다. 이렇게 심하게 낡았어도 책에서 글씨만 읽을 수 있다면, 책 첫 쪽부터 마지막 쪽까지 한 글자씩 컴퓨터로 옮겨서 타이핑하면 적어도 책의 내용만은 완벽히 복원할 수 있습니다(책의 저자도 이것을 원했겠지요). 유화도 많이 낡았습니다. 색감도 희끄무레하게 변색됐고 먼지가 심하게 내려앉아 선명하지 않습니다. 물론 붓으로 스트로크를 할 때 빠진 털이 붙어 있던 위치나 모든 지점에서 물감의 두께감은 물론 인접한 지점마다 미묘하게 색상을 섞어 표현한 기법까지 매우 정밀하게 복원해서 복제품을 만들 수 있을 겁니다. 하지만 자세히 보면 어딘가는 꼭 다른 부분이 생기기 마련입니다. 책은 글자로 쓰여 있습니다. 글자는 언어를 표현하는 데 필요한 수십 개의 기호 중 하나입니다. 따라서 책은 한정된 개수의 가능성을 하나씩 택해서 이어 붙인 목록에 불과합니다. 그런데 유화 물감의 색을 섞는 방법이나 캔버스에 어떤 모양을 어느 위치에 그릴지 선택하는 방법은 무한대로 많습니다. 그래서 책의 내용은 디지털이고 그림의 내용은 아날로그입니다.

이제 여러분은 아날로그와 디지털에 어떤 차이가 있는지 알게 되었습니다. 우리 주변을 둘러싼 세상은 대부분 아날로그입니다. 옛날에 사용하던 기술도 대부분 아날로그였습니다. 예를 들어 구식 전화기, 축음기, 라디오, 구식 텔레비전, 카세트테이프, 비디오테이프 모두 아날로그입니다. 그런데 이런 구식 기술 중에서 이상하게도 전보는 예외입니다. 전보는 디지털 기술을 사용합니다. 디지털 기술이 고도로 발달하고 저렴해지면서 현재는 아날로그 기기가 점차적으로 디지털 기기로 교체되는 추세입니다. 예전에 아날로그 기기가 하던 동일한 일을 이제는 디지털 기기가 수행합니다.

소리는 아날로그적인 것입니다. 구식 전화기는 아날로그 장치로, 아날로그 소리를 아날로그 전기 신호로 변환합니다. 이 전기 신호가 전선을 타고 흘러서 상대방의 전화기까지 이릅니다. 신식 디지털 전화기도 물론 아날로그 소리를 입력받지만 아날로그 신호가 아닌 디지털 코드로 변환합니다. 디지털 코드(디지털 전기 신호)가 상대방의 전화기에 이르면, 전화기 안에 들어 있는 장치가 디지털 코드를 다시 아날로그 소리로 복원해 줍니다.

아날로그 전화기가 잘 작동하는데 왜 군이 디지털 전화기를 발명하느라 수고해야 했을까요? 아날로그 전화기는 분명 잘 작동합니다. 하지만 완벽하진 않았습니다. 아날로그 전기 패턴이 원거리를 이동하면 전선에 흐르는 전기 신호에는 많은 (좋지 않은) 일이 일어납니다. 전기 신호가 먼 거리를 이동하면 할수록 신호의 강도는 점점 더 약해집니다. 이를 방지하고자 신호를 증폭시키면 반대로 잡음이 심해졌습니다. 게다가 전화기 근처에 다른 전자 기기가 켜져 있으면 그 장치에서 나오는 전기 신호가 전화 신호와 섞여서 통화 품질이 떨어지는 문제가 있었습니다. 소리가 멀리 가면 갈수록 잡음과 왜곡이 끼어들었습니다. 아날로그 신호가 어떤 이유로든 미세하게 변하면 곧장 상대방의 수화기에서 잡음 섞인 목소리를 들었던 겁니다.

디지털 기술은 구세주였습니다. 물론 디지털 코드를 원거리로 보낼 때도 개별 비트들은 여전히 같은 종류의 왜곡과 잡음에 시달려야 했습니다. 그러나 비트가 완전히 on이면 on이지, 97퍼센트만 on인지 정확히 잴 필요는 없는 것이 장점입니다. 게이트는 입력으로 들어오는 비트가 off인지 on인지만 알면 됩니다. 게이트는 비트가 두 상태 중 무엇인지만 판단하면 그만입니다. 어떤 비트가 전기적으로 off와 on의 중간 상태보다 살짝 이상이면, 게이트는 이 비트를 입력받을 때 완전히 on 상태로 인식합니다(예를 들어, 5V 전압을 기준으로 0V~2.5V까지는 비트가 off인 상태를, 2.51V 이상은 비트가 on인 상태를 의미하게 정할 수 있습니다). 수신자에게 도착한 디지털 패턴은 송신자가 보낸 디지털 패턴과 정확히 일치합니다. 수신자가 디지털 패턴을 아날로그로 복원하면 메시지 안에는 어떤 잡음도 왜곡도 없습니다. 디지털 전화로 원거리 통화를 하면 마치 울타리를 사이에 두고 옆집 아저씨와 직접 대화하는 것처럼 깨끗하게 들리는 겁니다.

아날로그 기술과 디지털 기술에는 서로 장단점이 있습니다만, 일반적으로 볼 때 디지털 기술이 가진 장점이 단점보다 훨씬 큽니다.

디지털의 가장 놀라운 장점은 복제본을 만드는 능력일 겁니다. 여러분이 구식 LP 레코드판에 들어 있는 노래를 복사하고 싶다면, 전축을 틀어 노래가 재생될 때 카세트테이프로 녹음하거나 (돈이 좀 들지만) 아예 전문적인 마스터 커팅 장비를 이용해서 새로운 레코드에 원본 레코드와 똑같은 홈을 파는 방식으로 음반을 복제할 수도 있습니다. 이런 방식은 아날로그 복제이므로 원본과 복제본의 품질이 완전히 일치하지 않습니다. 애초에 이런 방식의 기계로는 원본 수준의 정밀도까지 끌어올리지 못합니다. 몇 가지 한계가 있기 때문입니다. 첫째, 물리적 사물을 복사하는 건 원본에 매우 가깝게는 가능하지만 완전히 똑같이 만드는 건 불가능합니다. 복제 과정에서 어딘가에서 다른 부분이 생기기 마련입니다. 둘째, 원본 물체에 상처가 나거나 먼지 같은 입자가 묻으면 복제본은 잡티까지 그대로 복사합니다. 셋째, 레코드판을 재생할 때는 레코드판과 바늘 사이에 마찰이 발생하기 때문에 시간이 지나면서 레코드판이 조금씩 벗겨지고 훼손될 수밖에 없습니다. 카세트테이프로 노래를 녹음하면 "쉬익~ 지지직~" 하는 낮은 소리가 밑에 깔려서 같이 녹음됩니다. 이 복제본을 복사하고 복제본의 복제본을 또 복사하면 할수록 잡음은 점점 더 커지고 시끄러워질 수밖에 없습니다.

디지털로 무언가를 복제하면 원본 어느 부분에 들어 있던 비트 상태가 on이었다면 복제품의 비트 상태도 마찬가지로 on입니다. 복제를 아무리 반복해도 원본과 완벽히 동일한 복제품을 만들 수 있습니다. 복제본의 복제본 그리고 복제본의 복제본을 아무리 만들어도 달라지지 않습니다. 모든 복제본이 원본과 100% 일치합니다. 여러분이 무한히 많은 복제본을 만들어야 하고 영원히 보존하길 원한다면 정답은 당연히 디지털입니다.

우리가 지금까지 만든 컴퓨터와 주변 장치는 완전히 디지털입니다. 그리고 우리가 디지털로 다루고 싶은 것이 단지 산수나 문자를 표기하는 것뿐이었다면 이쯤에서 책의 논의를 끝내도 됩니다. 그런데 우리가 만든 컴퓨터로 음악을 재생하고 컬러 사진을 출력하고 싶다면 한 가지를 더 살펴봐야 합니다.

컬러 디스플레이

NAND 게이트만으로 만들 수 없는 작은 컴퓨터 하드웨어 부품이 하나 있습니다. 컴퓨터를 컴퓨터답게 만들어 주는 핵심 부품은 아니지만, 대체로 모든 컴퓨터에 최소한 몇 개씩 들어 있습니다. 이 부품은 컴퓨터에서 아날로그 신호를 디지털 신호로 바꾸거나 디지털 신호를 아날로그 신호로 바꾸는 데 이용합니다.

인간의 눈과 귀는 아날로그적인 것에 반응합니다. 인간은 휘황찬란하게 밝은 색과 어두컴컴한 색뿐 아니라 그 사이에 존재하는 다채로운 색상을 인지할 수 있습니다. 그리고 시끄러운 소리나 속삭이는 부드러운 소리를 비롯해 그 사이에 존재하는 무수히 많은 단계의 소리를 들을 수 있습니다.

앞서 우리가 만드는 컴퓨터 디스플레이 화면이 320×200 해상도를 가지고 있다고 가정했습니다. 화면에 픽셀이 64,000개 들어 있는 겁니다. 하지만 픽셀에다 색상을 1비트만 배정했기 때문에 구분해서 표시 가능한 색상은 두 가지뿐(0과 1, 또는 흑과 백)입니다. 다시 말해 완전한 흑백 디스플레이인 셈입니다. 화면에 글자를 출력하거나 간단한 선분을 그리는 것처럼 흑백으로 표시해도 무방한 작업만 할 거라면 문제가 없습니다. 그런데 컴퓨터 화면에 컬러 사진을 띄워서 감상하고 싶다면 어떻게 해야 할까요?

무엇보다도 어떻게 화면에 다양한 색상을 표시할 수 있는지 방법을 찾아야 합니다. 컴퓨터 디스플레이 화면이나 TV 화면에 돋보기를 가까이 대고 들여다

보면, 화면의 각 픽셀 안에 작은 도트 3개(빨간색, 초록색, 파란색)가 서로 가까이 붙어서 들어 있다는 걸 알게 됩니다. 각 픽셀은 세 가지 색상을 조합할 수 있도록 구성됩니다. 이제 디스플레이 어댑터는 화면을 스캔할 때 3색의 강도를 '동시에' 지정해 주어야 합니다.

컴퓨터로 컬러 화면을 만들려면 픽셀마다 R(빨강), G(초록), B(파랑) 도트의 상태를 최소한 1비트씩 배정해야 하므로 픽셀마다 총 3비트가 필요합니다. 앞으로 이를 R, G, B로 각각 줄여 말하겠습니다. 디스플레이 어댑터는 픽셀의 색상 상태를 램에서 가져와서 컬러 디스플레이를 스캔하며 각 픽셀마다 세 가지 색상의 상태(예를 들어, R이 1인지 0인지)를 넣어 줘야 합니다. 램은 화면에 출력할 전체 픽셀의 정보를 저장합니다. 3비트로 컬러 화면을 표시하려면 흑백 화면일 때보다 램 공간이 3배나 소요된다는 말입니다.

각 비트를 켜고 끄는 방식으로 컬러를 조합하면 3비트로 색상 8개를 나타낼 수 있습니다: 검은색(RGB 모두 off), 초록색(G만 on), 빨간색(R만 on), 파란색(B만 on), 노란색(R과 G만 on), 시안(G와 B만 on), 마젠타(R과 B만 on), 하얀색(RGB 모두 on).

하지만 여덟 가지 색만 써서 만든 빈곤한 컬러 화면은 아직 원본 사진과 충분히 비슷해 보이지 않습니다. 색상 재현 능력을 좀 더 높이려면 각 색상이 off 상태와 on 상태 사이에서 색 농도를 다양하게 조절할 수 있어야 합니다. 이를 위해 앞으로 소개할 새로운 유형의 부품이 필요합니다. 게다가 디스플레이 램의 용량도 더 커야 합니다. 다양한 색을 만들어 내기 위해 픽셀 하나마다 각 R, G, B 채널당 1비트 대신 1바이트 전체를 배정해 봅시다. 픽셀당 3바이트가 필요하고 화면 해상도가 320×200이라면 총 192,000바이트가 필요합니다. 램의 용량이 이 정도는 되어야 합니다. 각 컬러 채널은 이진수 코드로 픽셀마다 256단계의 밝기를 표시할 수 있습니다. 픽셀마다 컬러 채널이 3개 있으므로 256×256×256=총 16,777,216가지 비트 상태(또는 색상)를 표현할 수 있는 겁니다. 이 정도면 매우 준수한 품질로 화면에 사진을 띄울 수 있습니다.

밝기를 256단계로 조정할 수 있으려면 '디지털-아날로그 변환기(digital to analog converter)' 또는 줄여서 'DAC'라는 장치가 필요합니다. DAC는 입력으로 디지털 신호 8개를 받아들이고, 출력으로 아날로그 신호 1개를 내보냅니다. 그림 68-1처럼 DAC는 디지털 입력 8개를 묶어서 여덟 자리 이진수처럼 취급해서 받아들입니다. 그리고 완전한 off와 완전한 on의 중간 상태를 256단계의 다른 높이(전압)를 가진 신호로 출력합니다. 입력으로 받은 숫자 8개가 무엇인지에 따라서 출력 신호의 전압이 미세하게 조정되는 방식으로, 출력되는 색이 256가지 밝기를 나타낼 수 있습니다. 입력이 1000 0000(128)이라면 출력되는 신호의 높이는 완전히 on 상태의 1/2입니다. 입력이 0100 0000(64)이라면 출력되는 신호의 높이는 완전한 on 상태의 높이에 비해 1/4가량입니다. 입력이 0000 0000이라면 출력되는 신호의 높이가 완전한 off 상태와 같습니다.

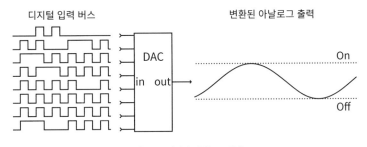

그림 68-1 디지털-아날로그 변환

컬러 화면을 제대로 표시하려면 먼저 디스플레이 어댑터가 현재 선택한 픽셀을 칠할 RGB 정보가 들어 있는 램에 접근해서 3바이트를 읽고 각 색상과 연결된 DAC에 '동시에' 입력으로 건네야 합니다. DAC 3개는 입력에 해당하는 출력 신호를 만들어 '동시에' 디스플레이에 있는 현재 픽셀에 보내 줍니다. 그러면 선택한 픽셀이 올바른 RGB 색상으로 칠해집니다. 이것이 컬러 화면이 동작하는 원리입니다.

지난 장에서 '아날로그'를 정의할 때 아날로그는 완전히 off 상태에서 완전히 on 상태까지 끊이지 않고 부드럽게 변하는 어떤 것이라고 말했습니다. 하지만 우리가 방금 설명한 DAC는 딱딱 끊어진 256단계의 신호를 출력하기 때문에 엄밀히 말해 '아날로그' 출력이라 부를 수는 없습니다. 비트보다는 아날로그에 가깝지만 자세히 보면 여전히 끊어져 있습니다. 사실 컴퓨터로 아날로그를 만든다는 것은 디지털로 아날로그를 모방한다(비슷하게 만든다)는 뜻입니다. 디지털 단계를 어떤 수준으로 촘촘히 나누면, 사람은 출력되는 신호를 마치 끊어지지 않고 부드러운 아날로그 신호처럼 인식합니다. 사람의 시각도 속일 수 있습니다. 256단계로 밝기를 근사하면 우리 눈에는 충분히 매끄럽게 보입니다.

좀 더 감각이 예민한 사람들을 속이려면 DAC에 들어오는 디지털 입력을 8비트가 아닌 16비트로 변경하면 됩니다. 이렇게 하면 아날로그 출력은 off 상태가 0단계이고 on 상태가 65,535단계가 되므로 훨씬 촘촘히 아날로그를 근사할 수 있습니다. 8비트 DAC가 표현하는 256단계보다 무려 256배나 세밀한 겁니다. 16비트 DAC를 이용해도 여전히 완전한 아날로그 신호는 만들지 못합니다. 단지 65,536개의 단계로 된 디지털 신호가 이전보다 훨씬 부드럽게 아날로그 신호를 근사할 수 있을 뿐입니다.

사람은 시각보다 청각이 훨씬 예민하기 때문에 소리에 미세한 차이가 발생하면 금방 알아차립니다. 그래서 고품질 음원을 재생하려면 16비트 DAC를 필수로 사용해야 합니다.

음악 소리, 떠드는 소리, 하늘에서 우레가 치는 소리같이 모든 소리는 공기가 진동하기 때문에 발생합니다. 소리는 공기가 어떻게 진동하느냐에 따라 소리의 강도, 높낮이, 음색이 결정됩니다. 공기가 위아래로 진동하는 폭이 클 때는 큰 소리가 나고, 공기가 위아래로 진동하는 폭이 작을 때는 작은 소리가 납니다. 또 공기가 느리게 진동할 때는 낮은 소리가 나고, 공기가 빠르게 진동할 때는 높은 소리가 납니다. 어떤 것이 1초에 진동하는 횟수를 Hz로 나타낼 수 있습니다. 인간은 20Hz 주파수 대역을 가진 소리부터 2만Hz(또는 20kHz) 주파수 대역을 가진 소리까지 들을 수 있습니다. 즉, 공기가 1초에 스무 번 진동하여 내는 소리부터 공기가 1초에 2만 번 진동하여 내는 소리까지 귀로 감지할 수 있다는 뜻입니다. 당연히 컴퓨터는 사람이 들을 수 있는 범위의 소리까지만 재생할 수 있게 설계되었습니다. 소리를 만드는 전자 장치를 '스피커'라고 합니다. 스피커가 소리를 만드는 방법은 간단합니다. 그저 스피커 안에 들어 있는 진동판이 공기를 진동시켜 공기를 앞뒤로 밀어내는 것뿐입니다. 만약 녹음된 소리가 원본 소리와 똑같이 공기를 진동시킨다면, 녹음된 소리는 원본의 소리와 똑같이 들릴 겁니다.

컴퓨터로 소리를 만들어 내려면 스피커에 장착된 진동판이 진동할 위치를 저장해야 합니다. 이때 16비트 DAC를 사용하면 진동할 위치를 65,536개로 나눌 수 있어 소리 크기를 세밀히 조절할 수 있습니다. 이것을 '비트율(bitrate)'이라고 합니다. 소리는 시간에 따라 파형이 변하기 때문에 짧은 시간에 디지털 샘플을 여러 번 입력해 주어야만 합니다. 1초에 넣어 주는 디지털 입력의 개수를 '샘플링율(sampling rate)'이라고 합니다. 보통 사용하는 샘플링율은 44,100번(44.1kHz)입니다. 2바이트 입력이 DAC를 통과해서 적당한 전기 신호를 만들어 내면 이것이 스피커의 특정한 위치를 진동시켜 고유한 소리를 만들어 내는 일을 반복하는 겁니다. 이 정도면 고품질로 소리를 저장하고 재생할 수 있습니다. CD 음질 기준으로 필요한 비트율은 16비트, 샘플링율은 44.1kHz입니다.

최고 품질의 스테레오 음악을 재생하려면 별도의 사운드 카드가 필요합니다. 사운드 카드에는 16비트 DAC 2개와 DAC에서 나오는 아날로그 신호를 스피커로 출력할 수 있는 단자가 장착되어 있습니다. 이렇게 32비트 DAC를 만들 수 있습니다. 정확히 샘플링을 재현하기 위한 44.1kHz 속도의 클록도 내장되어 있습니다. 클록이 한 번 째깍될 때마다 2바이트 디지털 샘플을 2개씩 가져와서 DAC 2개에 입력해 줍니다. 1초에 처리되는 바이트를 계산해 봅시다. 2바이트짜리 2개가 44,100번 처리되니까 초고음질 음원을 재생하는 데 컴퓨터가 처리해야 하는 데이터의 양은 총 176,400바이트라는 걸 알 수 있습니다. 생각보다 꽤 많습니다. 하지만 컴퓨터의 클록 속도는 초당 10억 번 정도입니다. 이 정도면 컴퓨터가 4바이트를 사운드 카드에 보낸 후 명령어 4,000개 분량의 다른 작업을 수행하고 다시 돌아와 4바이트를 다시 보낼 수 있을 정도로 넉넉한 시간입니다. 음악을 재생하느라 컴퓨터가 멈추는 일 따위는 거의 발생하지 않습니다.

이제 반대의 작업을 할 차례입니다. DAC와 정확히 반대로 일하는 장치를 '아날로그-디지털 변환기(analog to digital converter)' 또는 'ADC'라고 부릅니다. 마이크에 대고 말한 소리나 카메라로 찍은 사진을 일련의 바이트 데이터로 변환하는 장치가 바로 ADC입니다. 8비트 ADC는 아날로그 입력을 0~255 사이의 숫자로 바꿔 출력하고, 16비트 ADC는 아날로그 입력을 0~65355 사이의 숫자로 바꿔 출력합니다. 출력되는 숫자는 입력이 on 상태와 얼마나 가까운지 나타냅니다. 8비트 ADC가 128을 출력하거나 16비트 ADC가 32768을 출력하면, 입력이 on과 절반 정도 가깝다는 뜻입니다. 8비트 ADC가 64를 출력하거나 16비트 ADC가 16384를 출력하면, 입력이 on의 1/4 정도 가깝다는 뜻입니다. ADC는 이렇게 DAC와 완전히 반대로 동작합니다.

DAC와 ADC는 NAND 게이트만으로 만들지 못합니다. 이것들을 구현하려면

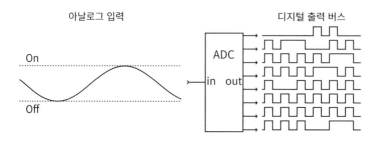

아날로그 입력　　　　　　　　　　디지털 출력 버스

그림 68-2 아날로그-디지털 변환

라디오 등에 들어가는 전자 부품도 필요합니다. 그렇다고 DAC와 ADC의 구조를 자세히 살펴볼 수는 없습니다. 이 책의 범위를 벗어나니까요. 어쨌든 이 책의 시작 부분에서 저는 컴퓨터를 NAND 게이트만으로 만들 수 있다고 단언했습니다. 제가 거짓말한 걸까요?

　글쎄요. (물론 논란의 여지는 있겠지만) 여전히 제 주장은 유효합니다. DAC와 ADC는 특정한 주변 장치에서만 사용될 뿐 컴퓨터 자체에서는 그런 부품들이 없기 때문입니다. 컴퓨터는 여전히 NAND 게이트만으로 만들 수 있습니다.

총정리

우리는 아주 작고 간단한 컴퓨터를 만들었습니다.[1] 우리가 만든 컴퓨터는 '컴퓨터'라는 이름에 걸맞은 모든 일을 수행할 수 있는 가장 작은 컴퓨터입니다. 1952년 이후로 이렇게 단순한 컴퓨터를 설계하고 만들려는 사람은 거의 없었습니다. 아마도 앞으로도 없을 겁니다.

컴퓨터 설계 전문가가 이 책을 읽는다면 분명 머리를 긁적이며 이런저런 것들을 추가했더라면 좀 더 훌륭한 컴퓨터를 만들 수 있었을 거라며 아쉬워할지도 모릅니다. 그러나 이 책의 목표는 컴퓨터가 동작하는 원리를 최대한 간단하게 설명하는 것이었습니다.

이 책에서는 간단한 8비트짜리 컴퓨터를 소개했습니다. 8비트 컴퓨터는 프로세서에 들어 있는 레지스터 크기와 버스 크기가 8비트라는 뜻입니다. 우리 컴퓨터는 메모리 주소 레지스터의 크기마저도 8비트입니다.

우리가 쓰는 PC는 몇 비트일까요? 주소 공간 1개의 크기가 8비트인 램만 빼면 나머지는 성능을 위해 16비트, 32비트, 64비트 부품을 사용합니다. 실제로는 16비트도 거의 쓰이지 않고 대개 32비트 또는 64비트 컴퓨터를 사용합니다. 다른 단위 크기로 설계된 부품, 예를 들어 32비트와 64비트 부품을 서로

---

1 (옮긴이) 여기서 '작다'는 눈으로 보기에 작다는 말이 아닙니다. NAND 게이트와 전선의 배선을 모두 같은 크기로 가정하고, 같은 밀도로 회로를 구성하는 NAND 게이트와 전선을 빈 공간에 배치할 때 차지하는 공간이 상대적으로 작다는 뜻입니다. 반대로 '크다' 또는 '거대하다'는 같은 밀도로 이것들을 구성할 때 차지하는 공간이 상대적으로 크다는 뜻입니다.

조합해서 사용하기도 합니다.

우리 컴퓨터에서 사용하는 램의 크기는 고작 256바이트인데, 언뜻 보면 주기억 장치로 쓰기에는 터무니없이 작아 보입니다. 그런데 어차피 메모리 주소 레지스터도 8비트라서 어쩔 수 없습니다.[2] 메모리 주소 레지스터를 16비트로 설계하면, 주소를 65,536개 지정할 수 있기 때문에 용량이 65,536바이트(64KB)인 램의 공간을 전부 사용할 수 있습니다.[3] 메모리 주소 레지스터를 16비트로 설계하면 용량이 16,777,216 바이트 또는 16메가바이트(16MB)인 램을 사용할 수 있습니다. 메모리 주소 레지스터를 32비트로 설계하면 용량이 42억 94,967,296바이트 또는 4기가바이트(4GB)인 램을 사용할 수 있습니다.

실제 컴퓨터에는 우리가 만든 8비트 컴퓨터에 없는 복잡한 부품이나 장치가 달려 있지만, 우리 컴퓨터가 못하는 일은 실제 컴퓨터도 못합니다.

우리 컴퓨터에서 입력받은 바이트를 왼쪽으로 비트 3개를 시프트하려면, 동일한 왼쪽 시프트 명령어 3개를 프로그램에 적어야 합니다. 실제 컴퓨터는 대개 명령어를 단 1회 실행하여 원하는 크기만큼 비트를 시프트할 수 있습니다. 그러나 둘의 결과는 같습니다. 명령어를 세 번 실행하든 명령어를 한 번 실행하든 시프트된 바이트는 동일합니다. 실제 컴퓨터가 작업을 훨씬 빠르게 완수할 뿐입니다.

우리 컴퓨터에서 가산기는 8비트 숫자를 2개 더할 수 있습니다. 16비트 숫자를 더하려면 특별한 덧셈 프로그램을 만들어서 처리해야 합니다. 그런데 실제 컴퓨터에 장착된 가산기는 대부분 명령어를 한 번 실행해서 16비트 숫자나 32비트 숫자를 더할 수 있습니다. 하지만 소프트웨어적으로 더하든 하드웨어적으로 더하든 결과는 같습니다. 후자가 전자보다 훨씬 빠를 뿐입니다.

우리 컴퓨터의 CPU 제어 장치에 들어 있는 스테퍼는 실제 컴퓨터에서 '상태 기계(state machine)'라고 부르는 장치를 간소화한 것입니다. 상태 기계는 명령어를 실행하기 위한 체계적인 단계를 부여하고 다음 명령어를 신속하게 실행할 수 있게 합니다. 그리고 인터럽트가 발생했을 때 대기 시간을 최소화

---

2 (옮긴이) 8비트 메모리 주소 레지스터가 지정할 수 있는 주소의 개수가 256개이기 때문입니다.
3 (옮긴이) 물론 16비트 메모리 레지스터를 사용하면서 256바이트 램을 그대로 사용해도 됩니다. 하지만 메모리 주소 레지스터로 256 이상의 주소를 입력하면, 엉뚱한 램 주소가 선택되고 엉뚱한 명령어가 실행되겠지요.

하고 I/O 장치에 응답할 수 있게 하며 복잡한 명령어를 생성할 수 있는 구조로 되어 있습니다. 우리 컴퓨터는 순차적으로 실행할 6개의 '스텝'만으로 충분합니다. 따라서 이를 처리할 수 있는 간단한 장치를 만들었고 거기에 '스테퍼'라는 이름을 붙였습니다.

맞습니다. 우리 컴퓨터는 단순하고 작고 매우 느립니다. 하지만 복잡하고 세련된 컴퓨터가 할 수 있는 일을 모두 똑같이 할 수 있습니다.

복잡한 컴퓨터를 설계하는 이유는 다음과 같습니다. 첫째, 클록 사이클을 많이 소모하지 않고도 작업을 훨씬 빨리 수행할 수 있습니다. 둘째, 더 적은 명령어로 동일한 일을 수행할 수 있습니다. 셋째, 같은 시간 동안에 여러 작업을 동시에 수행할 수 있습니다. 하지만 어떤 컴퓨터든 그것의 본질, 즉 동작하는 원리는 완전히 같습니다. 컴퓨터가 하는 모든 일은 바이트 시프트 연산, AND 연산, OR 연산, XOR 연산, ADD 연산, NOT 연산의 조합으로 환원할 수 있습니다. 이런 연산으로 환원할 수 없는 복잡한 일은 없으며 우리 컴퓨터는 이런 연산을 모두 빼놓지 않고 해낼 수 있습니다.

복잡한 컴퓨터는 명령어 1개로 덧셈, 뺄셈, 곱셈, 나눗셈 연산을 할 수 있습니다. 수많은 게이트를 연결해서 이런 연산을 전담 처리할 수 있는 '하드웨어 곱셈기(hardware multiplier)' 같은 장치를 장착하기 때문입니다. 이런 명령어를 어떻게 구성하는지 세부 사항까지 살펴볼 필요는 없을 것 같습니다. 컴퓨터를 설계하는 소수의 전문가만 관심을 기울이는 아주 복잡한 일이니까요. 복잡한 기계도 뜯어보면 이해 불가능하지는 않습니다. 컴퓨터에 들어가는 부품과 같이 궁극적으로는 모두 NAND 게이트로 환원되기 때문입니다. 하지만 가산기, 시프트 장치, NOT 게이트와 몇 가지 소프트웨어를 잘만 이용하면 간단한 컴퓨터로도 필요한 모든 수학 연산을 해낼 수 있음을 보여 주었습니다. 하드웨어 곱셈기 같은 장치는 연산을 단지 빠르게 해줄 뿐 결과는 완전히 같습니다.

복잡한 컴퓨터에 들어 있는 레지스터는 우리 컴퓨터에 들어 있는 레지스터보다 용량도 더 크고 개수도 더 많습니다. 가산기는 숫자 3개를 동시에 더할 수 있을 정도로 고성능입니다. 이런 복잡한 하드웨어를 이용해서 복잡한 명령어를 수행할 수 있는 겁니다. 하지만 복잡한 명령어는 전부 우리 컴퓨터에 있는 간단한 명령어 여러 개로 바꿔서 처리할 수 있습니다.

지금까지 우리는 작은 컴퓨터를 어떻게 만드는지 살펴봤습니다. 하지만 우리가 이해한 건 결코 작지 않습니다.

철학

컴퓨터에 관한 책에 웬 '철학' 타령이냐고요? 이 책의 마지막 주제는 이 책의 원제인 《But How do it Know?》와 관련된 철학적인 질문이기 때문입니다. 이 질문에 대답하기 전에 다른 질문을 먼저 해 보겠습니다.

이 책은 현재 우리가 쓰는 컴퓨터에 관해 이야기했습니다. 하지만 미래에 컴퓨터는 어떤 모습일까요? 컴퓨터 하드웨어와 소프트웨어가 계속 발전하면, 어느 시점에 컴퓨터는 겉모습뿐 아니라 행동하는 것도 인간과 판박이인 로봇과 한 몸이 되어 인간처럼 걷고 말하게 되지 않을까요? 그날이 오면 로봇에게 법적 권리를 주어야 할까요? 컴퓨터는 결국 인간을 대체하고 이 세상의 주인이 될까요?

이런 질문에 답하려면 수천 년 동안 철학 분야에서 논의되었지만 아직도 미해결된 심오한 질문으로 돌아갈 수밖에 없습니다.

그 질문은 다음과 같습니다. "인간은 단지 눈에 보이고 해부하면 알 수 있는 살점, 뼈, 장기로 이루어진 구조적인 '육체'일 뿐인가 아니면 육체뿐 아니라 의식, 사랑, 명예, 행복, 고통 같은 특성을 두루 관장하는 '마음(mind)[1]'을 소유한 존재인가?"

인간에게 육체와 분리된 마음이란 게 과연 있는지 해답을 내리는 일은 이

---

1   (옮긴이) 이 장에서 '마음'은 '성격이나 품성'이 아니라 '사람의 생각, 감정, 지능, 이성 등이 생기거나 자리 잡는 어떤 곳'을 가리킨다.

책이 다루는 범위를 훨씬 넘어섭니다. 많은 책이 서로 다른 관점을 가지고 해명을 시도했지만 이제까지 아무도 만족할 만한 답변을 주지 못했습니다. 과학자들은 자신을 의식하는 컴퓨터를 곧 만들어낼 수 있다고 호언장담하고 있습니다. 인문학자나 철학자는 마음을 만들어 내는 것은 불가능하다고 말합니다. 양측 모두 완고한 입장이지만 상대방을 설득할 만큼 확실한 증거는 없습니다.

뇌를 두개골에 싸인 쭈글쭈글하고 기괴한 회백색 섬유질의 고깃덩어리라고 정의해 봅시다. 그리고 마음을 머릿속에서 의식하고 기억하고 창조하고 생각하고 그밖에 일어나는 모든 일을 인식하는 신체 부위라고 정의해 봅시다. 그러면 인간이 육체와 마음을 모두 가진 존재인지 묻는 철학 질문이 이제는 뇌와 마음이 동일한 것인지 묻는 질문으로 치환됩니다.

만족스러운 인간형 로봇을 만드는 방법은 뇌와 마음이 같은지 아닌지에 따라 두 가지 경로로 갈라집니다.

뇌와 마음이 같은 것이라면 현재 과학 기술로는 불가능하겠지만 궁극적으로 언젠간 뇌의 구조와 기능이 모두 밝혀질 테니 인조인간을 만드는 건 단지 시간문제일 뿐입니다. 그렇게 만들어진 인조인간은 진짜 '의식(consciousness)'을 생성할 정도로 자연적 인간과 같은 복잡성을 가진 존재가 됩니다. 따라서 그들은 정말 보통 인간과 다를 바 없이 행동할 겁니다.

뇌와 마음이 다르다면 로봇을 사람과 똑같이 만드는 것은 불가능합니다. 이런 상황에서 그나마 가능한 목표는 로봇을 사람을 비슷하게 모방할 수 있게 만드는 것뿐입니다.

질문을 바꿔 보았지만 답변이 더 쉬워지지는 않는군요. 하지만 컴퓨터를 마음과 직접 비교하기보다는 물질로 되어 있는 뇌와 비교하는 편이 훨씬 편리할 것 같습니다. 애초에 우리는 컴퓨터가 어떻게 작동하는지 살펴보며 컴퓨터가 어떤 일을 할 수 있는지 알아보려고 했습니다. 이제 우리가 알고 있는 뇌와 마음을 컴퓨터에 대해 새롭게 얻은 지식과 개별적으로 비교하겠습니다. 그렇게 하면서 뇌와 마음이 얼마나 비슷하고 얼마나 다른지 찾을 수 있을 겁니다. 그 과정에서 그보다 쉬운 몇 가지 문제도 대답할 수 있을 겁니다.

컴퓨터는 큰 수를 더하는 것 같은 특정 작업은 정말 쉽게 합니다. 컴퓨터는 1초에 덧셈을 수백만 번이나 할 수 있습니다. 그에 반하여 사람의 마음은 같은 시간 동안 숫자 2개를 겨우 기억할 수 있을 뿐입니다. 종이 위에 연필로 숫자를 쓰고 더하려면 훨씬 오래 걸리니 이 부분에서는 컴퓨터가 훨씬 탁월한 능력을 발휘합니다.

사람의 마음은 비교적 거대한 데이터를 감지하고 동시에 그것이 의미하는 바를 경험으로 느낄 수 있습니다. 저는 제가 키우는 사랑스러운 고양이를 떠올릴 수 있습니다. 저는 고양이가 어떻게 생겼는지 마음속에서 재생할 수 있습니다. 기분이 좋을 때 가르랑거리는 소리와 배고플 때 밥 달라고 "야옹~" 하고 우는 소리도 마음속에서 들을 수 있습니다. 그뿐 아닙니다. 일터에 갔다 집에 돌아왔을 때 집사 옆으로 와서 반가운 듯 몸을 쓱쓱 비비는 기억을 떠올리면, 고양이 털이 살에 닿는 보드라운 촉감도 마음속으로 고스란히 느낄 수 있습니다. 이게 제가 제 고양이를 아는 방식입니다.

컴퓨터가 사람처럼 고양이에 대해 생각할 수 있을까요? 만약 그렇다면 여기서 생각한다는 건 어떤 의미일까요? 고양이 사진이나 고양이 울음소리는 디지털 코드로 변환해서 하드 디스크나 USB 메모리에 파일로 저장할 수 있습니다. 이제 컴퓨터가 그 파일을 읽어 램으로 로드하면 컴퓨터가 고양이에 관해 생각하는 걸까요? 램에 로드한 고양이 데이터를 가지고 ALU에서 어떤 산술 연산이나 논리 연산을 가한다면, 컴퓨터가 고양이에 관해 생각하는 걸까요? 화면에 고양이 사진을 가득 출력하면 컴퓨터가 고양이에 관해 생각하는 걸까요? 스피커에서 고양이 울음소리를 재생하면 컴퓨터가 고양이에 관해 생각하는 걸까요?

컴퓨터에 코드로 입력한 고양이 소리와 사진은 바이트 패턴일 뿐입니다. 알다시피 코드 자체에는 어떤 의미도 없습니다. 고양이 사진 코드 자체는 고양이 모습과 닮지 않았고, 고양이 소리 코드 자체는 고양이 울음소리와 닮지 않았습니다. 고양이 사진 코드는 디스플레이 어댑터를 통해 모니터 화면에 출력되어야 고양이 모습과 닮게 되고, 고양이 소리 코드는 스피커를 통해 출력되어야 고양이 울음과 닮게 됩니다. 고양이 코드가 고양이다워지는 것은 어디까지나 컴퓨터가 아닌 주변 장치에 달려 있습니다. 그래서 고양이 사진 코드를 스피커로 출력해서 소리를 내거나 고양이 소리 코드를 모니터 화면에 출력하는 것도 가능합니다. 그러니 컴퓨터가 이런 식으로 생각한다고 보기엔 무리가 있습니다. 고양이 코드를 모니터와 스피커로 보낸다 한들 컴퓨터는 고양이 사진을 보거나 들을 수 없습니다. 물론 카메라를 장착해서 모니터 화면 쪽으로 돌려놓고 컴퓨터가 모니터 화면에 출력되는 고양이 사진을 볼 수 있게 할 수도 있고, 스피커 앞에 마이크를 설치해서 고양이 울음소리를 듣게 할 수도 있습니다. 하지만 컴퓨터는 여전히 사진을 보거나 소리를 들을 수 없습니다. 컴퓨터가 디지털카메라로 찍은 사진은 모니터 화면에 출력하기 위해 사용했던 고양이 사진 코드와 비슷한 패턴이 들어 있는 코드일 뿐이고, 마이크로 녹음한 소리는 스피커로 보낸 고양이 울음소리 코드와 비슷한 패턴이 들어 있는 코드일 뿐입니다. 컴퓨터가 보고 듣고 감지하는 모든 것은 0과 1로 된 코드입니다. 코드 자체에는 의미가 전혀 없기 때문에 컴퓨터가 의미를 알 수는 없습니다.

사진 파일에 이런저런 수학 연산을 가해서 어떤 패턴을 발견한 뒤 다른 파일에 결과를 저장하는 프로그램을 만드는 건 가능합니다. 이 프로그램을 컴퓨터에 저장해 놓고 필요할 때마다 실행할 수 있을 테지요. 프로그램에 어떤 사진과 비교할 다른 사진을 각각 입력하면 두 사진의 관계가 코드화된 파일을 출력합니다. 사진 파일과 사진 파일을 비교할 수도 있고 사진 파일과 소리 파일을 비교할 수도 있습니다. 어쨌든 결과로 또 다른 파일이 생성됩니다. 생성된 파일을 다시 프로그램에 넣으면 또 다른 파일이 생성되고 이를 계속 반복하면 많은 파일을 만들 수 있습니다. 하지만 프로그램으로 사진 파일에 관한 파일을 얼마나 많이 만들 수 있는지와 상관없이, 컴퓨터 안에는 사람의 마음과 같이 보고 듣고 느끼고 의식하는 기능은 없는 겁니다.

마음은 어떤 사물을 동시에 전체적으로 떠올려 파악할 수 있습니다. 고양이의 모습을 마음속에 떠올려 보세요. 고양이 코에 난 수염부터 꼬리까지 전체가 즉시 그려질 겁니다. 사람의 마음은 영화 필름에 비유할 수 있고 컴퓨터는 디지털 TV 화면에 비유할 수 있습니다. 영화관에서 영화를 볼 때 영사기는 스크린에 한번에 완전한 사진을 투영합니다. 그러나 TV로 드라마를 볼 때 모니터는 한 번에 픽셀 하나만 켤 수 있습니다. 하지만 픽셀을 켜는 속도가 너무 빨라 우리는 화면에 완전한 사진이 그려진 줄로 착각할 뿐입니다. 사람의 마음도 TV 픽셀이 그림을 그리는 것처럼 고양이 수염 일부부터 그리고, 점차 꼬리까지 그려 나가며 부분을 통합하는 게 아니냐고 반문할 수 있습니다. 다만 그 속도가 너무 빨라 한 번에 완전한 고양이 그림이 떠오르는 것처럼 착각한다고 말이죠. 그런데 부분을 '통합'한다는 행위는 무슨 뜻일까요? 부분을 통합한 결과의 의미는 무엇이고 그 결과는 어디에 있는 걸까요? 통합한 결과를 인식하는 주체는 무엇일까요?

우리는 컴퓨터에 들어 있는 모든 것을 두루 살펴보았습니다. (8비트) 컴퓨터는 버스를 통해 한 번에 1바이트씩 데이터를 옮길 수 있습니다. 이 컴퓨터가 하는 가장 복잡한 일은 바이트 2개를 하나로 더하는 연산입니다. 나머지 모든 일은 입력으로 들어온 바이트를 그저 창고에 저장하는 작업과 동등합니다. 저장된 바이트는 현재 비트 상태를 유지하는 것 말고 할 수 있는 게 없습니다. 컴퓨터 안에는 그림을 이루는 부분을 통합하는 장치가 없고 통합된 무언가를 저장할 장소도 없고 통합된 그림을 보는 주체도 없습니다.

부분을 통합하고 통합한 결과를 인식하는 능력을 갖춘 컴퓨터를 발명하는 일이 앞으로도 불가능하다는 뜻은 아닙니다. 단지 통합적인 인식 기능을 갖춘 컴퓨터를 아직 발명하지 못했다는 뜻입니다.

또 다른 문제를 던져 보겠습니다. 뇌가 컴퓨터처럼 작동한다는 게 사실로 밝혀졌다고 상상해 봅시다. CPU가 어떤 일을 수행하려면 프로그램을 실행해야 합니다. 그렇다면 뇌가 일한다는 것은 프로그램을 실행하는 것과 같습니다. 그런데 뇌에서 실행할 프로그램은 어디에서 작성된 걸까요?

뇌에는 총 1000억 개의 신경 세포가 들어 있지만 사람은 수정란 세포 단 하나로 시작해서 분화하고 성장한 유기체입니다. 환원적 입장으로 말하자면 뇌에 들어 있는 프로그램이 무엇이든 세포 1개, 더 정확히는 DNA로 나타낼 수 있습니다.

과학자들은 인간 DNA의 염기 서열 전체를 해독해 냈습니다.[2] 사람을 만드는 유전 정보는 디지털로 되어 있었습니다. DNA 염기 서열의 일부는 단백질을 합성하는 등의 화학 반응을 일으키는 명령과 관련이 있지만, 염기 서열의 대부분은 현재까지 기능에 대해 밝혀진 것이 별로 없는데 이를 '정크 DNA(junk DNA)'라고 부릅니다.[3] 하지만 정크 DNA까지 포함해서 DNA 염기

2　(옮긴이) 염기 서열 자체의 구조를 해독했다는 것이지, 염기 서열의 뜻을 해독했다는 말은 아닙니다.
3　(옮긴이) 과학자들은 처음에 이 부분을 필요 없는 잉여(junk)로 간주하고 무시했습니다. 그러나 최근

서열 전체를 컴퓨터 소프트웨어로 간주해도 이 프로그램 안에 들어 있는 명령어는 10억 개 남짓입니다. 꽤 방대한 소프트웨어처럼 보입니다. 하지만 가정에서 쓰는 평균적인 컴퓨터에 장착된 하드 디스크에도 그 정도 프로그램은 저장할 수 있습니다. 게다가 이 정도로는 인간의 마음을 실행할 수 없습니다. 아예 근처에 이르지도 못합니다.

어떤 사람은 인간형 컴퓨터가 스스로 프로그램을 작성할 수 있다고 말합니다. 프로그래머로서 저는 이런 일이 어떻게 가능할지 상상이 안 됩니다. 프로그램이 데이터를 수집하고, 수집한 데이터를 기반으로 작동하는 방식을 살짝 변경하는 것은 가능하지만, 아예 프로그램을 새로 짜는 것은 다른 문제입니다. 누군가가 만약 '새로운 프로그램을 짜는' 프로그램을 짤 수 있다면, (저를 포함한) 프로그래머 대다수는 영원히 실업자로 살아가야 합니다.

컴퓨터에서 발생하는 오류는 사람이 저지르는 오류와 근본적으로 다릅니다. 컴퓨터 인간이 무한 루프에 빠지면 완전히 작동을 멈춘 것처럼 보일 겁니다. 거리를 걷다가 갑자기 얼음처럼 멈춰 버린 사람을 본 적이 있나요? 그대로 멈춰서 눈도 깜빡이지 않고 심장도 뛰지 않지만, 그렇다고 죽은 것도 아닌 사람 말입니다. 이 사람은 누군가 슬쩍 스치기만 해도 쓰러질 겁니다. 컴퓨터가 다시 부팅되는 순간 눈을 떠서 일어난 후 무슨 일이 있었는지 갸웃하며 다시 걸음을 옮기겠지요. 물론 사람도 이따금씩 쓰러질 때가 있습니다. 대개는 심장마비가 오는 등 몸의 어떤 기관이 심하게 망가져야 그런 일이 생깁니다. 그리고 사람은 쓰러질 때 심각한 고통을 느끼며 살기 위해 몸부림칩니다. 하지만 인간 컴퓨터가 무한 루프에 빠지면 의식을 잠시 잃을 뿐 아무런 고통도 느끼지 않고 축 늘어질 거예요. 저는 실제 인간이 이렇게 쓰러지는 걸 본 적이 없습니다. 하지만 뇌가 컴퓨터처럼 작동하는 장치라면 우리는 사람이 죽어서 쓰러졌다가 다시 부활하는 모습을 거의 매일 볼 수 있을 겁니다.

뇌와 컴퓨터는 처리 속도에서도 차이가 납니다. 지금까지 살펴본 대로, 우리가 만든 간단한 컴퓨터도 1초에 간단한 작업을 10억 개나 수행할 수 있습니다. 뇌 속에는 컴퓨터의 전선 다발처럼 기능하는 신경 세포가 빽빽하게 들어

에는 정크 DNA가 손상된 DNA를 복구하거나 단백질 생산을 촉진하는 등 이름과 다르게 중요한 기능을 수행한다는 사실이 연구로 밝혀졌습니다.

있습니다. 신경 세포는 전기 신호를 한 장소에서 다른 장소로 운반합니다. 컴퓨터에서 전선은 게이트의 출력을 받아서 다른 게이트의 입력으로 전해 줍니다. 그런데 뇌에서는 신경 세포의 입력과 출력이 '시냅스(synapse)'를 통해 연결됩니다. 시냅스는 신경 세포 사이에 존재하는 미세한 틈을 말합니다. 한쪽 신경 세포 말단에 전기 신호가 이르면 일정한 화학 반응이 일어나 시냅스를 통해 다른 쪽 신경 세포에 신경 전달 물질이 전달됩니다. 다른 쪽 신경 세포에 신경 전달 물질이 충분히 전달되면 전기 신호를 생성하는 겁니다.[4] 신경 세포가 통신하는 방법은 전기를 직접 이용하는 게 아니라 좀 더 간접적인 화학 반응을 이용하기 때문에 몹시 느립니다.

이처럼 뇌의 처리 속도는 컴퓨터보다 훨씬 느려서 쓸모 있어 보이지 않습니다. 신경 세포 하나에서 발생한 전기가 화학 반응을 통해 시냅스를 통과해서 다른 신경 세포에 닿으려면 500분의 1초가 걸립니다. 신경 세포들이 컴퓨터에 들어 있는 전선처럼 주렁주렁 연결되어 있는 걸 눈으로 볼 수는 없어도 실제로 뇌와 컴퓨터의 배선은 비슷한 면이 있습니다. 뇌에서 2개의 신경 세포가 시냅스를 통해 메시지 1개를 전송하는 동안 우리가 NAND 게이트만으로 만든 간단한 컴퓨터는 무려 200만 개의 작업을 수행할 수 있습니다.

마음과 컴퓨터의 명백한 차이를 확인할 수 있는 또 하나의 영역은 '안면 인식(face recognition)' 분야입니다. 마음은 사람의 얼굴을 잘 기억합니다. 여러분이 파티 장소에 왔는데 거기에 이미 50명이 와 있었다고 생각해 보세요. 입구에서 몇 초만 고개를 돌리며 둘러보기만 해도 지인이 많이 왔는지 아니면 도통 모르는 사람들뿐인지 금방 알 수 있습니다. 사람이 얼굴을 쉽게 알아보는 능력에 대해 그동안 많은 연구가 진행되었고, 그 결과로 재미있는 사실이 많이 밝혀졌습니다.

사람의 안면 인식 능력은 추측에 기반한 부분도 많지만, 기저에 깔린 원리와 메커니즘을 해명하는 매력적인 이론도 많습니다. 하지만 현재로서는 안면 인식 능력의 구조와 기능은 아직 완전하고 정확하게 밝혀지지 않은 상태입니다.

컴퓨터에 사람을 촬영한 사진 파일 하나를 쥐어 주면 컴퓨터는 똑같은 파일

---

4 (옮긴이) 드물지만 신경 전달 물질을 사용하지 않고 전기 신호를 직접 전달하는 '전기 시냅스'도 존재합니다.

을 다시 보내줄 겁니다. 컴퓨터는 파일 2개를 비교할 때 바이트 단위로 하나씩 비교하는 방법을 사용합니다. 파일의 모든 (바이트 단위의) 주소에서 첫 번째 파일과 두 번째 파일의 모든 바이트가 완벽히 같은지 살펴보는 것입니다. 그런데 컴퓨터에 인물은 동일하지만 다른 시간에 찍은 사진, 다른 각도에서 찍은 사진, 또는 다른 조명에서 찍은 사진이나 다른 나이에 찍은 사진을 비교하게 해봅시다. 바이트 단위로 깐깐히 따지는 이런 방식으로는 컴퓨터는 두 사진 속에 있는 같은 사람을 항상 전혀 다른 인물이라고 판단할 겁니다. 컴퓨터를 이용해서 사진 파일 2개에 있는 얼굴이 같은지 판단하는 것은 대단히 복잡한 작업입니다. 이 작업을 수행하려면 갖가지 특정 사진 파일에서 숨겨진 패턴을 찾는 어려운 수학 함수들이 사용되는 매우 복잡한 프로그램이 필요합니다. 그리고 프로그램을 실행한 후 찾고자 하는 특정 얼굴을 미리 학습해 두어야 합니다.[5] 예를 들어, 사진 각도가 달라질 때 얼굴을 찾을 수 있게 하려면 사진을 특정 각도마다 여러 번 찍어서 대응하는 얼굴 패턴을 계산한 후 학습한 결과를 저장해 두어야 합니다. 그리고 프로그램에 비교하려는 사진 목록을 입력하면 프로그램은 비교 사진에 나타나는 얼굴 패턴과 학습된 데이터에 있는 얼굴 패턴을 비교하여 수치가 가장 비슷한 사진을 고릅니다. 고른 사진에 있는 얼굴 패턴과 학습 데이터에 들어 있는 얼굴 패턴의 수치가 거의 같으면 똑같은 사람을 찾은 것이고, 수치가 일정 수준 이상 차이 나면 비슷하게 생겼지만 똑같은 사람은 아니라는 뜻입니다.

컴퓨터가 사진을 이해하는 방식은 어디까지나 컴퓨터가 동작하는 원리에 기반을 둘 수밖에 없습니다. 컴퓨터 하드웨어나 소프트웨어가 동작하는 원리를 따르는 것만으로는 한계가 있으므로 얼굴을 인식하는 속도와 정확도에서 인간 근처에 이르지 못합니다.

컴퓨터로 음성을 인식하는 기술도 많은 진전이 있었습니다. 하지만 사람은 훨씬 쉽고 정확하고 빠르게 음성을 인식할 뿐 아니라 목소리에 숨겨진 속뜻과 심리 상태까지 파악할 수 있습니다. 컴퓨터가 인간 마음의 수준에 도달하려면 아직도 많은 산을 넘어야 합니다.

---

5 (옮긴이) 이런 프로그램에서는 학습 결과를 수학 함수들의 계수에 해당하는 수치로 환산해서 저장합니다.

지금까지 컴퓨터와 뇌를 비교해본 결과로는 이것들이 비슷한 원리로 작동한다고 생각할 수 없습니다. 뇌는 매우 느리고 소프트웨어를 실행할 공간이 없습니다. 게다가 뇌 안에서 소프트웨어에서 생기는 동일한 종류의 오류나 버그로 의심될 만한 증거를 찾지도 못했으니까요.

컴퓨터를 마음에 비교해 얻은 결론은 다음과 같습니다. 첫째, 컴퓨터의 계산 능력은 사람의 마음보다 아득히 우월하다. 둘째, 그러나 사람의 마음은 얼굴이나 목소리 같은 감각 정보를 인식하는 능력에서 컴퓨터보다 우월하며 컴퓨터와 다르게 이전에 경험한 사물이나 사건을 전체적으로 한번에 떠올릴 수 있는 능력이 있다.

공상 과학 소설이나 영화에서는 사람의 마음을 읽거나 사람의 생각을 자신에게 주입할 수 있는 기계가 많이 등장합니다. 우주선에는 사람처럼 말하는 컴퓨터가 내장되어 있고 완벽한 로봇과 안드로이드(인간형 로봇)가 돌아다닙니다. 영화에서 기계(컴퓨터, 로봇)는 조연으로 다양한 능력을 발휘합니다. 어떤 영화에서 로봇은 주연으로 등장하기도 합니다. 이런 영화에서 로봇은 자신을 의식하고 다채로운 감정을 느낄 뿐 아니라 삶의 목적을 깨닫고 잠재성을 실현해 나가는 존재로 그려집니다. 이런 기계들은 온전히 사람이 되기를 간절히 바랄 뿐 아직 기계로 남아 있기에 어딘가 어설퍼 보입니다. 나무를 깎아 만든 꼭두각시 인형 아이가 사람이 되기를 간절히 바라는 이야기를 그린 명작 동화 《피노키오》를 기억하나요? 앞에서 말한 영화들이 바로 피노키오의 어른 버전이라고 할 수 있습니다.

우리가 간단한 컴퓨터를 만드는 데 사용한 기술을 엄청나게 확장하면 피노키오 같은 기계를 만들 수 있을까요?

낙관주의는 나쁜 게 아닙니다. 미래를 비관적으로 생각할 필요는 없습니다. 하지만 그 문제의 수준에 부합하지 못하는 방법론이나 기술을 사용한다면 문제가 쉽게 해결되지 않을 겁니다. 의약 분야를 보면 항생제가 발명되면서 몇 가지 질병이 사라졌고 그 밖의 많은 질병도 접종을 통해 예방할 수 있게 되었습니다. 현대에 이르러 위생 상태와 의료 수준 등이 개선되었고, 질병 예방과 치료에 관한 연구 성과도 수십 년 동안 괄목할 만한 향상을 이루었습니다. 그러나 수많은 질병이 아직도 인류를 죽음으로 내몰고 있습니다. 정치같이 복잡한 문제는 아예 꺼낼 필요도 없을 것 같습니다. 혹자는 시간이 좀 걸릴 뿐 문제를 해결할 수 있다고 생각합니다만, 문제가 전혀 풀리지 않을 가능성도 진지하게 고민해야 합니다. 아니면 문제를 풀기 위해 선택한 연구가 아예 잘못된 방향으로 가고 있는 건지도 모릅니다.

한 세기 전만 해도 21세기에는 날아다니는 차가 하늘을 가득 메울 거라고 전망하는 사람이 많았습니다. 요즘은 실제로 하늘을 날 수 있는 비행차(flying car)가 몇 가지 있긴 합니다. 하지만 비행차는 하나같이 가격이 너무 비싸고 비효율적이고 시끄러운 데다 위험하기까지 합니다. 비행차는 기본적으로 대부분 헬리콥터와 같은 방식으로 비행합니다. 비행차 두 기가 아주 살짝만 충돌해도 두 기체는 추락할 테고 탑승한 사람 전원이 죽게 될 겁니다. 현재의 비행 기술로는 만족스러운 비행차를 만들기 어렵다는 말입니다. 누군가 물체를 중력에 거슬러 둥둥 띄울 수 있는 반중력 장치를 발명해서 값싸게 공급하면 모를까, 비행차는 대중에게 결국 팔리지 않고 도로 위에 교통 체증도 예전 그대로 남을 겁니다.

인간처럼 작동하는 컴퓨터를 만드는 최선의 방법은 다음과 같습니다. 첫째, 인간이 어떻게 작동하는지 알아낸다. 둘째, 인간과 같은 원리로 작동하고 같은 기능을 수행하는 부품을 각각 만든다. 셋째, 인체의 각 기관이 연결되어 전체의 몸을 이루는 방법과 동일하게 부품을 배선하여 기계를 완성한다.

토머스 에디슨은 소리의 원리를 이용해서 축음기를 발명했습니다. 에디슨은 공기가 진동하면 소리가 발생한다는 사실을 알았습니다. 에디슨은 공기의 진동을 붙잡아둘 놋쇠로 된 실린더 장치를 발명했습니다. 원리는 다음과 같습니다. 실린더 위에 왁스를 바른 뒤에 핸들로 실린더를 돌리면서 확성기처럼 생긴 구멍에 목소리를 냅니다. 그러면 확성기와 실린더 사이에 있는 진동판이 흔들리면서 바늘을 움직여서 실린더 위에 입혀진 왁스를 파내고 홈을 만듭니다. 이렇게 생긴 홈이 바로 녹음된 소리를 저장하는 곳입니다. 저장된 소리를 재생하려면 핸들을 반대로 돌려 실린더의 처음 위치로 이동한 다음, 원래 방향으로 핸들을 돌리면 됩니다. 이때 실린더에 파인 홈에 바늘이 닿으면 진동판이 공기를 흔들어 녹음된 소리가 확성기를 통해 재생됩니다. 소리를 재현하는 장치를 만들려면 소리가 나는 원리를 먼저 알고 있어야 한다는 것이 요지입니다. 그래야만 같은 원리로 작동하는 기계를 만들 수 있습니다. 소리는 공기의 진동이기 때문에 공기의 진동을 똑같이 만들어 내기 위해 실린더를 긁어 홈을 낸 겁니다.

그동안 인지 과학 분야에서는 인간이 어떻게 사고하고 행동하는지 규명하려는 시도가 많이 있었습니다. 그리고 인공지능 분야에서도 컴퓨터가 인간이 하는 일을 따라 할 수 있는 방법을 찾기 위해 많은 연구가 진행되었습니다. 그 결과 인간의 사고와 행동이 작동하는 원리에 대한 실마리를 많이 발견했고, 인간의 사고와 행동을 모방하는 여러 가지 방법이 고안되었습니다. 개인적으로 인지 과학 분야나 인공지능 분야의 성과를 과소평가하고 싶진 않습니다.

하지만 인간의 마음은 아직도 풀리지 않은 수수께끼이고, 인공지능이 인간을 능가하려면 더 발전해야 합니다.

인간의 마음이 발현하는 원리를 찾기 위해 과학자들은 죽은 사람의 뇌를 해부해서 뇌의 각 부분을 분석하고 분류했습니다. 이윽고 뇌에는 전기 신호를 한 장소에서 다른 장소로 옮기는 신경 세포가 들어 있다는 것을 알아냈습니다. 어쩌면 뇌도 컴퓨터처럼 동작하지 않을까 하고 추측하게 되었습니다. 어떤 메커니즘을 통해 뇌가 사람에게 마음을 부여하는지 알아내려면, 살아 있는 사람의 뇌를 열어서 다양한 실험을 통해 검증해야 합니다. 하지만 법적으로 또는 윤리적으로 많은 제한이 따르기에 쉽지 않은 문제입니다. 그래서 살아 있는 뇌를 관찰할 수 있는 순간은 대부분 사고나 질병으로 실려 온 환자를 수술할 때뿐이었습니다. 병원에 실려 온 환자들을 관찰한 결과, 심각하게 다치거나 병이 나면 뇌의 특정 부분이 장애가 생겨서 인지 기능이나 행동이 변화한다는 사실을 알아냈습니다. 이런 연구 결과를 통해 뇌의 특정한 구역이 특정한 기능을 담당한다고 주장할 수 있었습니다.

하지만 뇌 속에서 버스, 클록, 레지스터, ALU 또는 램을 발견한 사람은 없습니다. 뇌가 기억을 저장하고 꺼내는 구조는 아직도 미스터리로 남아 있습니다. 신경 세포는 시간이 지남에 따라 새로운 시냅스 연결을 만들어 내는데 이것이 뇌가 학습하는 구조일 것으로 추정합니다. 그러나 컴퓨터에 연결된 전선 하나가 어떤 신호를 처리하는지 누구나 말할 수 있어도 특정한 신경 세포 하나가 정확히 어떤 임무를 맡아 수행하는지 말할 수 있는 사람은 아무도 없습니다.

컴퓨터에 입력되는 모든 것은 1개 이상의 코드로 변환됩니다. 키보드로 키를 하나 누르면 1바이트 아스키코드가 생성되고, 마이크로 음성을 녹음하면 초당 4만 4,100바이트의 이진수 코드가 생성됩니다. 컬러 디지털카메라로 사진을 찍으면 픽셀마다 3바이트의 이진수 코드가 초당 서른 번씩 생성됩니다. 하지만 누구도 뇌 속 어딘가에서 아스키코드나 이진수 코드, 폰트, 명령어 코드 같은 것을 분리해 내지 못했습니다. 뇌 속에 코드를 변환하고 해독하는 구역이 실제로 존재하지만 아직까지 그 구역을 찾지 못했다는 뜻일 수도 있습니다. 컴퓨터에서는 프로그램이 실행되는 단계를 기계적으로 하나씩 짚어 나갈 수 있습니다. 하지만 생각하는 과정이나 기억하는 과정을 기계적으로 한 단계씩 추적한 사람은 아무도 없습니다.

뇌는 일반적으로 컴퓨터에 비해 훨씬 많은 구역을 동시에 전체적으로 사용해서 문제를 해결하는 것으로 알려져 있습니다. 마치 수천에서 수십억 개의 컴퓨터를 이용해서 작게 쪼개진 문제를 각각 풀고 그 결과를 통합하는 것처럼 말입니다. 하지만 뇌에서 어떤 특정한 신경 세포가 이런 일을 담당하는지 아직 찾지 못했습니다. 컴퓨터 과학 분야에서 컴퓨터 또는 CPU 여러 개를 동시에 이용해서 복잡한 문제를 해결하는 방법을 '병렬 처리(parallel processing)'라고 부릅니다. 하지만 인간의 뇌는 병렬 처리 컴퓨팅 기법만으로 모사할 수 없습니다.

지금까지 생각한 질문을 퍼즐이라고 생각해 보죠. 인간이 어떻게 작동하는지(생각하고 행동하는지) 말해 주는 조각은 퍼즐의 왼쪽에 있습니다. 그리고 컴퓨터를 어떻게 인간이 작동하는 방법으로 작동시킬지 말해 주는 조각은 퍼즐의 오른쪽에 있습니다. 이제 양쪽에서 하나씩 하나씩 빈칸에 맞춰 퍼즐을 조립합니다. 그런데 퍼즐을 점점 맞춰서 중간 지점에 이르니 왼쪽에서 시작한 퍼즐 조각과 오른쪽에서 시작한 퍼즐 조각이 전혀 맞지 않는다는 것을 알게 됩니다. 둘은 서로 다른 퍼즐이었던 것입니다. 그래서 퍼즐 하나로 환원될 수 없다는 것을 깨닫기 시작합니다.

이 분야를 연구하는 학자들은 컴퓨터가 인간을 얼마나 따라잡았는지 잘 알고 있습니다. 하지만 사람들은 보통 새로운 발명을 뉴스 미디어를 통해 접하게 됩니다. 그러나 뉴스 미디어는 새로운 발명이 얼마나 대단한지 홍보하는

데 치중하고 기술의 원리나 한계점은 잘 설명하지 않습니다. 공상 과학 영화는 현재 기술을 '그대로' 조금만 확장하면 미래에는 로봇에게도 마음을 주입할 수 있다고 암시합니다. 문제는 대부분의 사람이 곧이곧대로 믿는다는 점입니다. 인간의 마음과 뇌가 어떻게 작동하는지 규명해야 할 것이 아직 산더미처럼 쌓여 있습니다. 인간처럼 생각하는 컴퓨터를 만드는 데는 생각보다 오래걸릴지도 모릅니다. 지난 세기 동안 인류는 전기, 비행기, 우주여행, 화학, 핵에너지 등을 정복했습니다. 그러니 뇌의 원리와 마음의 원리도 결국은 정복할 수 있지 않을까요? 안타깝게도 그렇지 않습니다. 연구를 통해 인간의 마음에관해 새로운 사실을 하나 규명할 때마다 새로운 문제가 계속 튀어나오고 있거든요.

어떤 식으로 들여다보든 뇌와 마음은 적어도 우리가 배운 컴퓨터가 작동하는 원리와는 전혀 다른 방식으로 돌아가는 것 같습니다. 물론 '우리가 배운 컴퓨터'라는 말은 미래에 다른 방식으로 설계된 컴퓨터가 등장할 수 있다는 가능성을 내포합니다. 하지만 현대의 컴퓨터는 모두 '프로그램을 내장한 디지털 컴퓨터'로, 모든 컴퓨터는 이 책에서 소개한 것과 동일한 원리를 따릅니다.

지금까지 생각하는 컴퓨터에 관해 많은 부정적 '증거'를 제시했지만 그것이 인조인간은 결코 만들 수 없다는 '증명'이 될 순 없습니다. 언젠가는 생각하는 컴퓨터를 만들 수 있을지도 모릅니다. 다만 이 책에서 소개한 현재 컴퓨터가 동작하는 원리로는 불충분하다는 뜻입니다. 완전히 다른 원리에 기반을 두고 동작하는 전혀 다른 장치를 설계하고 만들 수 있다면 가능할 수도 있습니다. 하지만 누군가 그런 장치를 실제로 발명할 때까지는 가능하냐 불가능하냐를 놓고 따져 봐야 아무 의미가 없습니다.

더 간단한 문제로 돌아가 봅시다. 책 앞부분에서 본 '조와 보온병' 이야기를 기억하나요? 조는 보온병 안에 온도 센서, 난로, 냉장고 같은 장치가 들어 있다고 생각했습니다. 하지만 보온병 안에 이런 장치가 모두 들어 있어도 보온병은 무슨 일을 해야 할지 '모릅니다'. 보온병은 사람처럼 생각하고 판단해서 따뜻한 음식을 보온하고 차가운 음식을 보냉하지 않습니다. 보온병은 주입된 음식물의 온도가 어떻든 열의 이동만 기계적으로 차단하는 도구일 뿐입니다.

가위는 자르는 기능을 수행하기 위해 만들어진 도구입니다. 위쪽 손잡이 구멍에 엄지손가락을 넣고 아래쪽 손잡이 구멍에 다른 손가락을 넣은 후에 손을 움켜쥐어 보세요. 그러면 가위의 날카로운 두 날이 서로 맞닿으면서 날 사이에 끼워 놓은 종이나 옷감을 손쉽게 똑바로 잘라낼 수 있습니다. 이때 가위가 종이를 어떤 모양으로 오려야 할지 '알고 있는' 걸까요? 또는 가위가 옷감을 잘라 어떻게 옷을 만들지 알 수 있을까요? 당연히 가위는 모릅니다. 가위는 물체를 똑바로 자르는 단순한 기능만을 수행할 뿐입니다.

마찬가지로 NAND 게이트는 자신이 하고 있는 일에 대해 아무것도 모릅니다. 그저 게이트에 전기가 흐르거나 전기가 흐르지 않는 입력에 반응할 뿐이지요. 게이트 1개가 아무것도 알지 못한다면 게이트를 잔뜩 연결해 봐야 스스로 알 수 있는 것은 없습니다. 즉, NAND 게이트 1개가 아무것도 모른다면 컴퓨터(NAND 게이트 수백만 개를 연결한 장치)도 역시 아무것도 모른다는 걸 뜻합니다.

우리는 컴퓨터에 인간적 특성을 붙여서 컴퓨터가 "안다", 컴퓨터가 "기억한다", 컴퓨터가 "본다", 컴퓨터가 "이해한다"라고 말할 때가 많습니다. 컴퓨터뿐 아니라 간단한 장치에도 우리는 인간적 특성을 붙입니다. 예를 들어, 장치 어댑터가 I/O 버스를 통해 주변 장치의 주소를 받으려고 대기할 때 우리는 장치 어댑터가 "듣는다"라고 말합니다. 그리고 분기 명령어가 분기를 "결정한다"라고 말합니다. 우리가 쓰는 말과 말에 담긴 개념을 정확히 구별할 수 있다면 이런 언어 사용이 문제가 되진 않습니다.

이제 여러분은 컴퓨터를 무엇으로 구성하며 어떻게 동작하는지 알게 되었습니다.

이제 우리는 "컴퓨터가 도대체 어떻게 아는 거죠?"라는 조의 질문에 다음과 같이 자신 있게 답할 수 있습니다.

"컴퓨터는 아무것도 모릅니다."

찾아보기